抵抗と絶望

植民地朝鮮の記憶を問う

KIM, Chul
金哲

田島哲夫［訳］

大月書店

抵抗と絶望　目次

日本の読者へ　6

装丁　桂川　潤

日本の読者へ

この一〇年余り研究者として私は韓国での国民国家形成の過程を分析・批判することに集中してきた。近代国民国家という枠組みを脱構築し、新たな共同体の倫理を模索しようとする学問的な努力は一九九〇年代の後半以降、韓国の人文・社会科学界の重要な流れを形成してきた。私の研究もまたささやかではあるが、そうした流れの一つに位置づけられると思う。

しかし、「民族／国民」としての同質性と統合とに対する要求が、ほとんど宗教的な教理となっているような韓国社会での国民国家批判は理論的な次元の問題だけではなく、研究者自身の実存的決断と仮借ない自己告発を伴う作業でもあった。それは〈国民国家とは何か〉への問いである前に、〈そのなかで生まれ育った私は何なのか〉を問うことでもあるからだ。繰り返すが、それは「民族／国民」の〈分裂〉を見つめると同時に自分自身の〈分裂〉をのぞき見ることでもあるのだ。国民国家という枠組みに閉ざされた私たちの生と想像力を解き放つためには、こうした〈二重の分裂〉を通過しなければならない。そして、そうするためにはまず、最も慣れ親しんでいるものから遠ざかること、自明な境界を掻き乱し、揺るがし、安易なる同語反復の声に〈雑音〉を紛れ込ませることから始めねばならないと私は考えている。

本書に収録された文章は、これまでの一〇年余りの間、私が試みてきたそうした〈雑音〉の一部である。これらの〈雑音〉はもともと韓国と韓国人に向けられて発せられたものなのだが、これらの発信はしばしば発信した者が意図した方向では受信されなかった。しかし、それは仕方のないことであり、一方では当然なことでもある。これらの文章の受信者を日本と日本人とに変えたからといって、事態がとくに変わることもないと思う。韓国という国民国家について語ることは日本という国民国家について語ることでもあるからだ。

本書は二〇〇〇年以降、発表した私の論文の一部を選びまとめたものであり、全て日本帝国主義と植民地朝鮮との関係を扱ったものである。私がとくに注目したのは、いわゆる「解放」以降、南北両側で強められてきた「アイデンティティ政治（politics of identity）」の植民地的起源とその連続性であった。韓半島のこの一〇〇年を支配してきた数多くの政治的対立と闘争の歴史のなかで「国民的アイデンティティの確立」という理念は一度として疑われることはなかった。日本帝国主義と韓国民族主義、北韓社会主義と南韓資本主義、右翼国家主義と左翼人民主義がお互いを不倶戴天の敵としてではなく、互いにもたれ合い‐協力する「親密な敵（intimate enemy）」としての関係を維持できたことも、この「アイデンティティ政治」の結果であり、その起源は日本帝国主義の植民地支配にある、ということは、これらの論文を書くときの私の考えであった。

本書の序章、第一章、第二章、そして第三章はどれもそうした観点から書かれたものであり、今日も絶えず繰り返されている「親日派の清算」の言説と日本帝国主義の言説が、その表面上の敵対性とは異なり、実際は互いにどれほど深く照応しているかを分析した文章をはじめ、植民地民族主義のなかに深く刻まれた帝国主義的意識をあらわにする文章で構成されている。

しかし、そうだからといって、帝国主義に対するいかなる抵抗も不可能だとか、無駄だと主張することが私の意図ではないことはもちろんである。今日多くの理論家が指摘しているように、被植民者の抵抗と転覆の可能性は、むしろ植民者に向けられた模倣（mimicry）の欲望のなかで形成される。第四章、第五章、そして第六章は、同化への圧力と差異（＝差別）の強化という現実のなかで、絶えず揺らぎ混ざり合う帝国／植民地の境界、そしてその狭間で危うく自らの立ち位置を探すために苦闘する被植民者の内面を探索した文章である。もちろんその苦闘がつねに成功したものではなかったのだが。

一九四五年の八月一五日、日本帝国の敗亡以降、韓半島の南側と北側に樹立された二つの国民国家において昨日までの「臣民」（日本帝国国民）は新たな「国民」として再び誕生した。新たな国家は新たな「国民」に何を記憶し、何を忘却するかを指し示した。「国民」となることは植民地経験を通してすでに慣れたことであったが、一方でまさにその植民地の記憶を永久に削除することを求める国家の命令の前で「国民」はつねに分裂＝矛盾した存在であるしかなかった。第七章と終章はいわゆる「解放」以降、今も続くこうした〈記憶の再編成〉を通した意識の分裂と植民地的構造との連続性を考察してみた文章である。

自分が書いた文章を読むたびに、言いようのない気まずさと不満とを隠しえない。過度な単純化、性急な一般化、そして何よりも思考をその極点まで推し進めることのできない勇気の足りなさが自分を恥ずかしくさせる。にもかかわらず、これらの文章から日本の読者が少しでも受け入れるに足るものが発見できるなら、それは全面的に私の日本の友人たちのおかげだと思う。これらの文章を書いているときは、私が日本の友人たちと出会い、対話を交わすときでもあった。そうした会話を通して国民国家の枠組みを超えるある未来の可能性を実感するときでもあった。紙面の都合でその名を一つ一つ挙げられないことを遺憾に思う。

しかし、今は故人となられた西川長夫先生、また磯前順一氏に対し、とくに感謝の言葉を伝えたく思う。二〇一一年、研究休暇にあたり京都に滞在していたとき、西川先生にお会いし、しばしばそのお話を聞くことができたことは私にとってこれ以上のない幸運だった。この世での生がいくばくも残っておられなかったとき、先生が私に示された親切とその御恩とに応える術がなくなり心が痛む。恥ずかしくもあるのだが、本書を先生の霊前に捧げたい。また、ジュン（磯前氏）の親切と友情に深い感謝の言葉を伝えたい。彼の旺盛な読書熱と知的熱情は私の追随を許さぬものだったが、拙い私の文章に対する彼の丁寧な読解と激励とに私はしばしば勇気づけられ、慰安を得ることができた。本書の解説を執筆してくれた沈熙燦《シムヒチャン》氏にも感謝する。彼は私が知らない私の姿を語ってくれた。そして、身に余る推薦の言葉を書いて下さった柄谷行人氏と朴裕河《パクユハ》氏に心から感謝の意を表する。

最後に大月書店の西浩孝氏と翻訳者の田島哲夫氏にも感謝したい。二人の助けがなかったなら、本書はこうして日の目を見ることはなかっただろう。ここでもまた確認できることは、〈私〉を〈私〉とするものはつねに〈他者〉だということである。

二〇一五年二月　ソウルにて

金　哲

凡例

一、本書は、二〇〇〇年以降に発表された著者の論考を精選し、一書に構成したものである（日本独自編集）。

一、本文中の［　］は著者による注記、〔　〕は訳者による注記である。原注および訳注の番号は、それぞれ（　）と〔　〕で本文行間に記した。

一、引用文中の旧字体は新字体に改めたが、旧仮名遣いについては原文のままとした。

抵抗と絶望——植民地朝鮮の記憶を問う

序章　喉に刺さったとげ――植民地の記憶と「親日派」

「民族」の視線、虚ろな穴

ソウル特別市史編纂委員会編の『写真で見るソウル』という写真集[1]に収められた二枚の写真を、私はもう長いこと見ている。そのうちの一枚を見てみよう（次頁参照）。欧米の人が見たら、どこかの兵営の門の衛兵所ではないかと思うであろうこの写真は、実は一九四〇年のある日のソウルの中学校の朝の登校場面を撮影したものだ。

画面の両端から内側へと吸い込まれていくように、大きく開かれた鉄製の門が対称をなしながら、全体的な立体感とバランスを際立たせているこの写真を細かく見てみよう。カメラのレンズは画面の真ん中にピントを合わせている。レンズの中央からまっすぐに線を辿っていったところ、まさにこの写真の真ん中を中心として画面は三角形が二つ、その頂点をぶつけあい横になった形、すなわち▷◁のような形になっている。

まず、左の三角形に配置された〈オブジェ〉に注目してみよう。画面の手前からその奥へと楕円形を描き並んでいる一団の人々、すなわち黒い帽子に黒い制服、そして脚絆を巻き、木銃を突

いて立っている学生たちがこの三角形の〈オブジェ〉だ。一番前に立って視線を心持ち下に向けている学生は、この写真全体に配置された人物のうち唯一その表情がうかがえる。実際には見えないが、ぽつぽつと生え出したひげが手に取れるかのようなこの幼い中学生は、右手をいくらか前に差し出し、自分の胸まである大きさの木銃を突いて立っている。首に巻きついている制服のカラーと膝下から足首まできっちり巻いた脚絆は、その白い顔の鮮明さに比例して息が止まるような窒息感を伝えてくる。

すぐ横の学生は、学帽をかぶった横顔と木銃を突いた手だけが見えるのだが、その顔は目鼻立ちがはっきりしないまま、画面の奥へと向けられている。実際にいくらか距離があるのだろうが、画面ではすぐ横に立っているもう一人の学生もまた、目鼻立ちがはっきりしない姿で、合図用のラッパのようなものを持って立っている。そして、木銃を握ったまま背を伸ばした姿勢で椅子に座っている三人の学生が、この左側の三角形の頂点の部分をなしている。不鮮明ではあるが、画面の一番前で木銃を突いて立っている幼い学生よりは、彼らは年上で体格も大きいことが分かる。座っている彼らの後ろには二名の学生が護衛でもするかのように立っている。

写真の背景をなすのは長四角の窓が並んだ、たぶんレンガ造りの二階建ての校舎だ。画面の左下へと斜線を描きながら下がっていくこの建物の姿は、消失点にまで続かず、木々に隠れて途切れてしまう。そして、空が画面の左上に小さな余白を残している。一目で監獄や収容所を連想させるこの建物の上の隅に残された小さな余白については のちほど触れよう。

右の三角形も同じ構図だ。やはり木銃を握った学生の全身が見える。彼は陰になった部分に立っているため、左側の学生より暗く見え、より硬く陰惨な雰囲気を醸し出している。その姿勢も硬直し、木銃を握った手にも非常に力が入っている。何よりも視線は、これからすぐ述べるもう一人の人物、すなわちカメラに背を向け、校門へと入っていくある学生の全身を見下ろしている。暗くはあるが、いや暗いために彼の視線はいっそう鋭く、威圧的だ。

さて、次にこの写真の中央部を見てみよう。写真の中央、レンズがピントを合わせている点は二人の人物の後ろ姿で占められている。真ん中に立っているのは背嚢を背負い、軍帽のようなものをかぶり、脚絆を巻いたまま、一方の足を前に出して挙手敬礼をしている学生の後ろ姿だ。この学生の後ろ、画面ではこの学生の右横、そしてカメラのレンズから最も近い手前に黒い背嚢を背負い、まだ校門を通過していない状態の学生もまた、挙手敬礼をして立っている。レンズから一番近い距離にいるにもかかわらず、この学生は、両横の木銃を突いて立っている学生たちよりずっと小さく見える。先に述べた陰の中の学生は、背を伸ばした姿勢でこの学生の全身を舐めるように見下ろしている。挙手敬礼をしている二人の学生の後ろ姿が何か中途半端で萎縮しているような印象を与えるのは、写真全体から漂ってくる暗く強圧的で陰惨な雰囲気のためだけではないだろう。それは何なのか。

この写真を見ながら、私はカメラのレンズがピントを合わせている中央、挙手敬礼をしている学生の後ろ姿に隠れているこの写真の中央には何があるのだろうか、と考えている。そこにはこの場面全体を統御するある視線、この写真の中の人物たち全員の肉体を極限まで緊張させ、精神を集中させているある視線がある。だが、この写真に登場するいかなる人物もそこを見つめてはいない。いや、見つめることができない。挙手敬礼をしている少年が正対している対象は、たぶんこの朝の儀式を管掌する責任者、すなわち教師や規律部長といった人物であろうが、その敬礼が単なる一人の人物に向けられたものでないことはもちろんだ。

この目に見えない中心こそが、彼らに日常的に敬礼をさせている力の源泉である。そこは、この写真の全ての〈オブジェ〉が配置され、各人物間の距離とその大きさの準拠となっている中心点であり、彼らは見つめることはできないが、彼ら全員を見つめている視線を発する点なのだ。写真は絶妙にもそこを隠している。いや、誰もそこを見せることはできず、誰もそこを見ることができない。だが、全員がそこに向かって礼をする。恐ろしい。

この写真が撮られた一九四〇年のある日の朝、私はこの世に存在していなかった。だが、この場面を私はあまりにはっきりと覚えている。一九六〇年代に中学・高校に通った私の登校の姿もこのようであったのだ。また、二一世紀に中学校に通っている私の息子の登校の姿もこうなのだから。

学校の門に入っていく私の全身を鋭く一瞥し、瞬時にきわめて小さな規則違反を摘発した、あの視線を私ははっきりと覚えている。校門に入る直前のあの息の詰まるような緊張、軍隊式の敬礼と体罰を受けている規則違反者が吐き出す荒い息で満たされたあの朝の空気、唯一息がつけるのはこの写真の中での小さな余白が象徴しているように届きはしない空だけであったあの惨憺たる日々は、悪夢のようにはっきりと私の体の中に刻まれている。

だが、問題は軍隊式の規律にだけあるのではない。あの写真の中央に位置を占める見えない視線が依然として私たちの身体を捕捉しているのだ。その視線が支配している空間が虚ろな穴にすぎないことを悟り、それを拒否しない限り、私たちは毎朝、あのようにいじけた姿で見えないある〈抽象〉に向かって敬礼する生から抜け出すことができないのだ。さらにその〈抽象〉の名が「民族」または「国家」であることを語るのにどれほど大きな勇気が必要なことか。

似たような場面がもう一つある。「朝会の光景」と題された写真だ（次頁参照）。「桜井尋常小学校」というプラカードを掲げた幼い児童たち数百名が整然と運動場に列をなして並んでいる。クラス別に隊伍を組んで立っているこの児童たちの前に、黒のフロックコートを着た教師たちが背筋を伸ばして立ったまま、ややうつむき加減に礼をしている。教師の腰ほどの背丈しかない幼い児童たちの手には日章旗がある。画面の真ん中にはこの集団の統率者のような、やはり黒いフ

ロックコートを着た男が児童たちと一定の距離を置き、頭を下げて立っている。画面の左には児童全体を見下ろすように、おそらく校長か役人であろう軍服姿の男が二人、壇上に立ち礼に応えている後ろ姿がある。

興味深いのはこの写真に登場する人物たちの大きさだ。写真の視覚的効果から、運動場に列をなして立っている幼い児童たちは小さな人形のように見え、壇上で後ろ姿を見せている二人の男は巨大な銅像のように見える。その中間に立っている教師たちの姿は、文字通り、中間の大きさに見える。壇上に立っている人とその下で全員を代表して礼をしている人の大きさと距離、そして代表者と後ろに立っている教師たちの大きさと距離、そして彼らと後ろに立っている小さな児童たちの大きさと距離を見てほしい。驚かないか。カメラのレンズの遠近法が一寸の誤差もなしに捉えたこの怖気立つ帝国の秩序！

現代の全ての韓国人にとって、この場面がどれほど馴染み深いものかは改めて言うまでもない。「宮城遥拝」[1]をしたり、「皇国臣民ノ誓詞」[2]を朗読したりはしないが、「日本帝国」が去ってから五〇年をはるかに過ぎた今この時も、全ての韓国人は毎週月曜日の朝、この儀式、すなわち全校朝礼を根気よく続けている。そして、それはこの写真に見られる空間の構図と、その構図が含んでいる秩序の本質が消えたり変わったりするどころか、いっそう強化されてきたことを意味している。私たちは一体いつの時代に生きているのか。

忘却の場

韓半島の住民は一九四五年以降、帝国の「臣民」から民主国家の「国民」へと身分が変わった。「国民」にとって「臣民」の記憶は恥ずべきものであり、洗い流さねばならない残滓であり、帝国の秩序の先頭に立って服務した者たちは一日も早く清算されねばならない「叛逆者」であった。醜悪な記憶を消し、汚れた者たちを追い出し、純粋な「精気」[3]を回復することにより「民族」は「更生」するはずだった。だが周知のように、何一つ成功しなかった。いや、一つだけ成功した。忘却である。

何を忘却したのか。前出の写真二枚を例にして述べたように、私たちが依然として帝国の臣民的秩序と構造の下に生きているという事実を忘却したのである。そしてこの忘却の広大な空き地の上に巨大な幻覚がその場を占めた。テレビのデタラメな時代劇は毎日入れ替わり立ち替わりその幻覚を繰り返す。〈われわれが「帝国」だ!〉〈われわれは大きい〉〈われわれは強い〉――この集団的ナルシシズム、この集団的幻覚から醒めない限り、私たちは依然として一九四五年以前に生きているのだ。

この集団的ナルシシズムにおいて、植民地の記憶と「親日派」は喉に刺さったとげであり、汚点である。これを洗い流すことができれば、〈きれいな私たち〉〈純潔な私たち〉は維持されるのだ。だが「親日民族叛逆者」を清算し、五〇〇〇年の歴史を持つ単一民族の「精気」を回復することにより、〈強盛大国の偉大な過去を再び達成しよう〉とするやり方、すなわち、「民族精気の回復」といった類いの「親日派清算論」が主潮をなす限り、いわゆる「親日派清算」が達成されることは絶対にない。「純粋な血統の単一民族」「民族精気」などといったものは、まさに日本帝国主義者たちが自民族の特殊性を際立たせるためにつくり出したものだ、という事実を踏まえれば、こうした民族精気論に基づく清算論は自ずから矛盾に陥ってしまう。日本帝国主義に抗する植民地民族主義もまた自らのアイデンティティをこうしたやり方で規定したのだが、そうである以上、この闘いの終わりがどのようなものであるかは目に見えていた。この闘いの奇妙な矛盾、理論的な難関に深刻に悩んだ知識人はほとんどいない。

韓国民族（主義）は他の第三世界の民族（主義）が全てそうであったように、帝国主義の脅威に直面しつつ、自らを誕生させた。植民地民族主義は自らの敵（帝国主義）から学びつつ成長した。だが、学べば学ぶほど、彼は敵の姿に近づくものだ。この存在の矛盾から抜け出す道は、ある瞬間その存在そのものを否定する飛躍の他になかった。だが過ぎ去った歴史が、そして今日の現実が示しているように、こうした飛躍は起きなかった。その代わりに全く違う飛躍が起きた。それは植民地の劣悪な現実、被植民者としての劣等感を、強力な国家、すなわち帝国に依託することにより自らの現実を忘却し飛躍しようとする欲望であった。そしてそれがいわゆる「親日」

の真の姿であった。

こうした飛躍の試みは植民地期を通じて見られた。例えば植民地期初期の一九一〇年代に、すでにそうした事例を挙げることができる。民族文化運動の先駆者と言える崔南善《チェナムソン》〔4〕が主宰した雑誌『青春』にこのような企画記事があった。朝鮮の歴史上偉大な人物を集め仮想内閣を組織するというものだ。海軍大臣に朝鮮時代の李舜臣《イスンシン》、外務大臣に高麗時代の徐熙《ソヒ》といった具合に、〔5〕そのスケールも大きく、独立した国家を持てなかった植民地知識人の恨《ハン》と悲しみの一端が垣間見られる。一方、読者にとっては朝鮮史上の偉大な人物を総結集する歴史学習の機会ともなる。ところで驚くべきことは、この仮想の政府組織に「植民地省」が設置されていたことである。植民地を持つ帝国主義国家の建設をモデルとする植民地民族主義！　だが、このアイロニーは特異でも、例外的なものでもなかった。

帝国主義の支配下において「民族」と「国家」は、帝国主義に抵抗する者にとっても、それに寄生する者にとっても、神聖不可侵のものとなった。その虚構性と暴力は、意識されたり、挑戦を受けたりすることはなかった。それは全てのものを規律する核心、すなわち準拠であり、全てのものを見下ろす絶対の視線となった。「民族」の名をもって不可能なことはなく、「国益」より優先されるものはないという信念は、帝国の「臣民」から民主国家の「国民」に至るまで綿々と流れている。ナショナリズムは現代韓国の宗教だ。

この宗教が生きている限り、事あるごとに叫ばれる「親日派清算」というスローガンは、虚しい空念仏にすぎない。帝国主義の下で朝鮮民族は、果たして、いつも無垢の受難者としてのみあったのだろうか。大東亜共栄圏の理想に同調した「親日派」は一部の「民族叛逆者」だけだったのか。万宝山《マンポサン》事件（第三章参照）における朝鮮農民と民衆とをいかに解釈するのか。「満州国」での朝鮮人の位置と彼らの行動は、いわゆる「同化政策」の実態は、いかなるものだったのか。帝国主義はただ「同化政策」を強要し、被植民者は無理をしてそれに従うという一方的なコースのみがあったのか。

真摯にこれらの問いに向き合うことなく、植民地での生を〈勇猛で男前の独立闘士〉対〈毒々しい狡猾な親日派〉というメロドラマ的イメージで裁断してしまう無知こそ、狭義には祖先への冒瀆であり、広義には他者に対する暴力である。こうした無知と聞く耳を持たない「民族感情」が、「親日派清算」どころかその構造を強化し、再生産するものであることは言うまでもない。それは、ベトナム戦争において「韓民族」が「ベトナム民族」にいかなる振る舞いをしたかを問う者が、この社会においていかなる暴力にさらされるかを見れば分かる。この問いに無関心で何ら反応を見せない社会が、日本帝国主義の犯罪をどこまで追及できるのか。韓国企業が海外において犯しているあらゆる横暴に対し無関心で、東南アジアや中国から韓国にやってくる労働者に対し残忍な人種差別を露骨に犯している社会が、どんな顔をして帝国主義を責められるのか。住民登録証を更新する「国家事業」において、手の全ての指紋を何ら反発もせず自ら出向いて登録する二〇〇〇年代の「国民」が、一九四〇年代の「動員体制」を批判できる論理的能力を持ちえるのか。

繰り返すが、宗教と化したナショナリズムが支配する社会、自らの〈きれいではない過去〉を記憶しようとしない社会、嘘と誇張とで彩られた〈偉大であった遠い過去〉の物語に陶酔し自らが犯す日々の暴力を意識できない社会において、十全なる「親日清算」は不可能なのだ。なぜなら、まさにこうしたことが、いわゆる「親日」行為の本質であったからである。

その代わりとして「親日清算」の言説をめぐってなされる行為は、折々の年中行事のように繰り広げられるカラ騒ぎである。巨大な怒りが組織され、鬱憤晴らしのようにぶちまけられて再び静まる。そうして翌年の三・一節[6]や光復節（八月一五日）になると、また繰り返される。結局「親日」は大衆的に「消費」され、政治的に利用される。「鬼畜米英打倒」を叫び「皇軍の従軍作家」となった「親日作家」が、何年か後に「米軍司令官」が指揮する「大韓民国軍」の「従軍作家団」の一員として「対共産軍戦略」を説く一九五〇年代の現実と、朴正熙《パクチョンヒ》[7]以降の軍事独裁政権に服務し、今は独占財閥と南北の冷戦構造から得られる利益を代弁する政党の国会議員となった政治家が、「民族精気の回復」のため「親日派名簿[8]」を発表する二〇〇〇年代の現実との間に、何ら構造的な差はない。そして、この構造的同一性の間から消え去るのは真の「親日問題」だ。この構造の下では誰も「親日問題」とその「清算」を考えはしない。ただカラ騒ぎだけが大手を振る。利益を得るのは商売人と政治家だけなのだ。

このカラ騒ぎの一例がある。二〇〇二年三月に、民族文学作家会議の若手作家フォーラムは「親日派問題」に関する自分たちの考えをある日刊新聞に発表した。その文末に次のようなくだりがあるのを見て、私は自分の目を疑った。「懺悔録を書いた尹東柱《ユンドンジュ》[9]と、父金東煥《キムドンファン》[10]に代わって謝罪した金英植《キムヨンシク》先生の例があるじゃないか[11]。なぜ、彼らのようにできないのか。できないのなら、そうさせるべきだ」[2]。尹東柱への言及は錯覚によるミスだと思いたい。[12] だが、尹東柱を「抗日民族闘士」として敬慕している人々が見たら、びっくりして気絶するだろう。驚くべきことは金東煥の息子への言及だ。「親日派本人が謝罪できないのなら、その子にでも謝罪させるようにするべきだ」と言うのだ。民族の名による〈厚かましき暴力〉として、これ以上のものはない。

「ウリ（われわれ）がナミ（他人）か」

「親日」言説が大衆的に消費され政治的に利用されるとき、その帰結するところは、「臣民」への回帰だ。私の目には、私たちの社会はその軌道から全く抜け出せないでいる。私が誰なのか、私がいかに形づくられたのか、それを冷静に省察できない幼児的な社会、自分の顔を正面から見つめる勇気を持てない社会。私たちの社会がそうした社会であることを、私は苦痛ではあるが、認めないわけにはいかない。そうした社会を動かすのは、単純この上ない暴力的な感情だけである。「日本」「親日派」といった単語が浮上する瞬間、私たちの社会が見せる即時的な反応は、そうした感情から抜け出せないでいる。何が私を苦痛に陥れ、誰がそのようにしたのか、そのことの真なる原因は何なのか、二度とそうしたことがないようにするには何をどうしなければならないのか、といった理性的で成熟した考えは全く育っていない。

「民族」という虚構と「国家」という暴力は、この土壌から再び繁殖している。皆と違うことを語る者は〈ウリ〉ではない。全てのものを管掌し規律する視線の統制を拒否する者たちも〈ウリ〉ではない。純潔にして統一された全く同一な〈ウリ〉、このなかに「雑種」は許されない。

それらは「清算」され「整理」されねばならない。自らの純潔と正統性とを限りなく確認しようとする欲求は、その純潔が「汚された」植民地の記憶を絶えず消そうとする強迫と直に連動し、巨大な集団的ナルシシズム、集団的センチメンタリズムを生む。私はこの巨大なナルシシズムとセンチメンタリズムから、一九四〇年代のファシズムの狂気を読み取る。

だが、はっきり言おう。〈ウリ〉は最初から「純潔」ではない。〈ウリ〉は最初から「雑種」なのだ。さらに今から一〇〇年前、〈ウリ〉は「民族」でもなかった。「金大監」とその家の下僕「トルスェ」とが、「一つの血筋を分かち持つ民族」だと（金大監が同意しようとしまいと）言われ始めたのは一〇〇年以上遡ることはできない。[13] それでも何かあると仕方なく「ウリがナミか」と叫ぶ者たちがいる。[3] 彼らがきわめておかしな者たちであることは疑いの余地がない。私は帝国主義が嫌いで、「親日派」が嫌いだ。再びあのざまを見ないで済むように、私は「ウリがナミか」と叫ぶ者たちの面前に向けてこう答える。「うん、ナミだ」と。

第一章　「国民」という奴隷——抵抗史とファシズム

「国民」の誕生

韓国戦争〔朝鮮戦争〕が熾烈を極めていた一九五一年の夏、評論家八峰《パルボン》・金基鎮《キムキジン》〔1〕は大邱《テグ》で「大韓民国陸軍従軍作家団」の一員として活動していた。そのときあった一つの出来事を八峰はこう回想している。

> 大邱にいる文士たちを陸軍の政訓監〔2〕が招待した。李鍾賛《イジョンチャン》参謀総長と文化人との座談会を催したのだ。この日の座談会には二〇人余りが集まった。〔中略〕一言どうぞという勧めにこんなことを言った。「一九四四年一一月に私は李光洙《イグァンス》〔3〕と一緒に南京で開かれた大会に行きました。二日間の会議を終えて上海まで来る途中蘇州で降りまして、一行四〇人余りが蘇州日本軍司令部を訪問しました。日本代表、南支代表、朝鮮代表たちでした。司令官は留守で参謀長——彼は五〇を越えたくらいの少佐でした——がいて私たちが入っていったので、起立したまま最後まで状況を説明していました。彼はこう言いました。「わが日本が今支那大陸

を占領しています。ですが、われわれが占領しているのは点と線だけです。天津、北京、徐州、南京、上海……これらの点とつながっている線だけは日本軍が握っています。点と点を結ぶ鉄道線の左右五マイルから外は、これは日本軍の占領地帯ではありません。ここは汪精《おうせい》衛《えい》〔汪兆銘《おうちょうめい》〕政権の力も及ばず、蔣介石政権の力も及ばず、独り八路軍の支配下にあります。彼ら支那共産党は一定の方針の下に具体的な設計をしています。そして具体的な設計の下に組織的実践をしています。これには蔣介石も汪精衛も日本軍も対抗できずにいます」。こんな話を聞いたことを思い出します。今わが大韓民国が闘っている相手はまさにこれです。「一定の方針と具体的な設計と組織的な実践」をやっているのが敵で、われわれは一定した方針もなく、ただ、あれこれやっているみたいですね。軍だけでも文化への一定した方針を立てた方がよくありませんかな」。

　私がこう言って話を終えたとき、私はこの李参謀総長が頭を垂れて深く考えている姿を見たのだった[1]。

　今この場面に登場する「二〇人余りの文化人」と「陸軍参謀総長」、そして「政訓監」は、八峰が語っている「一九四四年一一月」の「大会」が何であるかをよく分かっている。日本帝国主義がいわゆる「大東亜共栄圏」という理念を宣伝し、大衆を動員するために組織した「大東亜文学者大会」がそれであることは改めて説明するまでもないことだ。八峰は南京において開かれたこの第三回大会に、李光洙と共に「日本代表」として派遣されたのだ。そしてその帰途に日本軍

司令部で右のような戦況報告を聞いていたのである。(2)

それから七年の歳月が過ぎた今、八峰は「大韓民国陸軍従軍作家団」の一員として参謀総長との座談会に出席している。(3) そしてこの席で彼は、日本帝国末期の親日作家としての活動経験を堂々と披瀝している。一九四四年に「大東亜文学者大会」に参加し、日本軍司令部を訪問する植民地朝鮮の文学者代表が、七年後には「新生大韓民国」の「従軍作家団」の一員として参謀総長の真向かいの席に座り、日本軍参謀長から聞いた「教訓」を語っているこの場面の複雑な意味は、この場に出席している人々にはほとんど自覚されていないように見て取れる。当の本人においても、ことさら言うまでもないだろう。この二つの場面の錯雑したオーバーラップとも言えるものに、八峰自らが思い至っていたなら、おそらくこうした回顧は初めから不可能だっただろう。また、それが可能であったとしても、このように堂々と声高に語る姿勢（右の引用文の副題そのものが「反省なき面々たち」である）を示すことは難しかっただろう。「頭を垂れて深く考え」込んでいる参謀総長が何を考えていたのかは知るよしもない。実際、彼自身も日本軍の将校出身である。

ならば、この二つの場面のオーバーラップが含んでいる複雑な意味とは何か。これらの場面において「解放」直後の親日派清算という課題の失敗と李承晩《イスンマン》(4)政権の歴史的反動性を読み取ることは、間違ったことではないが、結局は無意味な宣言と決議の反復として終わってしまうのが常である。一方、ほとんどが「親日」という「欠陥」を持った文化人たちと日本軍将校出身の参謀総長が対座し、見方によっては「ウェジョンテ（倭政の時）(5)」を回顧でもしているような雰囲気を醸し出しているこの場面に対し、悲憤慷慨して断罪する言説にのみ終始することもまた、たとえその断罪する者の道徳的優越性が疑いの余地なく確保されている場合だとしても、大抵は人間と社会との果てなき深さと複雑さを、あまりに単純なところへと還元することにより、まさに過ぎ去った歴史から学ばねばならない大事な教訓さえも葬り去ってしまう愚を犯すのが常である。「大東亜文学者大会」に出席し、日本軍司令部を訪問する植民地の文人が、七年後には「新生祖国」の参謀総長の前で日本軍参謀長の言葉を借りて「対共産軍戦略」をあっけらかんと堂々と説教するこうした場面は、この時期には、事実上すでにありふれたことであった。そしてこの場面の日常性と陳腐さとが徹底していればいるほど、この場面の裏側に存するある種の意味は、よりいっそう道徳や良心の問題だけに還元不可能なものとなる。

結論から言えば、その意味は、二〇世紀韓半島に住む人々が自らを近代国民国家の構成員として自覚する経験と方法が何であったのか、という問いにつながっている。言葉を換えるなら、金八峯のあの〈思いの至らなさ〉は彼の道徳的無感覚から生じているのではない。彼が最初に対面した近代国民国家という経験、彼自身を「国民」として呼び出した最初の国民国家の形態から生じていたのだ。そしてこの国民国家とは言うまでもなく、「日本国家」であった。彼は自らを初めて「国民」として呼び出した「日本国家」の形態、およびそのなかでの経験を、またも他の国家、すなわち「大韓民国」のそれと区別ができておらず、実際あえてそうする必要もなかった。全ての回顧文において彼は絶えず「日本奴《イルボンノム》」を呪詛しているのだが、その呪詛を超えた、またはその呪詛にさえ至らない彼自身の内面のどこかに、すでに近代国家の国民として主体化された経験が深く刻印されており、新たに対面した国家の前で、この経験が喚起されることはあまりに自然なことであった。また、この経験が「日本奴」への呪詛の情緒と何の摩擦も起こさないほど強烈だったこともやはり自然なことであった。

ところで、彼がそうありえたのは、彼がすでに何度かの理念的な裏切りと転向とを繰り返した、いわゆる「親日派」であったからだろうか。ただそのためだけであったのなら問題は簡単で、われわれの論議もこれ以上進める必要はないだろう。だが「解放」以後、最初に親日作家とその作品を「民族精気」の名の下で厳しく断罪し、以後親日文学研究の画期的な業績を打ち立てた林《イム》鍾国《ジョングク》[6]の『親日文学論』(一九六六年)が、その結論において以下のように述べているのを見ると、この問題が単純に「親日/抗日」という構図によっては捉えがたいものであることが分かる。

林鍾国はこの本で日本帝国末期のいわゆる「国民文学」の功罪を論じつつ、彼らが犯した「永遠に許せない罪悪」として、「一、民衆を総力戦に動員することにより生命と財産とを脅かしたこと、二、朝鮮語を迫害したこと、三、民族精気を汚すことにより歴史に汚点を残したこと、四、事大主義文化を建設したこと」を挙げている。[4] その一方、彼は「国民文学」においてわれわれが「認めるべきこと」、「注目すべきこと」について次のように述べている。

こうした誤りは誤りとして、われわれはいくつかの注目すべき点を見出すことができるのだが、その一つが国家主義文学理論を主張したことだ。思うに、人間は個性的・社会的動物であると同時に国家的動物だ。そうである以上、国家観念は文学において個性や社会意識、時代意識と同様に強調されるべきではないだろうか。にもかかわらず、文学は長い間国家を忘

> 却してきた。たとえ彼らが仕えた祖国が日本国であっても、文学に国家観念を導入したという事実だけは、理論そのものとして見るとき、注目すべき点であろう。〔中略〕われわれはそのような個人主義文学を批判した彼らの理論を取捨選択するべきだろう。〔中略〕そのために注目すべき点の一つが、文学における国家意識を強調した彼らの理論であった。今後、韓国の国民精神に立脚し、韓国の国民生活を明示する、韓国の国民文学を樹立しようとする人々のために、彼らの植民地的国民文学はよい参考資料となるだろう。(5)　〔傍点は引用者〕

金八峯と林鍾国の立ち位置は正反対と見られている。だが、仕える対象が日本であったことが問題なのであって、国家主義そのものはかえって強調されるべきだと語るときの林鍾国と、先の金八峯とが、その内面において差異を持っているとは言いがたい。この二つの事例を横切る共通の記憶は、先に述べたように最初の近代国民国家についての経験、「国民」としての経験、さらには観念のなかで絶対化された「国家」それ自体ではなかっただろうか。そしてもちろん、それはこの二人の場合だけではなかった。

こうした事例を通じて推論できることは何か。それは、植民地朝鮮の全ての住民が「日本国家」の一人の構成員として主体化されていく経験を通じて、近代国民国家と初めて対面することになったということだ。また、そうした住民たちが一九四八年以降、自らを「大韓民国」または「朝鮮民主主義人民共和国」の「国民」または「人民」として再構成することになったとき、以前の経験と記憶が喚起され、投影されることもまた容易に推察できることだろう。要するに、脱植民地国家としての南北韓での「国民生活」がどんなやり方であれ、植民地国家の経験を投影しているのであるなら、この最初の経験の分析こそ、南北韓での近代国家および国民形成の特性を解明する重要な鍵となる。

抵抗史観と国家主義

では、その経験は具体的にいかなるものであったのか。この経験を分析し再構成することは、すなわち、韓国近代史研究の実際的な内容と方法を構築することであるはずだ。

ところで、ここで性急な単純化が許されるのなら、いわゆる植民史観の克服を前面に押し出した、これまでの韓国近代史および近代文学史の基本的な構図は、韓国の近代性《モダニティ》の核心を反帝／反封建の「主体的抵抗史」と見るものであったと言えるだろう。こうした観点が韓国近代史および近代文学研究に飛躍的な前進をもたらしたこともまた、われわれ皆がよく知っているところだ。だが、同時にそれは二〇世紀以来の韓半島での近代的な生の経験を解明するのに、ある限界を持っていたのではないだろうか。それは右の林鍾国の例において見るように、「民族」と「国家」への反省的省察の欠如であり、繰り返すが、「民族（国民）国家」を絶対化、神秘化、観念化する傾向に対して、何ら制御の機制を持ちえなかったのではないだろうか。

多くの事例において見られるように、帝国主義に対する被植民者の抵抗運動を支える、否定できない道徳的な正当性は、その抵抗運動が最後に到達しようとする近代国家が持つ類なき全体主義的・国家主義的暴力性をつねに人々の視野から隠してしまう。結局ほとんどの場合、植民地の解放運動は自らの国家を目指しつつ、その国家を絶対化、神秘化してしまう。だが、絶対化するということは思惟しないということだ。おそらく、植民地主義が植民地を最も深く傷つけるところはまさにそこ、すなわち脱走と転覆が完了したその瞬間に、依然として昔の支配者の顔と対面することになる、というこの逆説の地点であろう。

だが、抵抗の言説ではこの逆説は自覚されない。そこで認識可能な世界は、抵抗／屈従、我／非我、民族／反民族、正統／非正統などの二分法により、いっそうはっきりと対立した平面的な世界である。国家権力そのものへの問いは、この抵抗の言説では決して生じはしないのだ。高く崇められる抵抗の歴史の裏面に隠蔽された支配者の顔は全く認識されていない。被支配と屈従の汚辱を振り切り、解放と勝利の栄光に向かって突っ走っていく直線的な熱情は、その被支配の経験のなかに秘められたあらゆる屈折と襞——実際それらこそがよりよい人間的生の実現のためにきわめて重要なものでありうるはずなのだが——をつねに単純化、平板化してしまう。

ファシズム研究の意義

抵抗史観の死角地帯に埋もれてしまった近代的経験のあらゆる屈折と襞、その複雑さと重層性を新たに照らし出し、発掘し、分析すること——植民地主義の克服、近代の克服はここから始められねばならない。

私はそのための方法として、「ファシズム」の導入を提案したいと思う。だがこれは「ファシズム対反ファシズム」により過去を再解釈したり、植民地朝鮮においてファシズムが一つの特定の権力として登場した時期を集中的に分析したりすることが重要だというものではない。私はファシズムを一つの歴史的体制としてだけではなく、近代性の一つの属性として理解している。ファシズムこそが近代性の本質を最もよく表している政治的・文化的・社会的な形式だというのが私の考えである。したがって、私は韓国近代文学の諸問題をファシズムという分析枠組みにより理解しようと思う。それは一切をファシズムという単一のコードへと還元しようというものではない。そうではなく、ファシズムという新たな認識論的モードを通じて、韓国での近代性を解明しようとすることなのだ。

ファシズムは一つの完結したイデオロギーではなく、他のものと結びつき自らを実現する流動的・媒介的存在とよく言われる。この点がファシズムの辞書的な定義を難しくする要因である。ファシズムが現代社会の全ての両極端の性向を総合するものとなりえたこと、一時的な政治理念や運動によっては消滅せず、広範囲に持続する現象として、さらには現代人の無意識としてその位置を占めることができたということから、それが近代性の一つの主要な属性をなしているものであることが分かる。正反対の性向や理念を自らの内に引き入れ総合するファシズムのヤヌス的性格は、分析を通してある要素へと還元されるものではない。ファシズムはある要素や性向というよりは、かえって諸要素を関係づける特別な方法なのだ。

「国家主義」「民族主義」はその特別な方法のなかでも、主要かつ代表的なものだ。別の言い方をするなら、理念的諸要素の相克にもかかわらず、それらの要素を結合・配置・構成し関係づける方式の国家主義的・全体主義的な暴力性は、ファシズムの自己同一性をなす主要な基盤である。

そしてわれわれの経験が立証している、植民地化以来、今も韓半島の住民の近代的生を支配している政治的・社会的・文化的メカニズムは、まさにその強力なファシズム的国家主義そのものであった。それゆえ、ナショナリズムを一つの主要な契機、または動力として内包する抵抗史観が、この近代的経験の屈折と錯綜を細密に究明できると期待するのは難しいだろう。韓半島での近代的生をファシズムという新たな分析枠組みにより解明すべき必要はその点にある。

しかし、運動としてのファシズムであれ、体制としてのファシズムであれ、韓国のファシズムに関する研究はほとんど皆無と言っても過言ではない。例えば韓国社会の性格に関する探究がひときわ高揚した一九八〇年代の社会構成体論争[7]においても、ファシズムが論議の中心となったことは一度もなかった。たぶん、韓国社会のファシズム的性格はあまりに当然なもので、分析の対象として認識すらされなかったのかもしれない。だが、韓国社会の性格とその変革の方向を論じる際に、韓国的ファシズムの形態とその特質がほとんど考慮されてこなかったことは、まことに奇妙なことだ。今になって振り返ってみると、それは八〇年代の社会構成体論争をリードしていた韓国の左派理論家たちが、ファシズムとは「独占資本の代理人《エージェント》」にすぎず、したがって資本主義の崩壊とともに自動的に消滅するだろうという、第三インターナショナルレベルのファシズム観を超えられなかったところに起因しているのではないかと思われる。繰り返すが、ファシズムの分析と理解は、韓国資本主義の分析の内へと埋没してしまったのだ。

しかし、だからといって、私はファシズムの分析が、韓国の近代と近代性とを解明するのに最も有効な方法だと主張する気はない。だが、少なくともこれらの問題を避けた論議が、韓国近代の歴史的・社会的本質を、その現実の真っ只中から摑み上げるレベルの内容を備えたものであることを期待するのは難しいこともまた事実であろう。

ファシズム批判と韓国民族 - 民衆主義

先にも述べたように、ファシズムという分析枠組みにより韓国の近代文学を理解することは、作家と作品をファシズムという単一のコードへと還元して評価したり、近代文学史を単純に「ファシズム対反ファシズム」という対立の構図により再構成したりすることを意味しない。むしろそれは近代的生の習俗のなかに深く沈潜したファシズムの文化とさまざまな欲望を引き出し、そのなかで生きている私たち自身の姿をあらわにすることなのだ。

韓国の近代文学と社会をファシズムという分析枠組みでもって理解しようとする試みは、最近の韓国文学研究の新たな流れを形づくりつつある。だがこうした試みはさまざまな形の誤解と批難に直面している。第三世界の民族主義と民衆主義がしばしばそうであるように、韓国の民族 - 民衆主義もまた帝国主義の過酷な収奪と抑圧のなかで成長してきた。日本帝国主義の引き揚げ以降、韓国の民衆は戦争の惨禍と分断の苦痛を経験し、ファシスト政権の長い支配の下にいた。こうした状況において、良心的で進歩的な民族 - 民衆運動の正当性と道徳性は疑いないものとなった。冷戦の解体以降も、韓国民族 - 民衆主義の自己正当化はいささかも弱まってはいない。国家的な境界を一瞬にして消し去ってしまうポストモダンの世界史的条件は、韓国の民族主義者たちにとって、いっそう強固な民族的同一性と団結を求める、はっきりとした根拠となった。こうした状況において、民族－民衆主義の内部にファシズムの欲望と構造とが内在しており、それが克服されない限り、真の歴史的進歩はありえないという観点は、民族－民衆主義者たちの怒りを呼び起こすに十分なものであった。それは、甚だしい場合はファシズムにより苦痛を受けてきた民衆を、あるいはファシズムに抗し闘ってきた民衆勢力をファシストだと決めつける論理だとさえ規定された。

だが、長い期間の怨恨《ルサンチマン》と苦痛の体験、受難者意識、高い道徳的自負心の下で、民族－民衆主義が過度な自己の誇張と自己への憐憫、単純で暴力的な二分法の罠にはまってしまうのは韓国の場合も例外ではない。民族－民衆という純粋な自己同一性とは虚しい欺瞞にすぎないということ、全ての文化は結局雑種にすぎないということを認める勇気、さらに抑圧者の姿を再現している自分の醜悪な顔を正面から見つめる勇気は、今日の韓国の民族－民衆主義には期待しがたいようだ。これこそが、帝国主義とファシズムとの長い支配が残した回復しがたい傷痕であり不幸だろうと私は思う。

歴史的体制としてのファシズムであれ、近代性の一つの顔としてのファシズムであれ、それは現代の生と構造のなかに根を下ろしている。この野蛮な根から薫り高い優雅な花が咲き乱れる。私たちはそれに酔っている。〈集団化された個人〉は〈個人〉を抹殺し、〈破片と化した集団〉は〈集団〉を無力化する。残されているのは暴力だけである。結局、社会の全体化が個人を分散させ、個人の破片化が社会の全体化を強化する、こうした構造のなかで既存の二項対立的構図をもってしては、いかなる克服の糸口も摑めない。否、かえってこうした二分法そのものが、ファシズムの良好な温床でもあるのだ。何をなすべきか。見つけ出すべきは答えではなく、正しい問いなのかもしれない。つとにマルクスが述べたように、問題が正しく提起されたのなら、すでに問題は解け始めたのだ。

だが、正直に言って、見通しはきわめて悲観的である。韓国での新しい大統領の就任[8]は非常に肯定的‐進歩的な意味を持っていることは否定できない事実である。だが、それとは関係なく、またはそれとともに、集団的国粋主義の強力な情緒的な拡散もまた、長く持続するであろう。それはファシストたちの直接支配期とは異なる様相の支配となるだろうし、そうした点から、これまでの反ファッショ闘争とは全く異なる形の闘争が要求されるだろう。それは内と外のない闘いであろうし、境界が不透明な闘いだろう。それゆえ、この闘いでの犠牲者たちは、過去の英雄の物語の主人公のようにはなれないだろう。暗鬱な見通しの前で、私はファシズムの直接的暴力が頂点にあった時期、あらゆる形の特殊主義、国粋主義が知性の名をもって横行した時期に次のように語りえた一人の日本の知識人、戸坂潤の言葉を思い浮かべずにはいられない。

最後に一言。――

どういう精神主義の体系が出来ようと、どういう農本主義が組織化されようと、それは、ファッショ政治諸団体の殆ど無意味なヴァラエティーと同じく、吾々にとって大局から見てどうでもいいことである。ただ一切の本当の思想や文化は、最も広範な意味に於て世界的に翻訳され得るものでなくてはならぬ。というのは、どこの国のどこの民族とも、範疇の上での移行の可能性を有っている思想や文化でなければ、本物ではない。丁度本物の文学が「世界文学」でなければならぬのと同じに、或る民族や或る国民にしか理解されないように出来ている哲学や理論は、例外なくニセ物である。(6)

第二章　「民族」が語られるとき——自己欺瞞と忘却

一　はじめに

一九二六年一二月二六日付の『東亜日報』の一面は、全体を黒枠で縁取って喪章とし、巨大な特号活字で「奉悼」という二文字を左右両端に大きく分かち書きし、大正天皇の死を報じている。紙面上段のちょうど中央にやはり黒枠で縁取られた天皇の写真が載せられており、新聞は次のように最高敬語を使用して大正天皇の死を告げている。

大正天皇陛下登遐あそばされる／陛下は明治天皇第三皇子として己卯に降誕あらせられ、己丑に立太子、壬子に践祚あそばされ、在位一五年、享寿四八であらせられる／明治の鴻緒を継承させ給ひ、聖徳あらせられ、特に世界大戦の参加は陛下治世の事として永く史上に大書せられやう／春秋なお鼎盛であらせられながら、仙馭をとどめさせ給はず、内外ともに茲に謹んで奉悼致す。

新聞は巨大な活字と写真、敬いの限りを尽くした用語を通して、帝国権力の人格化である天皇の死と、新たな現人神昭和天皇の登場を厳粛に伝えている。頭を短く刈り、口髭を生やしたまま、肩章と各種勲章で飾られた西洋式の軍服を着た大正天皇の謹厳な写真が紙面上段の真ん中から読者を見下ろしており、右側には「天皇陛下崩御」、「東宮殿下御践祚」等の巨大な見出しが、左側には「朕皇祖皇宗の威霊に頼り大統を承り万機を統べる……」という昭和天皇の詔書が、第一面の左右の空間を上から下にかけて重々しく圧している。皇室専用の儀礼に関連した特殊な用語が太い活字で第一面のほとんど全部を占めているこの日の新聞は、その視覚的効果だけでもすでに事態の深刻さを読者に知らせるのに十分である。

ところで、この紙面の空間には何か奇妙な異物が挟まっているような感じがある。天皇の死と関連した記事が紙面を埋めるなか、中間部分の一番右側、三分の一ほどの空間に、これらの記事とは全く関係のない文章が一つ載せられているのである。それは「文学士崔鉉培《チェヒョンベ》[1]」による「朝鮮民族更生の道」（以下、「更生」または『更生』とする）という文章である。この文章の最後は、次のような〈歌〉で終わっている。

いくら考えても／私は朝鮮人だ／世界は広いけれども／朝鮮だけが私の大地だ／三千里山河の上／至るところに血と汗の痕跡／四千年の歴史の中／日々が人の跡／この山河この歴史を／つなぎつないでまたつなぎ／二千万二億万が／肌寄せ合って生きていこう

崔鉉培は一九二六年九月二五日からその年の一二月二六日まで『東亜日報』に「更生」を六五回にわたって連載したが、右の引用文はその連載を終えるこの日、「同胞、兄弟、姉妹に向かって高唱、絶叫」しつつ付け加えた彼の自作の詩である。

帝国日本の荘厳な威容をひときわ際立たせる哀悼ムードが大掛かりに演出された紙面の一隅に、「私は朝鮮人だ」「朝鮮だけが私の大地だ」という宣言が発せられているのである。この奇妙な共存が意味するものは何であろうか。もちろんこの共存は意図的なものではなかった。崔鉉培の文章は連載の初日から第一面に掲載されてきたので、大正天皇の死を告げるこの日の新聞でもやはり同じ場所に載せられていただけで、この紙面の割り振りに編集者の特別な意図が介在していたと見ることはできない。この日の連載分の文章も、すでに一〇日前に脱稿していたもので、筆者が天皇の死を念頭に置いて書いたものではない。しかしそれにもかかわらず、この思いがけない偶然の一致、すなわち「第一二三代」「大正天皇御歴」を読者たちに知らせる言説と、「三千里山河」「四千年の歴史」を「つなぎつないでまたつな」いでいこうという絶叫が共存する「京城府光化門通一三六番地」所在の『東亜日報』「昭和元年十二月二十六日」付第一面の形象が意味するところはそれほど簡単なものではない。

〈民族よ、更生せよ！〉と叫ぶ植民地知識人の言葉は、「華麗な君主」(1)の死を哀悼する壮麗な言葉と、それを縁取っている黒い喪章の中に息苦しく閉じ込められているように見える。果たして植民地民族主義の言説は、この黒くて分厚い帝国の囲いを突破することができるのだろうか。帝国と植民地のレトリックが肩を並べて同じ空間の中に混在しているこの紙面こそ、もしかすると

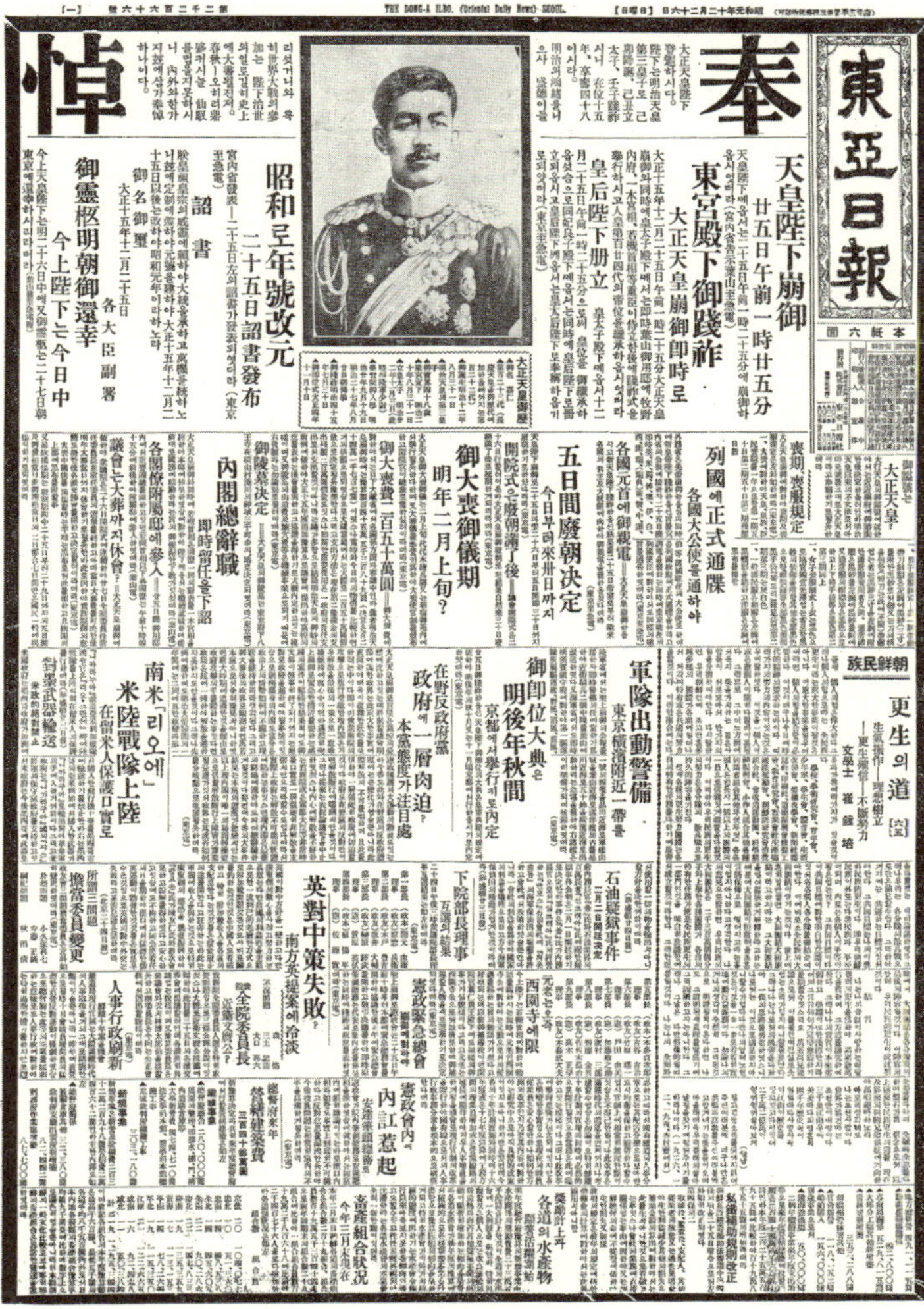

東亞日報

奉悼

天皇陛下崩御

廿五日午前一時廿五分

東宮殿下御踐祚

大正天皇崩御卽時로

皇后陛下册立

昭和로年號改元

二十五日詔書發布

詔書

御靈柩明朝御還幸

今上陛下는今日中

列國에正式通牒

各國大公使를通하야

五日間廢朝決定

御大喪御儀期

明年二月上旬？

內閣總辭職

軍隊出動警備

御卽位大典은

明後年秋間

南米「리오에」

米陸戰隊上陸

英對中策失敗？

朝鮮民族

更生의道

文學士 崔鉉培

1926年12月26日付『東亜日報』の１面、中央右に崔鉉培の「更生の道」が載せられている。

植民地民族主義の運命、要するに植民地民族主義がぶち当たるであろう矛盾や難関、さらにそれが耐え忍ばねばならない精神的分裂と内破をそのまま表象する一つの象徴ではないだろうか。そして偶然というにはあまりに出来すぎなのだが、帝国と植民地のレトリックが互いに混在しているこの紙面に登場した「更生」こそ、まさにその植民地における民族主義のアポリアの兆候を遺憾なく示すテキストではないだろうか。

本章は、こうした疑問から出発している。韓国民族主義の歴史において崔鉉培は、いわゆる抵抗民族主義の苦難と威厳を象徴する一つの記号である。いや、記号というよりはむしろ一つの神話である。帝国主義の悪辣かつ残忍な収奪、とくに母国語抹殺政策に立ち向かい、崔鉉培とその同志たちが成し遂げた超人的な業績と闘争の歴史は、脱植民地国家の自負の源泉として絶えず叙述・再生産されてきた。以下は、そうした叙述の一つの頂点を示す事例である。

崔鉉培の一周忌を迎え設立された「財団法人ウェーソル会」[2]が一九七一年に出した三三四頁に及ぶ季刊『ナラサラン』創刊号は、一冊全体を「ウェーソル崔鉉培博士特集」と銘打っている。特集は全五部構成で、第一部は「ウェーソルの三大著作考察」として、『更生』、『ハングルカル』、『ウリマルボン』という、崔鉉培の「三大著作」に対して研究者たちが解説している。[3]第二部は朝鮮語学会事件[4]に関連した人物や彼の弟子たちが書いた回顧文を集めたものである。第三部は、「ウェーソルを失くした民族の悲しみ（一）」という表題の下、計二六名の各界名士による彼への追悼文を載せている。第四部も同様に「ウェーソルを失くした民族の悲しみ（二）」という題目で、全国各地の新聞等で報道された彼の死亡記事および追悼文を網羅している。最後の第五部は

「ウェーソル永訣式弔文集」で、一九七〇年三月二七日に延世大学校大講堂で社会葬として挙行された彼の永訣式において朗読された国務総理丁一権《チョンイルグォン》の弔辞をはじめ、徐廷柱《ソジョンジュ》〔5〕、李殷相《イウンサン》〔6〕などの弔辞を載せている。

「高潔な人格と高い愛国愛族の精神」をもって「日本帝国主義の残忍な弾圧と拷問のなかでも祖国の光復（解放）を思い、ハングルを研究することでその痛みを忘れた」、「民族の偉大な教師」に対する「崇拝と尊敬の念」は、この雑誌に載せられた全ての文に一貫している感情であり、「ウェーソル崔鉉培博士」の名前を修飾するお決まりの表現である。惨憺たる屈従の記憶が悪夢のようにさまよっている脱植民地社会において、抵抗と受難の叙述と、その主人公たちの話が絶えず再生され、流布されるのは、近代国民国家の形成における一般的な現象であり、崔鉉培の場合もそうした現象の一例と言えるであろう。しかし、この過度の儀礼性とお決まりの修辞の外皮をいったん剝ぎ取って、テクストの実体に近づけば近づくほど、微妙な錯綜と亀裂の痕が現れてくることもまた、ほとんどの民族言説において見られる現象である。

私の究極の目的は、韓国の民族言説におけるその痕跡をあらわにし、分析することである。言い換えると、それは民族の言説が形成される過程で隠蔽・抑圧・排除された〈残余の話〉を探し出すことである。そしてさらに換言すれば、それは「民族」から「歴史」を「救出」し、(2)「大文字の歴史（History）」を「小文字の歴史（history）」に取り戻すことである。本章はそうした作業の一部として企てられた。したがって、以下で「ウェーソルの三大著作」の一つと呼ばれる『更生』を中心として、韓国における民族主義言説の一現象を分析してみようと思う。

この作業に入る前にあらかじめ前提としておくべきことがある。まず、日本の植民地期の歴史像に対するいわゆる「抵抗史的な観点」から最大限距離を置くということである。私はすでに前章において「抵抗史的な観点」の限界を指摘している。民族／反民族、我／非我、抗日／親日、抵抗／協力など、はっきりと区分された二分法的パラダイムによっては、植民地のいかなる現実も明らかにならず、したがって植民地主義の克服も全く望みなきものになってしまうということを再度強調しておきたいと思う。植民地期のテクストを帝国主義の支配に対する〈抵抗か協力か〉という単純な問いに還元してしまう、このパラダイムの無知と抑圧性については改めて述べる必要を感じない。ただ、この単純な図式が植民地以後を生きる大衆の心理的な自己満足と感性的な慰撫、または感情の集団的動員にきわめて頻繁なうえ広範囲に（そしてもちろんきわめて暴力的に）その力を発揮している現実を見るとき、被植民者の脳裏に深く刻まれている「抵抗／協力」の二分法的思考こそが、実は帝国の支配を永続させる最も重要なメカニズムである、という暗澹たる逆説の前にたたずむしかない。

いかにしてこの逆説を乗り越えるべきなのか。その答えをどう求めるにせよ、まずこの逆説に対する自覚がない限り、植民地研究は空虚なスローガンと虚しい自己欺瞞から抜け出せないであろう。帝国と植民地との相互作用が行われる空間の境界は、いつも流動的で重層的である。そしてその相互作用の結果もまた、本章の冒頭で引用した新聞記事が示しているように、数多くの言説が乱雑に交差して衝突する状況として現れる。日々の生活が以上のようなものであるからには、植民地の永く複雑多岐な現実を一つの平面の上ではっきりと分割し、そのようにして分割された領域のなかに特定の道徳的価値や理念を配置することに終始する抵抗史的研究がいかに無意味なものであるかは、改めて言うまでもないだろう。

先に述べたように、本章においては『更生』を植民地民族主義のアポリアをあらわにする一つの兆候を示すテキストとして分析する一方、このテキストが民族言説のなかに受容されていく様相をあわせて追跡しようと思う。『更生』は韓国における民族主義言説の一つの典型である。それは韓国における民族主義の論理と構造、それがぶち当たった難関や矛盾、また『更生』を受容する民族言説の多様な態度を典型的に示している。民族言説は崔鉉培のテキストに自らを投射し、それを通してテクストの意味を固定し、強化してきた。そしてそのように固定された意味によって、再び自らを規定するという反復運動を通し、自らの分裂を隠蔽し、縫い合わせしようとしてきた。本章で明らかにしようとするのは、それらの点についてである。

二 『更生』の認識構造

光と影の世界

『更生』[3]を支配する核心的なモティーフは、言うまでもなく〈更生〉である。暗くて暗鬱な過去を一瞬に清算し、光あふれる明るい未来への飛躍的な乾坤一擲を夢見る〈更生〉への欲望は、このテクスト全体を導く動力源である。『更生』によれば、朝鮮は重い病に罹った患者であり、「わが民族は疾病に呻吟」している。朝鮮民族は「失望と災難が重なった中で、辱しめられた生を重荷のように感じ、光のない闇の中で苦痛の道を歩んでいる」。このように慢性的な疾病で日に日に衰弱していく民族の前に、広島高等師範学校、京都帝国大学哲学科を卒業したこの若い知識人は、患者の症状を診察してその処方箋を提示する「医員」の姿で登場する。

全四章構成の『更生』の第一章は、「民族的疾病の診察」である。この「医員の診察」によれば、病名は「民族的衰弱症」であり、その症状は「意志薄弱」、「勇気欠如」、「活動力欠乏」、「依頼心過多」、「貯蓄心不足」、「陰鬱な性質」、「信念不足」、「自尊心不足」、「道徳心堕落」、「政治経済的破滅」の一〇種類である。この疾病は「膿んだデキモノ」のように、「鋭利な「メス」（小刀）で皮膚を切開し、その内部で放蕩の限りを尽くす病原菌を消毒水で洗い去り、その下から新鮮な新しい肌が生成するのを助け」なければならない。

では、この疾病の原因は何か。第二章「民族的衰弱症の原因」では、やはり一〇種類を挙げている。「李朝五百年の悪政」、「思想自由の束縛」、「自覚なき教育」、「漢字の害毒」、「両班《ヤンバン》〔7〕階級の横暴」、「繁文縟礼の褸縄〔8〕」、「不合理・不経済の生活様式」、「早婚の弊害」、「年を自慢すること」、「迷信の流行」がそれである。この根深い「病根」によって、「朝鮮民族の零落」はあたかも腐った木が倒れるようであり、「この病源を根絶しなくては生きていくことができない」のである。

今や原因がこのように判明したので、次にすべきことは薬を処方し、施すことである。崔鉉培によれば、「民族的衰弱症は心に起因する病であるので、心で治さなければならない」。第三章「民族的更生の原理」で彼は、「民族的生気の奮起」、「民族的理想の樹立」を「現下の朝鮮民族の衰弱症に対する最上で最良の処方」として示している。

沈滞した民族的生気を奮起させることが一刻を争う最良の療法、すなわち民族的更生の最高で唯一の原理であることを覚悟しなければならない。生気とは何か。生きようとする気持ち(生活意志、生活意気：will to live, wille Zum Leben)のことである。民族的生気とは何か。民族的に生きようという意味である。すなわち、その生命が萎縮した朝鮮民族が「生きていかなければならない。我々も生きるぞ。他の民族のようにいい暮らしをするぞ」という意志を持つことである。

最後の第四章「民族的更生の努力」では、「民族的生気の奮起」、「民族的理想の樹立」という更生の原理を把握した後に、具体的にどのような努力を傾けるべきかを述べている。崔鉉培によれば、民族の更生は「新教育の精神」、「啓蒙運動」、「体育奨励」、「道徳の改革」、「経済振興」、「生活様式改善」、「民族固有の文化発揚」などを通して達成されるものである。そしてこうした「時代的な理想」に向かって「全民族の大同団結」と「総出動」が求められるのである。「最良の処方箋」も書かれ、更生への道もこのように提示された。「そうしてこの最後の陣容による勇気ある実践の後に、我が民族の時代的な理想が実現され、我が民族の更生が達成されるのである。嗚呼、更生、更生よ！」。

このように、崔鉉培の目に映った朝鮮ははっきりと二分された世界、すなわち光と闇の世界である。闇の世界は「民族を今日の衰弱に導いた病根」の世界である。朱子学以外にはどんな思想も許さない「文弱な李朝の儒教」のために「朝鮮民族は五百年間、思想上は一種の牢獄生活をしてきた」。中国の文字である「漢字」は、この精神的な萎縮と衰弱の最も大きな元凶と目される。「嗚呼、漢字！　漢字！　これは我々にはまさに亡国の文字であった」。朝鮮の両班階級もまた今日の民族の衰退をもたらした張本人であり、「両班は大きな権力を握って大きな盗みを行い、土《ト》班《バン》〔9〕は小さな権力を執って小さな盗みをほしいままにし」たが、漢字と漢文を用いるようになったのも、この両班階級の利益のためであった。

あらゆる虚礼虚式と日常生活における不合理も、やはり清算すべき暗い世界の項目として挙げられている。その項目には、矮小でむさ苦しい草葺の家、人々が「仕事に就かず、いつも遊んでばかりいること」、辛くてしょっぱい食べ物を好むこと、汁物と野菜がたくさん入った食べ物を腹いっぱい食べること、「原始的風習に属する」白い服ばかりを着ていること、「早婚の弊習」、「年配の人と遊ぶことを好み」無気力に振る舞うこと、迷信を崇めること、などがある。『更生』の内容の半分は民族を衰退と滅亡に導いたこの「病根」を摘発・叱咤することに当てられている。この腐った根の深い「デキモノ」をきれいに切り取って洗い去ってしまわなければ、民族の更生はありえないというのが著者の主張である。

ならば、「病根」が除去された明るい〈更生の世界〉とはどのような姿であり、それはどこに求めることができるのか。「李朝の文弱」との対比で、「天国から地上に降臨した民族の始祖」と古代朝鮮人の「武勇」などに関する古代中国の記録が長々しく引用される。他方、「李朝五百年間の悪政」と「両班階級の横暴」との対比で「百済の建築、高句麗の壁画、新羅の彫刻、絵画、工芸、高麗の磁器と印刷、朝鮮の測雨器、忠武公〔李舜臣《イスンシン》〕の亀甲船、李済馬《イジェマ》〔10〕の四象医学」などの「燦爛たる文化遺産」が列挙される。しかし何よりも、「我が民族が他よりも優越した才質の所有者」であると同時に「高遠な理想を持ち、明哲な知力を持った」民族であることを証明するのは他ならぬ「ハングル」なのだ。そこで崔鉉培の他の全ての文章と同様に、動員しうる最上の用語を全て動員してハングルを称揚する（これとの対比で「漢字」がやはり動員可能な用語を総動員して罵倒されるのはもちろんである）。

> 我々は我が民族の文字に対する卓越した独創力の最大の発見・最後の完成である世宗朝の訓《フン》民正音《ミンジョンウム》〔11〕を持つこととなったのだが、それは神が将来、我が民族をして人類救済・文化育成の大理想を実現させようという本意から出た民族的な栄誉であり、世界人類の慶福である。我が朝鮮のハングル（正音）は、実に現今世界二百数十種類の国語文字の中で、最も新式で最も完全なアルファベット式の表音文字である。その字画は限りなく簡単であり、その形は整美の限り整美であり、その音は具備しうる限りの音を最大限具備しており、その組織が最も学術的であることと、その応用が最も普遍的なものであることは、実に地球上に人類が生まれて数十万年の空前絶後の文字の完成である。この人類文化史上唯一の文字の完成は、朝鮮の民族的精神の世界的な卓越であり、〔後略〕　〔傍点は引用者〕

「嗚呼、漢字！　漢字！　これは我々にはまさに亡国の文字であった」という呪いの混じった絶叫から、「最も完全な」、「最も学術的な」、「最も普遍的な」、「空前絶後の文字の完成」である

「ハングル」への宗教的称揚へと急激に飛躍するこのメンタリティの構造は、事実上『更生』全体を一貫するものであると言っても過言ではない。

暗い現在の時間を果敢に清算し、明るい未来の時間へと瞬く間に飛躍する更生への欲望は、被植民者の胸に火をつける本能的な何物かである。しかし決して実現されるはずのないこの欲望はいつも新しく、また陳腐である。では、この陳腐でありながらも新たな更生へと欲望を動かす基本的な文法とは何なのか。そしてその機能は何なのか。

〈更生〉の文法――民族の分節化

私たち朝鮮人は一般に汁物と野菜をあまりにも多く食べる。一食の食べ物は、その栄養価は少ないのにただその量だけは非常に多い。したがって、栄養が不足するので、私たちの本能的な欲求はしきりにもっと食べようとする。それで、一食の食べ物の量がどんどん多くなっていく。こうした結果、大多数が胃拡張に罹るのである。この胃拡張が人の勇気と忍耐力をなくすのである。生理学的に考えると、腹が一杯になると体の血がすべて腹に集まるので、頭脳に血が行かなくなり、また腹一杯の食べ物を消化すると胃は疲れ、胃が疲れると惰眠がやって来るのである。また心理学的に見ても、人は腹が一杯になろうものなら、他のことに手をつけ、活動しようという気が少なくなる。誰かの話では、人は腹が空いているために考え、仕事をするとのことだ。本当のことである。飽満とはこの上ないこと、活動しなくてもよいこと、何かしようという気もないこと、無活動、怠慢を意味している。私は医学上の実験の知識も実験の統計も何ら持っていないが、専ら我が民族の怠け症の一つの原因がこうしたところにあるのではないかと考えている。

崔鉉培は『更生』の相当部分を衣服や食べ物など、生活習慣の不合理と不経済の分析に当てている。右の引用文はそのうちの一つであるが、ここで彼は朝鮮人が汁物と野菜が入った食べ物をたらふく食べて、胃拡張に罹って非活動的になり、それが民族的な衰弱症の一原因になっていると述べている。衣服の改良や住宅の改造などについても、彼はこれと似通った分析を示している。「井戸が一軒一軒にないことが日常生活の能率を減じる一大原因」であり、辛い唐辛子をたくさん食べるのは、「意志薄弱」の原因なのである。「辛い唐辛子が胃腸を攻撃し、その神経を疲れさせ、脳神経の系統にもよくない影響を及ぼすのである」。「朝鮮人が勇気がなく、意志が薄弱な原因の一つは、猛烈な唐辛子をたくさん食べるために、神経が興奮を何度も繰り返す結果、疲れるからではないか」と彼は言う。かと思えば、朝鮮人が着る「白い服」は、「貧困と非活動と老衰と悲哀と脆弱の象徴」である。「白い服」を着ることから生じる「莫大な損害」を、「経済的、心理学的、物理学的、文化史的」な観点から長々と分析した後、彼は「物質文明がその極に達した二〇世紀の今日、我が民族だけが白衣でのみ暮らすことは」「原始的風習に属する」ものであり、「到底認めることのできない」「恥ずべきこと」である、という結論を下している。

こうした叙述から未熟な啓蒙的知識人の百科全書的アマチュアリズム、あるいは擬似博物誌的な強迫観念を見つけ出すのは困難なことではない。「民族的衰弱症」の「病原菌」を摘発する彼の視線は、あまりに恣意的で、観念的、非論理的なので、これが果たして当代最高の教育を受けた「文学士」の現実認識であるかと疑われるほどである。朝鮮経済の現実に対する彼の分析や観察もまた、現実への最低限の整合性さえ持ち合せていないものであり、ひどい混乱を呈している。例えば、朝鮮経済は「貧窮がその極に達」し、「破滅に至った」状態である。それなのに消費状況は「贅沢を極め」、店に陳列されている品物は「華麗を極め」、「生産力は極度に貧弱なのに、消費力は極度に旺盛なのが我が朝鮮」の現実である。破滅に至った経済で、どうして慨嘆を禁じえないほどの贅沢を極めた旺盛な消費が可能なのか、という疑問に対して彼は答えない。その代わり、彼はこうした論理的難問を大抵の場合、抽象的な道徳論や漠然とした比喩で避けるのであるが、この点については後述する。

問題は彼のこのような非現実的・非論理的な社会分析の盲点を指摘することにあるのではない。〈民族の更生〉を絶叫するこの長い論文で、彼は「民族」をめぐる「帝国」の存在について全く言及していない。「日本」や「日本人」に言及することはたまにあっても、それは大抵、朝鮮との比較のための例証として挙げられるだけで、帝国の権力が植民地を根本的に規定している現実に対するいかなる暗示も見出しがたいのである。その代わり、生活習慣上の些細な不合理を「民族的疾病の原因」として摘発することに論文のほとんどが費やされている。(4) 繰り返すが、問題はこの論証の妥当性の如何ではない。「朝鮮民族の零落」をもたらした根深い「病原菌」として「むさ苦しくて矮小な草葺の家」、「仕事をもたず、遊びを好むこと」、「飯を腹いっぱい食べること」、「白い服を好んで着ること」、「唐辛子のような辛くてしょっぱい食べ物を多く食べること」、「年を自慢すること」というふうに列挙されるとき、この些細な点に極度にこだわる思考が引き起こす効果は何なのか。

一言で言えば、それは帝国からの民族の分節化である。言い換えると、「民族の問題」がこうした些細な生活上の問題へ分節化されることにより、「民族」は帝国の領土内において自分たちだけの固有で特殊な領域、すなわち生活改善や意識革命の実践の場として限定される。そして、その固有な領域の確保を通じて帝国と民族との間に明確な境界線が引かれる。〈更生〉とは当然この「民族」の境界内においてなされるものであるから、結局、生活改善を通した民族の〈更生〉が帝国の境界を侵犯しない限り、民族は帝国の領土内において〈特殊なもの〉として分節され、明確となる。そして、それこそが帝国の体制維持に最も理想的な領域分けなのである。

このように刷新への欲望が内在する文法とは、すなわち、分節化を通じた民族の領域の明確化だったのである。『更生』が当時日本語に翻訳・出版され、その一部が朝鮮の学校の教科書に収録され、さらに朝鮮各地の刑務所で囚人教化用の図書として使われたということは(5)、帝国の領土内における民族の領域を生活改善や意識革命の対象として分節するメカニズムが、いかに完璧に機能していたかを示す一つの事例である。結局、更生の文法は帝国の枠を侵犯しない限り、民族の自足的領域を構築するものであった。喩えて言えば、帝国がラング（langue）であるとすれば、民族はパロール（parole）であった。ラングのないパロールは存在しえず、その逆も同様であるとすれば、天皇の死を哀悼する壮麗な帝国のレトリックとともに、〈民族よ、更生せよ！〉という叫びが、一つの空間の中ではっきりと分割されたまま共存する新聞の紙面が象徴するように、民族と帝国は最初から互いを支える存在でしかなかったのだ。

この分節化のメカニズムを何よりもよく示しているのは、崔鉉培を中心とした朝鮮語学会のハングル運動である。李恵鈴《イヘリョン》が指摘しているように、朝鮮語学会のハングル運動とは、まずハングルの普及と流通のための媒体《メディア》として学校・教会・新聞社、さらに近代国民国家の中央集権的システムを必要とするものであった(6)。要するに、民族運動の頂点と認識されている朝鮮語学会のハングル運動は、植民地の国家権力に背を向けては進められないものであった(7)。この点は、「朝鮮語学会の実践的権威が、一九三〇年二月に公布された総督府学務局の第三回諺文《おんもん》綴字法改正を契機に植民地権力に介入し、自分たちの意見を首尾よく貫徹することで得られた(8)」というところにもよく表れている。

しかし、分節化のメカニズムと関連して注目すべきことは、朝鮮語学会のハングル運動が植民地権力との一定の協力関係の下で遂行されたということよりは、その運動が「植民地的言語状況の本質的な局面を問題としなかった(9)」ということ、すなわち表記法や綴字法などの問題に一貫して執着することで「朝鮮語」を帝国の言語編成のなかで、一つの地方語として特殊化・分節化したということである。言い換えると、朝鮮語学会のハングル運動は、一九三〇年代後半、朝鮮語自体の存立が根本的に脅かされている状況を隠蔽しつつ、運動の主眼を「漢字使用の是非、新語の創出や古語の復活、外来語の受容問題、標準語と方言の問題(10)」等の瑣末な点に置くことによって維持されるものであった。実は、ハングル運動を綴字法問題や純ハングル表記などの問題へと分節することは、朝鮮語学会の草創期からの一貫した運動方式であった。内鮮共学や朝鮮語の随意科目への転換という一九三〇年代後半の状況においても、朝鮮語の分節化、すなわち朝鮮語を「アイルランドやインドのように、英帝国下の地方語」、または「実用語、共用語でないラテン語のような古典語」[11]と位置づけることによって、帝国の言語編成のなかで、民族語の領域を特殊化・地方化するというやり方は変わらなかった。

朝鮮語学会のハングル運動家たちは、このような分節化を通じて帝国の枠内における「民族」と「民族語」の領域を確保しようとしたのである。しかし、こうして確保された領域というものは、同時に民族語の機能や価値を特定のカテゴリーのなかに制限しつつ、危機の根源を隠蔽する代価として得られたものであった。

今ヤ朝鮮語文ヲ以テ政治ヲ語リ経済ヲ論シ科学ヲ研究シ社会ヲ談スルコトハ不能ナリ。コノ事象ハ吾人カ朝鮮人ト語リ又ハ朝鮮人同士ノ間ノ会話ヲ聞キ或ハ彼等ノ物シタル文章論文等ヲ見レハ直チニ了解シ得ル所ニシテ彼ラカ議論ノ要点ヲ必ス国語〔日本語〕ヲ以テ之レヲ表現スル所以ハ他ナシ、進ミタル文化ヲ語ルニ付テノ適切ナル朝鮮語ナキカ故ナリ。〔中略〕如何ニ朝鮮語文ノ整理、統一ヲ図ルモ、ソハ単ニ従来存在スル朝鮮語ト文ノ整理、統一ヲ図ル所ノ純文学的研究、或ハ過去ノ古典文学的研究ヲ意味スルニ止マリ、逆ニ朝鮮民族ニ民族精神ヲ吹キ込ミ、更ニ進ンテ朝鮮民族独立運動ニ進マシムルカ如キ機能ナシ。朝鮮語文運動ニハ最早カクノ如キ能力ナシ[12]。

右の引用文は、朝鮮語学会事件に対する朝鮮総督府高等法院刑事部の判決文のなかに出てくる被告人たちの自己弁護の内容である。この判決文によれば、朝鮮語学会事件の被告人たちは、「語文運動ハ文化的民族運動タルト共ニ最モ深慮遠謀ヲ含ム民族独立運動」であるという一審の判決に服さずに控訴し、朝鮮語学会の語文運動は決して民族独立運動ではないことを主張している。そして、語文運動が民族独立運動になりえない理由を右のように挙げているのである。処罰の根拠をできるだけ拡大しようとする植民地の司法権力の欲求と、どうやってでもその陥穽から逃れようと努めざるをえない被植民者の欲求とが、言説の基本条件を形成している法廷という状況を考慮すれば、自分たちは決して独立運動を謀りはしなかったという朝鮮語学会事件の被告人たちの主張は、もちろん額面通りに受け入れられるものではない。にもかかわらず、「朝鮮語文ヲ以テ政治ヲ語リ経済ヲ論シ科学ヲ研究シ社会ヲ談スルコトハ不能ナリ」とためらいなく述べる朝鮮語文運動家たちのこうした主張は、刑の軽減のためにやむをえず言い繕った言葉であるとは、必ずしも言えない。こうした論理は先に考察したように、朝鮮語を帝国の言語編成のなかにおける一つの地方語、または実用語でない古典語へと分節することによって、その固有の領域を構築しようとした試みの延長上にあるものである。

朝鮮語によっては学術や科学を深く論じることができないために、朝鮮語は感覚的な純文学的表現や美学的な領域内に制限されざるをえない、というような論議は、語文運動家や文学者の内部において、すでに大分以前から内面化されていたものであった。そうした内面化の結果、朝鮮語が使用される領域が文明や科学と対比される非文明あるいは反文明の領域、すなわち郷土的抒情や美的感覚の世界に制限されるという考えも珍しいものではなかった。崔鉉培がその極点にまで推し進めたハングル専用運動も、民族語のこうした分節化メカニズムを実現する一つの方法であった。漢字と漢文を制限して、純ハングルで朝鮮語の領域を新たに構築することは、崔鉉培の論理においては何よりも重要な更生の一項目であったが、それは朝鮮語に特定の価値や意味を割り当て、制限することで、その枠を維持する帝国の言語編成方式をそのまま受容することによってのみ可能なことであった。つまり、このように帝国から民族を分節し、〈民族的なもの〉を特定のカテゴリー内に制限し、結局は危機の根源を隠蔽することによってのみ可能であったのが〈更生〉の文法であった。〈更生の道〉が〈迷路〉に踏み込まざるをえなかった本質的な理由もまた、ここにあった。

『更生』の時間構造と国民総動員

次に、この更生への欲望に内在していた、もう一つの文法的な構造について考察してみよう。すでにその表題にはっきりと表れているように、完全に没落した暗い現在の時間から、明るくダイナミックな未来への飛躍的な再生を夢見る想像力は、『更生』を動かす基本的な力である。朝鮮民族は現在、「光のない闇の中で苦痛の道を歩んでおり」、「民族的疾病」は「その極に達し」、衰退と堕落のどん底に至った。では、希望はどこにあるのか。希望は遠い過去と未だ来たらぬ未来という時間のなかにある。崔鉉培によれば、現在の堕落を招いた最も大きな原因は「李朝五百年の悪政」と「両班階級の横暴」であるが、それ以前はどうだったのか。

古代の朝鮮民族には決してこのような病状はなかった。かの我が檀君[12]時代の文化を考えてみても、かの高句麗の強大な隆盛を回顧しても、新羅の絢爛たる文化を追想しても、高麗の精巧な工芸を考えても、李朝初葉において世界的発明が絶えなかったのを見ても、我が過去の祖先は確かに無病、健康な人たちであったことは明らかである。〔中略〕私の見るところによれば、この病が起こったのは李朝以来のことである。

崔鉉培において時間は「古代／現在／将来」へと三分されている。現在の「疾病状態」は「無病、健康」な古代を甦らせることで治癒できるであろうが、それは堕落し、無気力な「現在の老人たち」ではなく、「将来」を担う「少年」のみがなしうる。「小児は過去を追憶する余裕をもた」ず、「彼には常に明日があるだけである。彼の胸は常に将来という希望に高鳴るだけである」。それに比べて「余生少ない老人」には、「将来という希望はおろか、ただ過去への追憶があるだけである」。「西山の薄日を眺め、長歎し、流涕する心境はあるが、東天の旭日を眺め、心臓の拍動が感じられる生気を有しない」老人とは異なり、「少年が持っているものは、ただ遼遠な将来であるから、その遼遠な将来には光明と希望と力が充満している」。こうして崔鉉培にあっては「理想というのは現状よりも優れた完全な状態を未来において想像すること」である。

はるか遠い過去の時間を崇めながら、未だやって来ない未来の時間を呼び出すこの時間観は、既存の世界が崩壊の危機に瀕しているという没落への恐怖と、没落以後新しい未来が到来するであろうという幻想が共存する〈没落／再生の語り〉を支える認識の一要素である。それはいわゆるデカダンスという想像の系譜を構成する土台となる。金艾琳《キムイェリム》によると、デカダンスはプラトンをはじめとする古典的形而上学の系譜、キリスト教の終末論的語り、そして近代の歴史認識と時間観念に至るまで持続して出現してきたし、また多様な形で顕現してきた。しかし、デカダンスという想像の系譜が歴史的・文学的・美学的な次元において本格的な意味を獲得するようになったのは、近代の進歩理念の発動という歴史的な契機とともにであった(13)。社会進化論に如実に表れているように、歴史の最終的な目的を前提とした単線的な歴史発展論の時間観において、終わりと始まり、没落と再生、絶望と希望、恐怖と幻想は、互いに分離することのできない一体のものである。現在の世界が没落に向かって突っ走っているという終末論的恐怖は、終末とともに新しい未来が到来するであろうという再生への幻想を育み、その逆もまた同様である。近代の進歩的歴史観は、この想像の系譜の極大化された表現である。『更生』の時間観が、この没落／再生の想像の系譜の上に位置しているのは明らかである。

ところで、はるかな過去と遠い未来を展望しながら、現在の危機を強調するこの時間観において、実際に失踪してしまうのはいつも〈現在〉である。堕落した〈現在〉は〈偉大であった過去〉の光との対比で否定され、〈いつか来るべき未来〉の光との対比で犠牲にされる。この時間観においては、現在《プレゼント》は決して再現《リプレゼント》されはしない。それはいつも先送りされる。偉大であった過去が現実において、たやすく再現されるはずがない。未来はメシア的崇高の形で、あるいは終末論の形で絶えず延期されながら、新しい人間、新しい理念、新しい指導者に対する渇望を生む。現在は衰退のどん底に来ており、根本的な革新を通じて明るい未来を引き寄せねばならない。この再生の語りにおいて、〈過去〉とは新たな〈現在〉によって克服されたものであり、〈現在〉とは、これもまた別の新たな〈未来〉によって克服されるべき何かである。そして、これこそが近代という単線的な発展史観が含んでいる時間観の根源的なアイロニーである。なぜなら、〈新たな現在〉はすぐにでも近づいてくる〈より新たな未来〉によって克服されることを待つ対象としてしか存在できないからである。こうした時間観の下で、近代とは「いつも新しいが、新しさという概念の下ではいつも同一[14]」なものとなる。もう一度言うが、「いつも新しいもの（ever-new）はいつも同一のもの（ever-same）なのである[15]」。

この〈陳腐な新しさ〉とは近代性の根源的な時間観でありながら、同時に近代の政治権力が随時利用してきた言説形式でもある。とくに二〇世紀以降のファシズム権力は、こうした再生の語りを基本的なエトスとして絶えず利用してきた[16]。果てしなく遅延される現在、接近することのできない遠い過去、やってこない未来というこの時間構造のなかで、再生はいつも幻想や予言としてのみ存在するだけで、実現されることはない。革新と刷新に向けられた終わりなき呼びかけが繰り返されるだけである。没落／再生という時間観のアイロニーは、まさにこの地点で、すなわち〈新しさ〉に向けられた呼びかけが続けられれば続けられるほど新しさは消えてしまうという事態に直面することで、深化されていく。

にもかかわらず、更生への呼びかけは果てしなく続けられる。その理由はどこにあるのだろうか。それは更生の語りが、近代の進歩的時間観を基にしているのと同じ文脈において、近代国民国家の国民総動員システムの必要不可欠な要素として機能しているからである。更生の語りは、汚染され堕落した現在の姿をきれいに浄化し、新しい人間に生まれ変わることを要求する。それは洗い流したり摘出したりすべき他者を発見すると同時に、その対立点に刷新された自画像を打ち立てる運動である。他者の排除を通しての全体の一様化こそ更生の語りが働く原理であり、それはまた、近代国民国家の要求でもある。辛炯基《シンヒョンギ》によれば、このような刷新への期待は結局、「いっそう強化される国家統制と動員の要求に応えるもの」である。(17)『更生』はそうした事態をはっきりと示してくれるテクストである。次にその点について考察してみよう。

没落／再生の時間観は、一九世紀末の啓蒙知識人を支配した歴史意識においてすでに一度経験されたものであった。韓日合邦〔韓国併合〕以後、三・一運動を経た一九二〇年代に、この再生の神話はもう一度その威力を発揮している。いち早く西欧を襲った世紀末思想に続き、第一次大戦以後の全世界的な革新と改造の雰囲気、そしていわゆる武断統治から文化統治へと変わった国内の社会情勢に力を得て、「再生」、「更生」、「新生」、「改造」などが時代の流行語になっていった。三・一運動以後に創刊された『創造』『廃墟』『白潮』などの文芸誌、そして『東亜日報』『朝鮮日報』などの民間新聞において容易に発見することができるのは、あらゆるものが崩壊した〈廃墟〉の上に新たな生が始まるであろうという、刷新と更生への希望である。崔鉉培の『更生』がこの文脈上にあることは言うまでもない。

この〈陳腐な新しさ〉は、次の時代にも消え去らず、繰り返される。すなわち『更生』の発表から一〇年余り過ぎた一九三〇年代後半に、この没落／再生の語りはいわゆる「近代の超克」論を通じて再び花開いたのである。資本主義的近代と社会主義的革命の企画のどちらもが破綻に至っており、歴史は近代を超克して新しい段階に進まねばならぬという「近代の超克」論は、中日戦争以後、第二次大戦へと突き進む社会情勢のなかで、日本および朝鮮の知識人に巨大な衝撃を与えた。日本帝国主義の敗北という現実に直面するまで、この言説の磁場の外で思惟した知識人は一人としていなかったと言っても過言ではない。大東亜共栄圏の理想を掲げた戦争期に、刷新と更生への欲望はその極に達し、革新の新しい世界像を提示する「近代の超克」論は、行き場のない袋小路に至った左派知識人の転向を促す強力な内的な動因となった。もちろん新しいものは何もなかった。「近代を超克（Overcome Modernity）した」のではなく、「近代によって超克された（Overcome by Modernity）[18]」事態は、この言説が最初から抱えていた矛盾の予定された結果であった。結局、日本帝国主義の支配が没落するときまで、この没落／再生の語りは、疑われることはなかった。

むしろ、この没落／再生の語りは、日本帝国主義が退いた時点で、ただちにまた登場した。植民地という足枷から解き放たれた韓半島において、南と北の政権はこの再生の語りを新国家建設への熱情と結びつけた。南韓の場合、新しい国家の建設は「古い近代を抜け出して新しい歴史的段階である現代に進入すること」と説明されているが[19]、そうした説明がわずか数年前に大東亜戦争のイデオロギー的武器として広く使われたということへの疑問は、全く提起されなかった。古い生活習慣と怠惰を清算し、明るく健全な生活様式を樹立しようという、「更生論」のおなじみのメニューであった「新生活運動論」もまた繰り返された。もちろん、その「新生活」の細目は、すでに何度か繰り返されたもので、全く新しいものではありえなかった。

一九六〇年四月の李承晩《イスンマン》政権「没落」以後、五・一六クーデターで権力を掌握した朴正熙《パクチョンヒ》軍事政権により、この再生の語りはまたも「再生」された。「再建」は新しい政権の理念を物語る核心的な単語であったが、立法、行政、司法の各権力を一カ所に集中したクーデター直後の最高権力機関は、「国家再建最高会議」という名称を通じて、新しい政権が追求する理念的目標を明らかにした。古い習慣と迷信、旧態依然たる慣習が清算されるべき「旧悪」としてまたまた宣布され、その「旧悪の一掃」は全国的な規模の「再建国民運動本部」が担当した。『更生』は、まさにこの時点で三〇年以上の時を飛び越え、再刊された。この復刻本は、初版の内容を一つも変えないまま発行されたものであった。崔鉉培は『更生』を一九六二年に再刊するにあたり、その序文で次のように述べている。

我々はすでに解放を得、また二度も革命を成し遂げはしたが、民族の更生はいまだ全てが終わっていない状況にある。今この本を再び出すのは、かつての叫びが依然として民族更生の精神の糧となるに足ると信じるからである。昔から真理の言葉は年が経つほどその輝きを増すと言うが、この本が現在、国家再建事業の完遂へと邁進する倍達[13]民族の信念と勇気を奮い起こしてくれることを願ってやまない。

本の再刊目的を「国家再建事業の完遂」に言寄せていることから、この著書が五・一六政権の「国家再建事業」と軌を一にするものであることがうかがえるが[20]、三〇年以上の時間的間隔と社会的変化は、『更生』の著者には何ら問題となっていないようである。「真理の言葉は年が経つほどその輝きを増す」からなのか。いや、そうではないだろう。

植民地社会の現実に対する発言として書かれた『更生』を、三〇年以上の時差を飛び越え、そのまま再び世に出すことができた理由は、日本の統治下と解放後の社会との構造的な相似にあるというよりは、『更生』そのものが持っている叙述上の特性にあると思われる。『更生』の叙述的特徴の一つは、過度の精神主義の抽象性である。重要なのは人の「信念」、「勇気」、「意志」、「生気」、「理想」であり、『更生』は破滅に陥った民族にとって、ただ「気をしっかり持ち」、「理想を樹立し」、「生気を奮い起こす」ことだけが「生きる道」であることを絶えず強調する。では、一体どうやって生気を奮い起こすのか。こうした「起こりうる批評に対して」、崔鉉培は再び「物質に対する精神の上位、物質に対する精神の支配」という主張を繰り返している。〈どうやったら気をしっかり持ち、生気を奮い起こすことができるのか〉という方法を問う質問に対して〈精神が物質よりも優れている〉という原理に再び戻っていく。この論争不可能な同義反復は、漠然とした抽象的比喩と空虚なレトリックの羅列とともに、『更生』の叙述上の特徴となっている。テクスト全体のなかで唯一著者が傍点を打って強調している次の文章は、その意味の抽象性とレトリックの空虚さにおいても、格好の見本である。

> 朝鮮民族の固有の特質と特長を自由に十分に発揮し、常に、不断の創造と不休の改造とにより、人類の永遠なる進歩と文化の恒久なる発達に寄与し、裨補して世界進化の気運に参与す

ることが、すなわち我が朝鮮の民族的理想と言える。

革新と刷新に向けての呼びかけが果てしなく繰り返されるだけで、肝心の刷新が実現されない没落／再生という構造のなかで、更生の具体的な像が描かれないのは当然である。それはいつも抽象的な理想、幻想的な予言の形で現れるだけである。没落／再生の語りは抽象的であればあるほど時代を超越していつでも繰り返される。したがって、抽象性は没落／再生の語りを連続させる動力であり、その時間構造のアイロニーを隠蔽する核心的な仕掛けだ。言い換えると、更生の言説が目標とするのは、更生ではなく、更生に向けての〈叫び〉そのものであり、その〈絶叫〉が可能となる条件に出会うのである。あたかも終末論が、終末の実際の到来ではなく、終末の果てしない先送りを通じて生き延びていくように。それゆえ「民族の更生は、いまだ全てが終わっていない状況にある」という崔鉉培の言葉は、このような没落／再生の語りの実質的な目標を無意識的にではあるが、きわめて正確に言い表した言葉だ。更生の内容が抽象的であればあるほど、それは「かつての叫びが依然として民族更生の精神の糧となるに足ると信じる」土台となる。三〇年以上も前のテクストを何の修正もせず、そのまま再刊できた理由はここにあったのである。

漠然かつ抽象的なレトリックで終始一貫する『更生』の叙述の特徴が、その言説の超時代的な〈有効性〉を保障するものであったとすれば、もう一方において、それは「国家再建事業」のため、全国民を召喚し動員すべき必要性に直面していた国家権力の要求にもよく合致するものであった。生活改善こそ『更生』の著者が最も強調してやまない内容であり、「新生活運動」は、五・一六政権の核心的な重点事業だったのである。『更生』の著者は事実、「民族の大同団結」と「総出動」を叫んでいたのではなかったか。

このように没落／再生の語りは、一九世紀以来の近代韓国において、国民総動員の核心的な言説として機能しつつ、絶えず繰り返されてきた。歳月に耐え抜くこの〈陳腐な新しさ〉の力こそ、再生の語りが有する驚くべき力であった。朴正熙政権の没落以後も、その力は変わらなかったが、一九八〇年の光州《クァンジュ》の殺戮を経て成立した全斗煥《チョンドゥファン》政権〔14〕は、没落／再生の語りの新バージョンとも言える「社会浄化」を、改革政策の核心として打ち出した。未曽有の暴力を伴ったその政策の底辺において、悠久な伝統である没落／再生の想像力が働いていたというのは、意味深長なことである。しかし一方で、没落／再生という想像の系譜は支配権力だけの占有物ではなかった。むしろ、それは被支配民衆の現実のなかにおいて、いっそう強固にその位置を確保したのであり、長く続いた軍事独裁の支配を終わらせた韓国民衆運動の想像の系譜もまた、没落／再生のそれにほかならなかった。また、一九九〇年代以後の「文民政府（金泳三《キムヨンサム》政権）〔15〕」から今日の「参与政府（盧武鉉《ノムヒョン》政権）〔16〕」に至るまでの政権の全てが、「第二の建国」、「改革」のごとき、類似した形の〈再生〉の想像力を通じて、自らの独自性を強調している。実に半世紀以上を同一の形の想像力が韓国人の集団的生を煽り立て、動員してきたのである。内容のない道徳的・抽象的な絶叫が陳腐な〈再生〉の想像力と結びついて誕生させた動員される主体——一九世紀以来の韓半島における、いわゆる近代的な主体の実像はおそらくそのようなものだろう。また、『更生』はそうした主体づくりの作業を行った数多いテクストのうちの一つなのだろう。

三　民族言説の分裂——自己欺瞞と忘却

民族の境界——他者の発明

これまで考察してきたように、更生の語りは近代の進歩的時間観を基に、抽象的な未来への幻想的な約束を通じて、その時間構造の矛盾を隠蔽しつつ、国民国家の総動員システムを機能させるものであった。しかし更生の語りが国民国家の総動員システムの必要不可欠な要素として定着したのには、もう一つ別の背景が存在すると言えるであろう。更生が〈民族の更生〉である限り、それは近代民族主義の世界観とその実践的手段、さらにはその限界までをも完全に含んでいるものなのだ。すなわち、『更生』の背景をなしているのは、近代民族主義という言説なのである。次にこの点を考察してみよう。

社会進化論に基づいた開化期以来の啓蒙知識人の近代化主義が、『更生』の基本的な思想をなすものであることは、容易に確認できる。近代化とは、すなわち帝国主義の脅威から自らを保全する一方、「民族主体」を中心に、新しい国民国家をつくることを意味していた。しかしこのような課題に直面した一九世紀アジアの知識人たちは、ただちに矛盾した状況にぶつかった。新しい歴史の主体として「民族」という自我を構築することは、民族の内部と外部、すなわち〈自我〉と〈他者〉の新しい境界を設定することを意味した。言い換えると、〈自我〉の発見とは、すなわち〈他者〉の発見（あるいは発明）を意味するものであった。だとすれば、構築すべき新しい〈自我〉はどのようなものであり、排除すべき〈他者〉とは誰であるのか。つまり、内部と外部を分ける民族の境界線はどこにあるのか。民族言説はこの問いに答えない。すでに自然で永遠なものと前提された民族の境界に従って、内部と外部が定められるだけである。統合の対象としての内部、排除の対象としての外部があるだけで、その境界がどのように画定されるのかについての疑問は、民族言説においては全く提起されない。『更生』の著者もやはりその点では例外でなく、実にはっきりしていた。何の疑いもなしに、「民族」を境界として正と否とに世界が分けられる。容赦ない清算と排除への欲望、果てしない浄化と純潔への念願がこの世界を支配するだけである。(21)

しかしそうだとすれば、一体「民族」とは何か。民族主義者たちの説明どおり、民族が永遠で自然なものであり、完全なものであるとすれば、民族はどうして再び新しく目覚めなければならないのか。永遠なるものがどうして生まれ変わらなければならないのか。いや、一体全体、再び生まれ変わることができるのか。民族言説はこのような疑問を提起しないだけでなく、自我／他者の境界線が実は不明瞭であり、流動的であるということから目を背けている。民族主義はこうした矛盾から、自然に相矛盾した運動方向をとるようになる。すなわち、一方では民族の永続性を説明するために、古代から現在に至る民族的なものの不変性と恒存性を絶えず喚起・開発する運動に没頭することになる。しかしもう一方では、新たな民族主体の形成のために、民族の更生と日々の新しさを絶えず強調しなければならない。同時に、民族国家はグローバルな資本主義化に適応するために、臨機応変に自分を変化させなければならない一方で、自分だけの固有かつ永遠なる民族的エッセンスをつくり出さなければならないという、矛盾した状況に置かれる。[22]

はるか遠い古代の記憶や永遠に変わらぬ場所としての「故郷」や「農村」などは、このような矛盾から見出された観念的なつくり物であり、民族の主体はとりとめもない変化を繰り返す資本主義社会の流動性に耐え抜くアイデンティティを、これらのつくり物に仮託して確立しようと努めるのである。しかしそれは決して解決策になりえない。なぜならば、そのようなアイデンティティ確立の努力そのものが、すでに資本主義的近代化の一属性であるからである。「民族」の創出や、国民国家の建設は、必然的にこのような矛盾と亀裂を通過しなければならないことだった。

近代化論もやはり同様である。「西欧」は近代化のモデルであり、追求すべき理想であったが、同時にまた、排撃すべき〈他者〉であった。西欧的近代化を身体化しつつ、同時に西欧的なものを自分の身体から追い払わなければならないというこうした分裂的状況は、アジアにおける国民国家形成が直面した最大のアポリアであった。「中体西用」、「和魂洋才」、「東道西器」こそ、このアポリアに対する一九世紀啓蒙知識人たちの答えであった。その答えの実際的な効用とは別の問題として、西欧的なものとは異なる（あるいはより優れた）自分の「精神」や「伝統文化」の発見から、非西欧知識人が非常に大きな心理的慰安を得たのは確かである。プラセンジット・ドゥアラは、こうした心理的な慰安は結局、西欧化した知識人のアイデンティティの危機をなだめるために考案された、東洋対西洋という二元論的思考の結果にすぎないものであった、と指摘している。[23]

『更生』はそれが突き当たった矛盾と亀裂を含めて、このような一九世紀啓蒙主義と社会進化論的世界観の一九二〇年代バージョンである。その点において『更生』は少しも新しいものではなく、むしろ陳腐なものでさえある。ここで一つ注目すべきことは、このテクストの内容よりは、テクストが持っているある種の権力効果である。先に見たように、その内容の基本構造ははっきりと区分された〈自我〉と〈他者〉の世界である。清算あるいは除去すべき〈他者〉の領域と、保存し守るべき〈自我〉の領域においては、それぞれ何を配置しようとも、〈他者〉、あるいはさらにまた除去すべき対象としての〈敵〉を創出するという行為それ自体が、すでに権力としての効果を有している。「根深い病原菌」として〈他者〉を指定し、更生すべき主体としての「民族」を呼び出した瞬間、この発話者は〈動員する主体〉となり、聴取者は〈動員される主体〉となる。これは啓蒙の言説のなかに必然的に内在する、解決することのできない宿命である。啓蒙の構造の内にいる限り、〈動員される主体〉は決して主体となりえない。誰が主体であるのか。「民族の大同団結」のために「総出動」を宣布する指揮者、命令者、指導者としての啓蒙者だけが主体となりえる。結局、絶えず主体を呼び出しはするが、呼び出された瞬間、もはや「民族」は主体ではなくなるのだ。だとすれば、民族はどのようにして更生できるのか。

もちろん崔鉉培はこうした難問を意識さえしていなかった。彼には民族の「総出動」を宣言する「闘士」や「病根」を摘出する「医員」といった権力的な形象だけが与えられる。この権力は「連続した歴史的な同一性を遡及的に構築することによって過去を支配しようと[24]」する現在の欲望から出てくる。現在を支配する者が過去を支配し、過去を支配する者が現在を支配する。民族言説は、このヘゲモニー闘争の中心にある。そうして民族主義が持つ民族解放に向けての機能は、それが内蔵している支配と権力への欲求によって、必然的な亀裂を引き起こす。敵対者に対する憎悪に満ちた攻撃、絶滅を主張する極端な言葉などは、『更生』を貫いている心性であり、それはもちろん崔鉉培個人のパーソナリティに由来するところもあろうが、一方では、自我／他者の対立を発明することによって自己を維持する、民族言説が有する本質的な抗争性に起因するものでもある。

自己知の起源

先に見たように、『更生』でははっきりと区分された二つの世界が提示されている。一つは一日も早く抉り出すべき病原菌のような世界であり、もう一つは、高く称揚し、保存すべき価値ある世界である。ところで、「李朝五百年の無能と怠惰」、「両班階級の横暴」、「朱子学の抑圧」などを清算すべき過去と規定しつつ、高句麗の尚武精神、百済の建築、新羅の芸術など、古代文化の遺産を称揚する民族主義言説のこうした自己知（self-knowledge）は、どこから来たものであろうか。

アンドレ・シュミットによれば、一九世紀末の韓国の自己知は主に日本において生産されていた。韓国の民族アイデンティティに関するさまざまな言説が、韓国の文化と歴史に関する日本側の著述に深く依存していたということは、韓国民族主義の生来的なジレンマとならざるをえなかった。韓国の歴史と文化に関する日本人学者の知識は、自民族を再認識しようとする韓国の知識人によって、全く同じ用語でもって再び採択された。例えば、党派争い、怠惰、腐敗の標本として描写された朝鮮の両班は、過去の朝鮮を批判するのに最も便利な表象であり、当時の韓国の民族主義と日本の植民地主義の歴史の叙述は、この点において変わらなかった。韓国古代史と古代芸術に関する知識の体系も、当時の日本側の著述によって開発され、韓国の知識人に提供された。それだけでなく、彼らは資本主義的近代化と民族国家の建設という理想をも共有していた。言い換えると、民族主義と植民地主義は、資本主義的近代化の理想を基盤として、歴史理解や民族文化への接近方法においても多くのものを共有していたのである。いかにしてこのジレンマを解決すべきなのか。一部の知識人たちは「国粋」または「国魂」という概念の確立を通じて、その答えを求めようとした。それは、「民族」を「文明」ではなく「文化」、「物質」ではなく「精神」により定義するものであった。この概念を通じて、言語、宗教、とくに歴史の叙述に基づいた文化的な抵抗の図式が可能なはずであった[25]。しかしこの「国粋」という概念さえも、日本国家主義の核心をなす思想であったため、「精神」と「文化」という国民的エッセンスの獲得が、究極的に植民地主義を超える武器となることは期待できないことであった。

それと関連し、現在の没落の原因を時間的に近い李朝の悪政に求め、その代わりに古代の文化を最上の理想と称揚する言説そのものが、すでに日本帝国主義によって提供されたものであることを説明しておきたい。高木博志によれば、燦爛たる古代の文化と現在の没落という朝鮮文化に対する一般的イメージこそ「日本がつくり出した言説による植民地朝鮮の来歴」である[26]。亡国の喪失感をはるか遠い古代文化の記憶により慰めながら、その文化の復興を通じて民族を更生させようとする民族主義者たちの努力の知的起源は、事実上、東京帝国大学の建築学教授関野貞の朝鮮美術史に関する最初の論文、「韓国の芸術的遺物」（一九〇四年六月）などに由来するものであった。関野は『韓国建築調査報告』（同年）や「韓国芸術の変遷に就いて」（一九〇九年）などの研究を通じて朝鮮芸術を初めて体系化したが、彼の基本的な観点は、朝鮮の芸術が統一新羅を頂点として漸次衰退の道を歩んだ、というものであった。次の引用文は、「高句麗の強大な隆盛」、「新羅の燦爛たる文化」、「高麗の精巧な工芸」、「李朝初葉にも世界的発明と創作が絶えなかったこと」を述べる崔鉉培の文化史的観点、そして事実上多くの韓国人の自己文化への理解の仕方がどこに由来するものであるのかを示している。

朝鮮古来の芸術は、概観すれば楽浪郡時代は姑くこれを措くとするも既に高句麗時代には其古墳内部の構造と其壁画装飾に驚くべき発達を示し、特に新羅統一時代には建築に彫刻に絵画に最も洗練されたる固有の趣味をあらはした。又高麗時代の青瓷象嵌に至りては色の鮮麗、形の斎整、技巧の情熱実に世界に向つて誇るに足るべき者であり、李王初期の者も雄大堅実の特性をもつてゐた。此の如く古来芸術に対し充分の諒解と修練とを持ち優秀なる作品を出せし民族も、三百年来悪政の結果徒に政争に没頭して互に排済に疲れ、目前の利害を逐ふに急にして、芸術美の別天地に悠遊するの余裕を与へられず、その趣味は乾燥し堕落し其芸術は昔時の洗錬を欠きて粗大稚拙観るべからざるものとなつた。(27)

古代芸術の「空前絶後の精華」と、朝鮮王朝時代の芸術の「衰退」という関野貞のこのような文化史的観点は、以後、朝鮮美術史の基本的な骨格となったのである。しかるにこうした観点こそ、実は「日本の朝鮮植民地支配を国際社会に対して正当化する」「文化戦略」として樹立されたものであった[28]。朝鮮総督府は、一九一五年から一九三五年まで、ほぼ二〇年にわたって朝鮮の遺跡および古建築物、美術・工芸品、史料などを各時代別に分類した大図録『朝鮮古蹟図譜』を刊行するが、写真と図版とで華麗に飾られたこの図録の編集方針は関野が立てた。統一新羅時代を頂点にして、朝鮮の文化と芸術は下降するというイメージ、そうしてついに現在の朝鮮において「その趣味は乾燥し堕落し其芸術は昔時の洗錬を欠きて粗大稚拙観るべからざるものとなつた」という言説は、総督政治の必然性を説明するのにこれ以上ない根拠となり、実際に『朝鮮古蹟図譜』の刊行を計画した総督寺内正毅は「古蹟図譜を秘書室に保管せしめ、内外の賓客の来る毎に自ら署名して贈与され、特に各国領事始め外国の知名人には、出来るだけ広く贈呈し、その目的は「朝鮮の優れた文化を世界に紹介し、兼て朝鮮の文化統治の面を良く宣伝」するところにあった[29]」。

社会進化論に基づく近代化への理想、科学文明に対する単線論的発展史観、隣接する過去に対する絶対的な否定と遠い過去に仮託して自己のアイデンティティを構想しようとする欲求、これら全てが植民地宗主国にその端を発するものであるということについて、『更生』の著者は、他のほとんど全ての啓蒙知識人がそうであったように、ただの一度も懐疑することはなかった。結局、ジレンマをジレンマとして認識できない民族言説の無意識こそ、それが逢着した最も大きなジレンマだったのである。

民族言説の自己欺瞞と忘却

ジレンマをジレンマとして意識できないとき、自己分裂は内面化する。民族言説の内破はその無意識から始まる。それでは、民族言説はこの内破をどのように縫い合わせるのか。その縫合の一つの事例として、私は韓国の民族主義言説が崔鉉培を専有（appropriate）した方法を考察してみようと思う。広く知られているように、韓国の民族主義は崔鉉培を中心としたハングル運動に、民族的抵抗の頂点としての内容と形式を発見してきた。日本帝国主義の類例のない「同化政策」と「民族語抹殺政策」に立ち向かった朝鮮語学会のハングル研究こそ、民族精神を守護する最後の砦であり、二名の獄死者を出した末、一九四五年八月一五日の日本帝国の敗北とともに、監獄の門から出てきた朝鮮語学会事件の被疑者たちこそ、民族苦難の大叙事詩を完結させるクライマックスの主人公そのものであった。実際、「朝鮮語学会の存在が、植民地状況のなかの韓国人には想像の共同体としての国民国家の役割を果たした[30]」という表現は誇張ではない。

このように、朝鮮語学会を中心とした植民地体制下のハングル運動を偉大な民族的抵抗の形として位置づけることは、韓国の一般的な社会通念に属する。専門的な学術研究者から大衆的な言説に至るまで、この社会通念は広くかつ深く浸透している。しかし『更生』一つを見ても、それを「日本帝国主義の支配政策に挑戦した反植民地闘争[31]」の記録として読むことはナンセンスである。こうした抵抗史観をとる限り、『更生』が日本語に翻訳・配布され、教科書に収録され、さらには刑務所の教化用図書として配布されたという事実は説明不可能になる。ましてや、『更生』の世界観が帝国主義のそれを共有していること、そこから発生する植民地民族主義の錯綜した精神分裂などが意識される可能性は皆無である。結局のところ、民族言説は自閉的ナルシシズムの回路にはまり込み、自らも気づかない巨大な隠蔽と忘却の泥沼に沈んでしまう。

一般的な社会通念とは異なり、崔鉉培を中心とした朝鮮語学会は「朝鮮語学会事件以前までは朝鮮総督府と対立することはほとんどなく、非敵対的な関係を維持した」[32]。それだけでなく、機関誌である『ハングル』に「国民誓詞／皇国臣民ノ誓詞」を掲載し、他の雑誌にはほとんど見られない「新年奉祝辞」を毎年一月号に掲載し、「社言」として「国民精神総動員「銃後報国強調週間」について」（一九三八年）という文と、「第三六回海軍記念日に際して」（一九四一年）という文を掲載するなど、露骨な戦争協力を行っている[33]。問題は、『ハングル』誌がこのような内容を掲載したということ自体にあるのではなく、これらの内容が「解放」以後に出た『ハングル』の復刻本ではすべて削除されたというところにある[34]。この点を念頭に置きつつ、朝鮮語学会を引き継いだ「ハングル学会」が、一九七二年に刊行した『ハングル学会五〇年史』の「序言」でどのように述べているのかを見てみよう。

ハングル学会の創立精神は［中略］民族精神を破壊しようとする侵略者の魔手から民族を守ろうとするところに根本的な目的があった。［中略］日本帝国主義侵略者たちは［中略］我が民族を魂の抜けた案山子にしようとし、この魂を抜くために、彼らは我が歴史を歪曲し、我が言葉と文をなくそうとまでしたのである。恐ろしい悪魔たちであった。この悪魔たちの手から民族の精神と文化を守ろうとし、言葉と文の保存、研究、発展のために創立されたのが

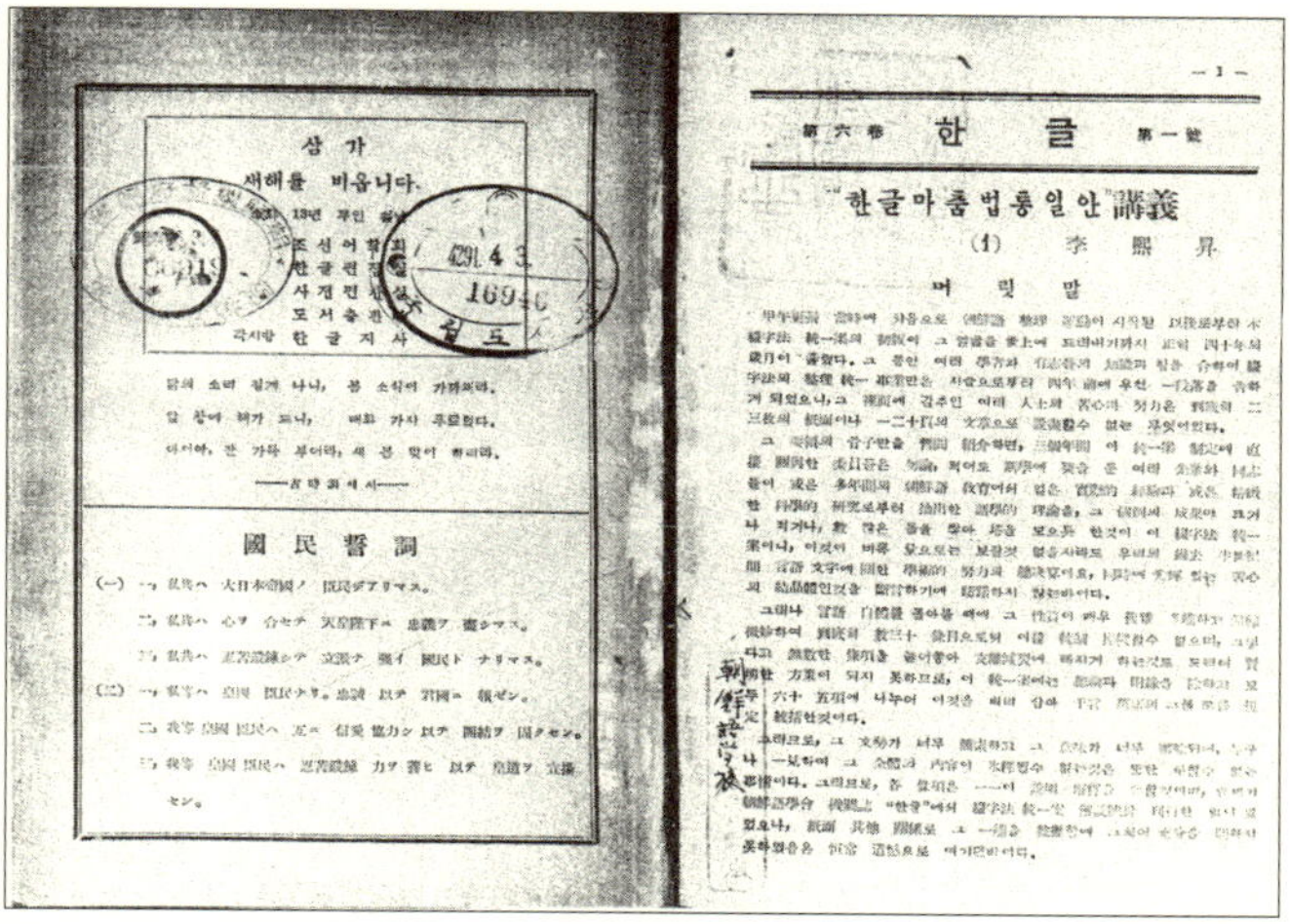

삼가
새해를 비웁니다.

조선어학회
한글편집실
사전편찬실
도서출판부
국시방 한글지사

國民誓詞

— 1 —

第六卷 한글 第一號

"한글마춤법통일안"講義

(1) 李熙昇

머릿말

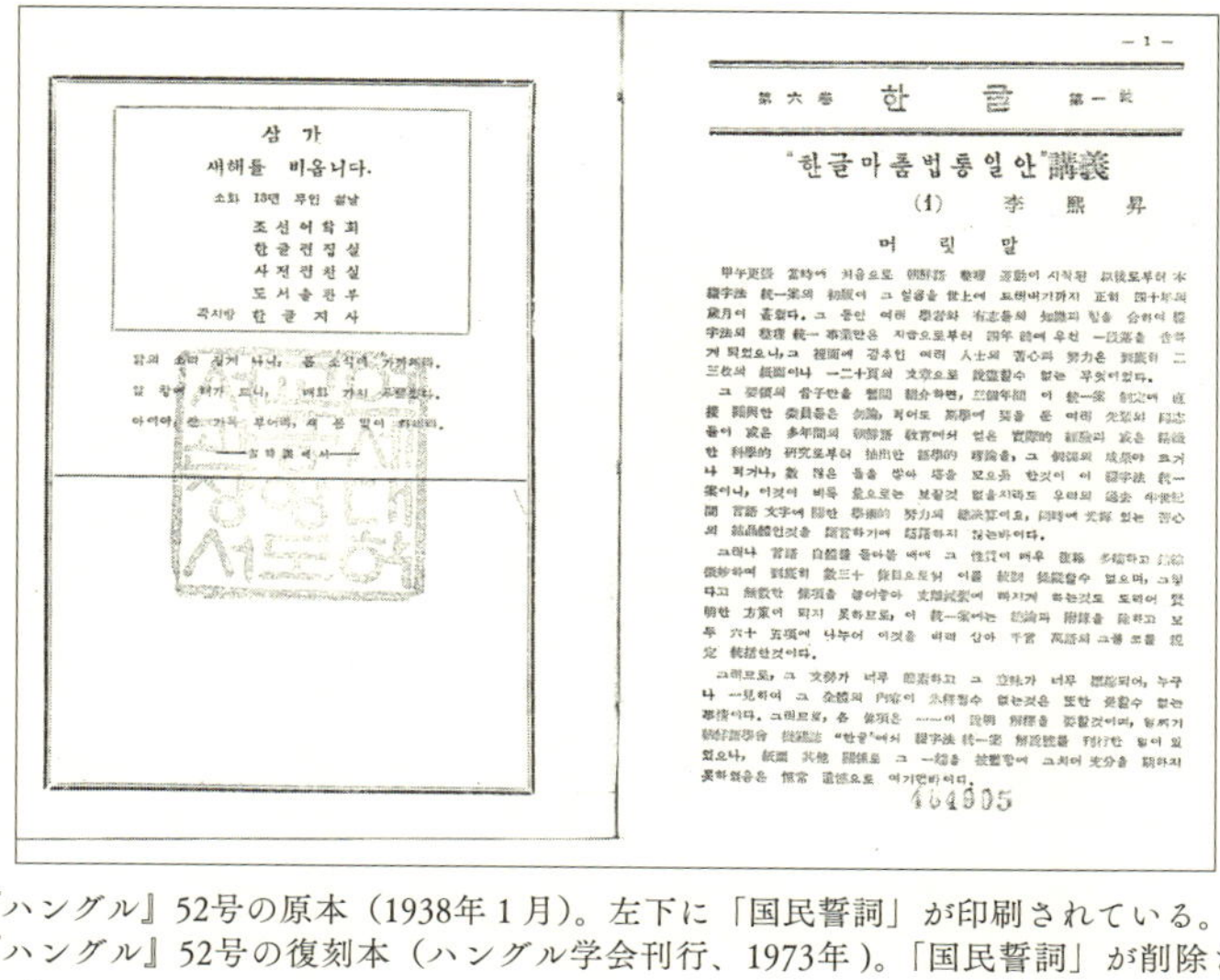

삼가
새해를 비웁니다.
소화 13년 무인 설날

조선어학회
한글편집실
사전편찬실
도서출판부
국시방 한글지사

— 1 —

第六卷 한글 第一號

"한글마춤법통일안"講義

(1) 李熙昇

머릿말

上：『ハングル』52号の原本（1938年1月)。左下に「国民誓詞」が印刷されている。
下：『ハングル』52号の復刻本（ハングル学会刊行、1973年)。「国民誓詞」が削除されている。

朝鮮語文研究優良書籍

部類	書名	著者及發行	定價	送料
綴字類	한글 마춤법 통일안	朝鮮語學會	.20	.03
	朝鮮語學會 [illegible]	朝鮮語學會	.05	—
	朝鮮語學會 [illegible]	朝鮮語學會	.15	.03
	자 마 [illegible]	[illegible]	.50臨時 .35	.03
	자마춤바지 [illegible]	[illegible]	.10臨時 .07	.03
	속 당 바 [illegible]	[illegible]	.20臨時 .15	.03
	朝鮮語綴字[illegible]	[illegible]	.15	.03
辭彙類	사정한 조선어 표준말 모음	朝鮮語學會	1.00	.09
	조선어사전	文世榮	7.00	[illegible]
	朝鮮植物鄉名集	朝鮮博物研究會	上 [illegible] 下 [illegible]	.12
	시골말 캐기 잡책	崔鉉培	.30	.03
文法類	깁더 조선말본	金枓奉	1.50	.18
	우리말본	崔鉉培	7.00	.47
	中等教育 朝鮮語法	崔鉉培	.80	.09
	중등 조선말본	崔鉉培	.80	.09
語學史類	朝鮮文字及語學史	朝鮮語學會	7.00	.34
	한글의 바른 길	崔鉉培	.60	.06
參考類	[illegible] 글	朝鮮語學會	[illegible]	[illegible]
	文藝讀本(上,下)	李允宰	各.60	各.06
	歷代朝鮮文學精華(上)	李熙昇	1.20	.12
	讀日鮮滿新字典	李命七	1.20	.15
古文獻	世宗大王御製 訓民正音(原刻本)	朝鮮語學會	.20	.03
	訓民正音解解	朝鮮語學會	.75	.06
	諺文志	朝鮮語學會	.20	.03
	한글 歷代選	申明均	1.00	.06
書法	한글識字自習書(書翰文)	金克培	.55	.09

發行所 朝鮮語學會

新年을 맞이하옵시는

天皇・皇后陛下

皇太子殿下

孝宮和子內親王殿下

新春을 맞이하옵는 朝鮮神宮

— 3 —

謹奉賀新年

瑞氣 넘치는 新春을 맞이하옵시어

天皇, 皇后 兩陛下께옵서 御機嫌이 御麗하옵시고

皇太后陛下, 皇太子殿下, 義宮殿下, 照宮, 孝宮 順宮 三內親王殿下의 御康寧과, 아울러

皇室의 御繁榮을 삼가 비옵나이다.

또한 東洋 平和를 爲하여 赫赫한 偉勳을 날리고 建設的 大業을 세우고있는 皇軍의 威武와 國家 興隆의 氣運이 더하여지기를 祈願하옵나이다.

昭和 十四年 元旦

皇國臣民ノ誓詞

【其一】

一、私共ハ 大日本帝國ノ 臣民デアリマス。

二、私共ハ 心ヲ 合セテ 天皇陛下ニ 忠義ヲ 盡シマス。

三、私共ハ 忍苦鍛鍊シテ 立派ナ 强イ 國民ト ナリマス。

【其二】

一、我等ハ 皇國 臣民ナリ。忠誠 以テ 君國ニ 報ゼン。

二、我等 皇國 臣民ハ 互ニ 信愛協力シ 以テ 團結ヲ 固クセン。

三、我等 皇國 臣民ハ 忍苦鍛鍊 力ヲ 養ヒ 以テ 皇道ヲ 宣揚セン。

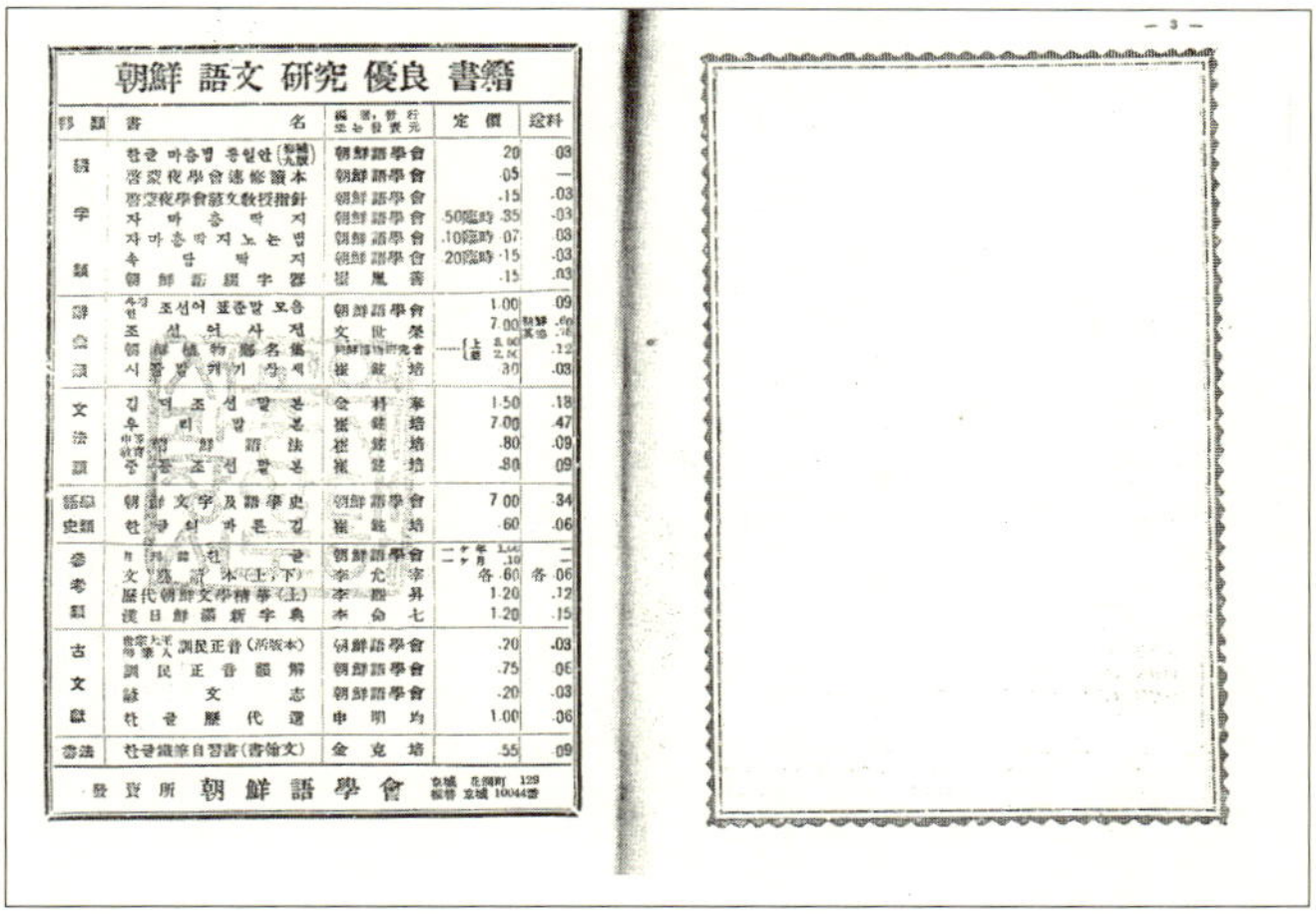

右上：『ハングル』63号の原本（1939年１月）の表紙裏と１頁。左の表紙裏には書籍の広告、右の１頁（頁表示なし）に天皇一家の写真が載せられている。

右下：『ハングル』63号の原本の２頁（頁表示なし）と３頁。２頁は上に「新春を迎えられる朝鮮神宮」、下に「漢口陥落を祝賀する京城市街」の写真、３頁には「瑞気溢れる新春をお迎え遊ばれ」で始まる「謹奉賀新年」の辞と「皇国臣民ノ誓詞」が載せられている。

左上：『ハングル』63号の復刻本の表紙裏と１頁。原本の１、２頁（写真部分）を削除し、３頁も原本にある「謹奉賀新年」の辞と「皇国臣民ノ誓詞」が削除され白紙になっている。そのため頁表示は１頁であるはずなのに、元の３頁になっている。

ハングル学会である。したがって、ハングル学会の歴史は、日本帝国主義に対する武器なき闘争であった。[35]

「新春をお迎えあそばされ天皇、皇后両陛下にあらせられましては御機嫌麗しくあらせられ」、「皇軍の威武と国家隆盛の気運が益々盛んなることを祈願致します」[36]という発言の記憶を消して、その忘却の上に、「悪魔たちの手から民族の魂を守」るために「闘争」を繰り広げたという自画像をはめ込むこの無意識！ これを問題視しなければならない。この無意識こそ、植民地の「小文字の歴史（history）」を隠蔽し、それを「大文字の歴史（History）」に置き換えながら、脱植民地社会を自閉的ナルシシズムの世界に追い込む原動力だからである。

右のハングル学会の〈歴史〉がよく示しているように、崔鉉培をはじめとした朝鮮語学会のハングル運動が、朝鮮総督府の言語政策を軸として、「互いの意図が交錯する場」[37]において、絶えず妥協と緊張の間を行き来しながら進められたということは、長い間忘却・隠蔽されてきた。[38]また、崔鉉培の言語観と言語学の知識の多くが、日本人学者の先行著書に由来するということ、とくに日本の国粋主義的言語学者、山田孝雄に深く心酔し、崔の多くの著書が山田のものをモデルにしているということも、ほとんど論議されていない。[39]

重要なことは、その隠蔽を暴き、民族主義者たちの恥部を暴露することではない。植民地における近代的知識の生産が、宗主国に全面的に依存せざるをえなかったという当たり前のことである。植民地における民族言説のアポリアの根源がここに起因するものであることは、先に見た通りである。帝国主義の抑圧と脅威から自分を保存するために握りしめた〈解放〉と〈抵抗〉の道具が、実は〈敵〉のものであるという現実から、植民地における民族主義の運命は、つねに転落と破局の脅威の前に露出されざるをえない。喩えて言えば、それは刀の柄でなく、刀の刃を握って敵と戦うような状況である。どうやって自分を切らずに相手を乗り越えるのか。被植民者の物真似（mimicry）が植民者を転覆し、新しい創造へとつなげる道は、少なくともこの二重性に対する自覚、このアポリアに対する深刻な悩みなしには、開かれないものであった。

しかし、これまで見てきたように、脱植民地社会の韓国において民族言説がなしたことは、その困難な状況に対する自覚や苦痛に満ちた直視ではなく、それを隠蔽し、急いで忘却することであった。受難の抵抗史がきらびやかな光に包まれて前面化される裏側において、「敵との同床（Sleeping with the Enemy）」を通じて近代を企画しなければならなかった運命の凄絶さは簡単に忘れさられ、それ以上思惟されることはなかった。崔鉉培自身がそうであったし、民族言説もまた赫々たる英雄譚に取り囲まれたこの闘士に自らを投射し、それを自画像としてきた。韓国の民族主義は、そのようにして崔鉉培を専有し、それによって自己を欺瞞し、忘却した。

この欺瞞と忘却の後にやってくるものは、先に示した『ハングル学会五〇年史』に見られるような激しい〈憎悪〉である。だが、「悪魔」、「敵の魔手」、「不倶戴天の敵」など、憎悪だけが〈敵〉を形容する唯一の言葉となるとき、〈敵〉の姿は決してあらわにならない。植民者に対する被植民者の憎悪は、植民地主義を終息させるいかなる機能も果たさない。憎悪は被植民者をして何が真の敵なのか、何が意味のある抵抗なのかについての一切の思考を遮断してしまう。また、それだけでなく、ある対象への深い憎悪は必ずやその対象への深い依存を生み出すという点において、憎悪は植民地主義の優れた栄養分である。憎悪すればするほど、憎悪の対象は〈私〉にとってての存在理由となるしかないのだから。結局のところ、被植民者は植民者への憎悪を通じて植民者に依存することとなる。また、そうである限り、被植民者は決して〈敵〉の正体を見ることはできず、したがって何の抵抗もできない。植民者の手から逃れるために被植民者は、まず憎悪を乗り越える術を知らなければならない。だが果たして、憎悪を語り、憎悪を教えること以外に、脱植民地社会である韓国において、民族言説がなしたことは何だったのか。

四　おわりに

李恵鈴は植民地という時空間の混種的な状況を、次のような事例を挙げて、はっきりと示している。(40) 一九三五年一月一日に発行された『ハングル』二〇号の最初の頁には、訓民正音の完成から朝鮮語学図書展覧会に至るまでの「ハングル運動史」の沿革が提示されている。

訓民正音創製（世宗二五年）四九二年前／竜飛御天歌（世宗二七年命撰）四九〇年前／訓民正音頒布（世宗二八年）四八九年前／［中略］／漢城旬報発行（高宗二二年）五〇年前／イエス宣教全書刊行（イエス降世一八八七年）四八年前／公私文朝鮮文交用令（高宗三一年）四一年前／新定国文実施件（光武九年）三〇年前／国文研究所－韓国学部（光武一〇年）二九年前／国

語文典韻学刊行（隆熙二年、周時経著）二七年前／大韓文典刊行（隆熙三年、兪吉濬著）二六年前／マルモイ（辞典）編纂－朝鮮光文会（大正三年）一一年前／朝鮮語学会（前名：朝鮮語研究会）創立（大正一年）一四年前／雑誌、新綴字法実行－東光（大正一五年）九年前／ハングル創刊（昭和二年）八年前／朝鮮語辞典編纂会発起（昭和四年）六年前／普通学校教科書改訂言文綴字法施行（昭和四年）六年前／ハングル続刊（昭和七年）三年前／新聞、新綴字法実行－東亜日報（昭和八年）二年前／ハングル綴字法統一案発表（昭和八年）二年前／朝鮮語学図書展覧会（昭和九年）一年前(41)

世宗《セジョン》、中宗《チュンジョン》、英祖《ヨンジョ》のような朝鮮王朝の年号、そして隆熙《ユンヒ》、光武《グァンム》のような大韓帝国の年号、それにさらに大正、昭和などの日本帝国の年号、そして西暦まで、均質でない歴史的時間の座標が、「ハングル発展史」の観点から一列に配列されているのである。同時に、世宗、高宗《コジョン》など、朝鮮王朝の国王たち、『イエス宣教全書』の翻訳者であるスコットランド長老教会の牧師ジョン・ロス（John Ross）、『国語文典韻学』の周時経《チュシギョン》、(17)『大韓文典』の兪吉濬《ユギルチュン》、(18)国文研究所設立の主体である大韓帝国学部、普通学校教科書改訂諺文綴字法施行の主体である朝鮮総督府、それに東光、東亜日報、朝鮮光文会、朝鮮語学会のような民間言論や団体など、多様で異質な諸主体もやはり、この時空間のなかに混在しているのである。この非均質的な時間と異質な諸主体を一つの時間軸の上に配列するものは、「文字の整理と普及などによってなし遂げられる語文の近代化」という目標である。「そうである以上、ハングル運動遂行の主体が、最初のハングル訳の聖書を刊行した碧眼の宣教師でもあり、植民支配機構である総督府でもあるということは、あえて問題となることもなかった」[42]。

問題は、非均質的な時間と異質な諸主体が混在する植民地のこうした重層的・複合的な時空間を、ひたすら民族／反民族という尺度で平面化・二分化してしまう盲目性である。帝国と植民地の欲望と葛藤とが互いに複雑に絡み合って回っていく植民地の時空間が、はっきりと二分された平面上に滑らかに配置できるという考えこそが、現実離れした観念論の典型である。そうである以上、日本天皇の死を最高敬語をもって哀悼する文章と、〈民族よ、更生せよ！〉という絶叫が同じ紙面の中に共存している状況の複雑さは、視野に入ってこない。ただできることといえば、隠蔽と忘却だけである。しかし隠蔽／忘却は開示／記憶でもある。何かを隠蔽するということは、何かをあらわにすることであり、何かを忘却するということは、また何かを記憶する行為であるのだから。

このような隠蔽／開示、忘却／記憶のメカニズムが、民族言説のなかでどのように作用してきたのかということは、これまでの考察で十分であろう。当然のことではあるが、その点において、崔鉉培自身も例外ではなかった。植民地における知識の生産と抵抗という二重性が有する困難な状況に対する疑いや苦悩の痕跡を彼の内に見出すことはできない。ハングル学会の自画像は彼の自画像でもあった。彼は彼自身を隠蔽した。明らかなことは、そうした隠蔽と忘却が持続される一方で、誇張と美化とで彩られた記憶だけが維持される限り、黒い帝国の喪章に閉じ込められた「民族」の「更生」は、永遠に迷路の中をさまようであろうということだ。

第三章　植民地的無意識とは何か——朝鮮の満州

一　「農軍」を正しく読むために

日本帝国主義の植民地収奪政策により農地を失った農民が鴨緑江を越え、「満州」(1)一帯を流浪し、あらゆる艱難辛苦を経験した歴史的事実は、現代の韓国人には一つの常識となってきた。崔《チェ》曙海《ソヘ》(1)の小説を基点とし、生存の崖っぷちに追いこまれた間島《カンド》(2)の流浪の民の凄惨な生の記録は韓国近代小説の重要な一つの系列をなしてきた。

李泰俊《イテジュン》(3)の短編小説「農軍」(『文章』一九三九年七月)がそうした常識を踏まえていることは言うまでもない。骨董鑑賞なんぞに耽溺する軽薄なモダニストから民族の現実を見抜くリアリスト作家へと変身した李泰俊。そしてその変身の明白な物証である「農軍」。韓国近代文学史の通俗的理解は長い間この構図を維持してきた。以下の論文はその典型的な例の一つである。

[李泰俊は]以前の諸価値が没落する現実を目撃しつつ、新たな模索をしようとした。それ

は以前自らの作品世界に静かな、だが顕著な変化をもたらしたのだ。そうした痕跡を一九三九年に発表した「農軍」に見出すことができる。「農軍」では以前の李泰俊の文学世界とは異なる姿を確認できるのだが、最も際立っているのは、まさに集団的主体への関心だ。この作品において読者は満州の不毛の環境の下で屈せず互いに団結し難関を克服していく農民たちの形象に出会うことができる。これは以前の彼の作品の傾向とはきわめて異なっている。以前はたとえ西欧近代の資本主義化のなかで適応できず疎外されている人々を描いても、それはあくまで悲哀と哀愁の世界から抜け出すことができないものであり、したがって、集団的主体の問題意識とはきわめて遠いところにあった。新しい社会の変化に適応できず消え去っていくものへの憐憫と哀惜がその支配的な情操だったのだ。そうした哀愁の世界がこれ以上現実を打開できないという認識が芽生え始め、それは個人主義批判という時代的な流れと結びつき集団的主体への模索へとつながっていった。「農軍」はそうした模索の結果だと言える。(2)

しかし、李泰俊の「農軍」はこうした評価を受けるに値する作品ではない。これから私が明らかにしようとするのは、「農軍」は作家の「深刻な内的変貌」と「模索」との結果ではなく「満州経営」という帝国主義の「新しい時代的な流れ」に便乗した、繰り返すが、当時の「国策」に積極的に応じた小説であり、そうした事情から離れて小説そのものだけを見ても、非常に誠意のない不真面目な作品であるということだ。

要するに、「農軍」を「民族文学の成果」と称えるのは「民族文学」のためにも不幸なことである。崔元植《チェウォンシク》はいち早く「農軍」の「沈痛な社会像」を指摘し、「日本帝国主義の中国侵略と前後した時代的背景に照らしてみるとき、若干の疑問を拭い去ることができないが、それでも植民地の暗闇の中で何か切実な心情の触手を伸ばす作家の心を、限界は限界のまま認めつつ、十分受け入れられるもの(3)」と述べているのだが、この文では「若干の疑問」より「切実な心情の触手」の側に重きが置かれていることは容易に分かることである。

作品を見てみよう。一九三九年『文章』第七輯臨時増刊として出された『創作三二人集』掲載の原文をテクストとする。「農軍」という題目と作家の名前との間の余白に以下のような作家の言葉が挟み込まれている。

この小説の背景となっている満州は以前の張作霖の政権時代であることを断っておく。

（二一七頁）

のちに刊行された全ての単行本にもこの文は例外なく入っている。だがこの文に留意した「農軍」論はない。もちろん、この文がなくても作品の内容を把握するのに何ら支障はない。しかし、そのまま無視してもいい文だろうか。であるならば、なぜわざわざこうした文を加えたのか。「この小説の背景となっている満州は以前の張作霖の政権時代であること」を作家が出てきて語る事情とは何か(4)。

これを解明せずして、「農軍」を読んでもいいのだろうか。もちろん、それはありえない。作家が出てきてあえてこのような言葉を述べなければならないのには、きわめて複雑な事情があり、それは「農軍」の解釈において決定的なことである。これからそれを見ていくことにしよう。

朝鮮の農民柳《ユ》昌《チャン》権《クォン》一家の苦難に満ちた満州移民生活を描いた「農軍」は、奉天行きの列車のざわついた三等客室の描写から始まる。作品の前半は昌権一家が「霧の中から浮かび上がる新世界」に到着するまでの一昼夜にわたる列車の中での時間を描いている。続いて後半部は昌権一家が定着した村「姜家窩堡《チャンジャウォブ》」での事件を扱っている。朝鮮の農民三〇戸ほどが寄り添って住む「姜家窩堡」村で彼らは荒地を開墾し、三〇里[4]も離れた「伊通河《イトンハ》」という河から水を引いてくるために全ての努力を傾ける。だが、この努力は隣村の「土民たち」(中国人)と中国警察の妨害に遭い、結局武力衝突に至る。水田を起こすためには水を引き込むことが絶対に必要な朝鮮の農民たちとしては死んでも譲れないところである。農民代表黄采心《ファンチェシム》が中国警察に鞭打たれ連行されていった日の夜、農民たちは「男女老少が夜露に濡れ、溝の底を掘り」、ついに水路がつながる。堤に登った昌権は中国警察の発砲により負傷するが、それにも構わず、音を立てて流れる水を見て感激する。洪水のように溢れ流れる水路に銃に撃たれ死んだ一人の老人の死体が浮かんで流れてくる。昌権は老人の死体を抱きかかえ小高い丘へ駆け上る。小説は次のような場面で終わる。

「あっ!……」

昌権はもう一度驚いた。何カ月も夢の中で見てきた光景だ。一望無際、水田一つ一つが氷のように暁の空にとてつもなく大きく浮き上がる。昌権は足に力が入らず、老人の死体を抱えたまま、ドスンと尻餅をついた。だが、すぐに立ち上がり母と妻に支えられて拳を空中に振り上げ、何なのか自分でもわからない声を力いっぱい喚いた。上の方から、上の方から喚きながら走り出てくる。

水は水路の端を音を立て次々と飲み込みつつ四メートル半ぐらいの幅で滔々と流れ落ちていく。水田一つ一つにとゆっくりと溢れる。朝日とともに水は果てしない大地に広がっていく。

（二三九頁）

「農軍」が「民族文学の成果」という評価に値するほどの秀作ではない理由を説明するためには、この作品の素材となっている実在の事件、すなわち一九三一年七月二日、中国吉林省長春県万《マン》宝《ポ》山《サン》三《サン》姓《シン》堡《バオ》で起きた、いわゆる「万宝山事件」がこの小説においていかに形象化されているかを問わねばならない。

「万宝山事件」とは何か。「農軍」は韓国小説史においてほとんど唯一この事件を素材とした作品である。したがって「万宝山事件」への理解が「農軍」を理解する上で基礎的かつ必須事項であることは重ねて言うまでもないであろう。それでも、これまでこの問題を提起した「農軍」論がほとんどないということも、やはり奇妙なことである。[5]「万宝山事件」そのものが韓国現代史において闇の中に埋葬されていたのだ。

またその一方、李泰俊がこの事件を素材に小説を書くことになった背景、繰り返すが、事件が起きてから八年が過ぎた一九三九年になって、この事件を素材に「農軍」という小説を書くことになった背景とその文脈とは何か、という点も重要である。これは作家がなぜあえて「この小説の背景となっている満州は以前の張作霖の政権時代」だということを付け加えたのかという問題と関連することであり、同時に韓国の近代史と近代文学において「満州」という空間が持つ意味を問うことでもある。

したがって、ここからの議論は二つの方向へ向かって進められるだろう。一つは万宝山事件と「農軍」との関係である。万宝山事件は植民地民族主義が見せる奇妙な二重性、集団的な加虐被虐性愛（sadmasochism）の爆発的露出の一事例であり、「農軍」もまたその文脈のなかにある。もう一つは満州事変以後、激増する〈満州ユートピアニズム〉と植民地朝鮮との関係である。周知のように、満州は植民地期を通じて帝国主義に対する抵抗の舞台であり空間であった。また、満州は被植民者としての朝鮮人が帝国の「一等国民」へと跳躍できる現実を提供し、夢見させる空間として機能していたことも事実であった。言葉を換えれば、満州という空間、「満州国」という実体こそが、植民地朝鮮人にとっては「植民地的無意識」と「植民地主義的意識」(6)とがどちらも実現される場所であった。「農軍」はもちろん、その文脈のなかにある。この二つを分析することが本章の課題となる。

二　忘れられた真実――「農軍」と万宝山事件

一九三一年四月、万宝山に移住した三七戸二一〇名の朝鮮農民たちは、到着するや二〇里余りの距離にある伊通河の水を引き込む水路を掘り始めた。中国人の抗議が起こり、中国の警察が現場から去れと何度も通告したが、農民たちは応じなかった。それにこの工事現場は中国農民四一戸の所有地内だったのだが、朝鮮の農民たちは何の了解もとらず、中国人所有の土地を掘り返し水路をつくった。紛争が起きるのは無理がなかった。(7)

水田農耕をしない中国農民たちとしては畑が水につかることにより、農作業が無駄になるだけではなく、通行にさえ支障が生じるので、まったく降って湧いた災難だった。(8)結局、長春県政府への中国農民の嘆願、こうした嘆願を受けた中国官憲側の朝鮮農民への圧迫が続き、朝鮮の農民たちは日本領事館の警察に保護を要請し、六月二日には日本領事館から派遣された警察官が現場に来て、朝鮮の農民たちを保護するに至った。本格的な衝突が起きる直前まで「中国の農民と官憲の引き続く抗議のなかで、長春日本領事館の警察の保護下に朝鮮農民は工事を進めていた(9)」。

ついに七月一日、中国農民四〇〇名が約二里ほど完成した一部の水路を埋め戻し、土地を元の状態に回復した。そして、そこに向けて駐屯していた日本警察が射撃を加えた（日本警察は機関銃で武装していた）。中国の農民たちは退避し、死傷者はなかった。翌七月二日、早朝から中国農民たちが残りの水路を埋め戻そうとするや、増強された日本の警察隊が武装示威を繰り広げ、長春の日本領事館と中国県政府との間で互いの正当性を主張する抗議文書が行き交った。

万宝山で起きた事件はこれが全てである。「この二日間の韓中農民の衝突と両者の抗議文の往来はそれほど大きな問題ではなかった」[10]し、「特にどうということもない事件だった。似たような事は過去にも数えられないほど始終起きていた」[11]。

それでは、何が問題なのか。問題は万宝山ではなく朝鮮で起きた。一九三一年七月三日の『朝鮮日報』は長春支局長金利三《キムイサン》の報道により三段記事を掲載した。見出しだけを写すと、次の通りだ。

三姓堡同胞受難益甚／二百余名又復被襲／完成された水壕工事を全部破壊／中国農民大挙暴行／引水工事破壊で今年の農事は絶望[12]

万宝山での事件を、中国農民による襲撃事件として報道したこの記事は、これから起こる事件の予告編にすぎなかった。翌日の七月四日付『朝鮮日報』の社会面は、全面この事件の記事で覆われ、号外まで出された。水路の写真とともに紙面を覆ったさまざまな記事の大きな見出しだけを写せば、以下の通りだ。

中国官民八百余名と二百同胞衝突負傷

駐在中警官隊交戦／急報で長春日本駐屯軍出動準備

三姓堡に風雲漸及
対峙した日・中官憲一時間余り交戦／中国騎馬隊六百名出動／急迫した同胞安危
巡警五十名も暴民に合力
三姓堡同胞を再び包囲／日本警官十二名急行／交通は途絶
再次攻撃説／通信一切不通で騎馬警官隊が連絡(13)

見出しには特大活字が使われ、緊迫感を煽るかのように一般の記事よりはるかに大きい活字で紙面に掲載されたトップ記事は以下の通りだ。

この日早朝、中国官民四百余名が大挙して水田を開拓中の三姓堡朝鮮同胞村落を襲撃し、灌漑工事の水壕を全て破壊、埋め立てたことは昨日報道した通りであり、これにより三姓堡にいる二百余名の同胞と中国官民八百名との間に衝突が生じ、朝鮮農民の多数が殺害され、当地に駐在中の日本警官と中国人との間で交戦となった。この急の知らせに接した長春の日本人官憲は急遽現場に出動し、引き続き日本軍隊が出動準備中にある。(14)

これは明白な誤報であり、事実が歪曲されていた。この誤報が呼び起こした結果は残酷なものであった。この記事が掲載された同じ紙面には、仁川《インチョン》市内で中国人への襲撃事件が発生し、六人が検挙されたとの記事が載せられており、この事件をはじめとして華僑への襲撃事件が、とてつもない規模へと広がり始めた。七月二日から三〇日まで、全国三〇カ所余りで、中国人への襲撃と集団暴行が発生し、それに堪えられず、華僑たちは中国領事館へと緊急避難するか、急いで帰国する事態が発生した。最も被害の大きかったのは平壌《ピョンヤン》であった。七月七日付『朝鮮日報』の報道によると、平壌での流血の惨事で行方不明四九名、負傷者八一九名、家屋破壊四七九戸の被害が発生した。事態が鎮まった後、日本政府、中国政府、国際連盟のリットン調査団がそれぞれ報告書を出したのだが、そのなかでも客観的と言えるリットン報告書によれば、この事件により、朝鮮居住中国人の被害は死者一二七名、負傷者三九三名、財産損失二五〇万円に達した。(15)

なぜこのようなことが起きたのか。『朝鮮日報』を見ると、事件の直接のきっかけとなった誤報に対して何の釈明もしていない。むしろ、初めの何日間は朝鮮群衆の華僑襲撃事件を「同胞の受難に憤激／市内至るところで衝突」という具合に見出しをつけたり、「機関銃を携帯した中国軍隊の行進。万宝山方面に行く模様」といった記事を掲載したり、華僑への暴行事件が激化した七月七日には「懸念される在満同胞」という大きな見出しの下に、「万宝山問題で感情が激化した中国当局が満州の我が同胞を追い出している」という煽動的な記事を掲載したりすることにより、事態を煽るような印象すら与えている。一方、七月六日付の社説では、不正確な情報を根拠に繰り広げられる感情的な集団行動の自省を促してもいる。(16) 事態が鎮静局面へと向かうなか、『朝鮮日報』は被害華僑のための募金活動を展開している。

この事態をめぐるいくつかの疑問、例えばこの事件が最初から日本側の巧妙な陰謀によって進められたのか、ということは本章の主題から外れるので、ここでは論じない。(17) ただ、戦争状態でもない地域で、軍人でもない民間人による暴力で一二七名の死者と三九三名の負傷者を出したということは、その暴力がどれほどのものであったかを推察させる。だが、なぜこうした事態が発生したかを公の場で語ることは、植民地期を通して、そして「解放」以降ただの一度も行われなかった。事件は公的記憶（public memory）から消え去った。

当時の記事を検討してみるとき、目につくのはこの事件が最初から「民族的な受難意識」に訴えているということだ（最も多く目につく単語は「同胞」と「受難」だ）。満州に移住した朝鮮の農民たちが、中国当局からあれこれの抑圧を受けていたのは事実であり（そうした抑圧がどこに起因しているのかは別として）、当時の新聞と雑誌は「中国当局による在満同胞の駆逐事件」を日常的に報道していた。被植民者の「受難者」「被害者」意識を強く刺激するこれら一連の報道は、万宝山事件の虚偽報道により瞬間的に人々を「同胞愛」によって武装させ、華僑への加虐的な暴力へと転換させたのだ。

万宝山事件と「農軍」の関係の分析にあたり、右の事態に関する限り少なくとも以下のいくつかのことは明確にしておかねばならない。一、手に負えない群衆の暴動とは異なり、事件を収拾しようとする朝鮮内の各種社会団体、満州での朝鮮独立運動団体などの活動により、この事件の真相は即刻広く知れ渡ったということ。すなわち、『朝鮮日報』の虚偽報道により誇張されただけであり、万宝山では実際深刻な不祥事はなかったということが、幾日もせずして知れ渡り、激化する暴動をいかに沈静させ、収拾するかということが重大な問題となっていったというのが、当時の実情であった。二、この事件で万宝山の朝鮮の農民たちは自らの行動に正当性を主張する根拠を持ちえないということ。[18]水田耕作のための朝鮮農民たちの水路工事はどの点から見ても、中国農民たちの財産権と生存権への明らかな侵害であり暴力であった。三、にもかかわらず、朝鮮の農民たちがこうした行動を続けることができたのは、彼らが日本の公権力の保護下にある身分であったからだ、ということ。この問題は後ほど詳細に論じるが、まず簡単に言えば、満州の朝鮮農民部落と彼らの耕作は、単に農業生産活動という意味だけを持っているのではない。朝鮮人移民を含め、日本人農業移民[19]の活動は、満州に進出した帝国主義の軍事力の尖兵として機能していたということである。要するに、満州移民の複雑な政治-経済-軍事的意味に注目しなければならないだろう。

こうしたことを考慮せず、万宝山事件、あるいは広く満州移民を単に自民族中心主義の観点から把握することは、事実に対する正確な検証の不在とは別に、それが帝国主義の秩序と論理を強化・再生産する基礎となるということからも、非常に注意すべきことである。[20]『朝鮮日報』の虚偽報道に触発された華僑への殺傷行為は、被植民者集団の精神分裂症的な加虐性が極端に表現された事例であった。とともに、この事件の責任を日本側の狡猾な陰謀へと帰着させることもまた、事件を隠蔽することに負けず劣らず正しくない行為である。いわゆる「植民残滓清算」の根本の趣旨が植民地犯罪の責任を識別し、類似した事件の再発防止を保証しようというものであるなら、韓国社会はどのような形であれ、この事件を公の場に出さねばならない。だが、同年九月一八日、関東軍の軍事行動により引き起こされた満州事変の勃発と、その翌年のいわゆる「満州国」の建国などへと続く緊迫した情勢変化に伴い、この事件は忘却の彼方へと消え去った。[21]したがって、純然たる記憶という次元のみにおいて見るならば、李泰俊の「農軍」はそれなりの意味を持っているのかもしれない。だが、大事なことは記憶の行為そのものではなく、何を、いかに、なぜ記憶するのかということだ。

「農軍」において、万宝山の記憶は帝国主義者の視線により再現される。「新世界」に到着した朝鮮の農民の行く手を阻むのは寒さと厳しい自然環境というよりは、無知で野蛮な「土民」、すなわち中国の農民たちである。朝鮮の農民たちの水利工事を妨害する「土民たち」の「理由はきわめて単純なもの」であって、自分たちの畑が浸水して農作ができなくなるということである。中国の農民たちにとっての死活問題が、この作品の話者にとっては「きわめて単純な理由」としてのみ映っている。「お前たちもその水を引いて米作をすれば、かえって利益じゃないかと言っても」、米の飯を食べると腹が痛くなって、そうするわけにはいかないと語る無知で野蛮な「土民たち」。だったら、食べずに市場に出して売れば、大きな利益を得られるじゃないか、われわれが農作技術を教えてやり、売り先も斡旋してやるからそうしよう、と言っても「馬の耳に念仏」の「土民たち」。「農軍」を一貫する基本的な観点はこれである。

したがって、中国の農民は米作のやり方を知らず、取引にも疎く、いつも「カラスの群れのように数十人ずつ寄り集まって黒い塊となってやって」来て暴力をふるい、「力の限り」朝鮮の農民たちが鎌と包丁を持って立ち向かうと「それぞれ四方八方へばらばらになって逃げ」ていく野蛮な「土民たち」として描かれる。彼らに対抗して険しい開拓の行進を続ける朝鮮農民の艱難辛苦を描く「農軍」のこの視線は誰のものなのか。小森陽一は日本の明治国家の北海道開拓史について次のように述べている。

アイヌの呼称は幕末に、それまでの「夷人」あるいは「蝦夷人」から「土人」へ改変されていた（1856年）。［中略］自らが「文明」であることの証は、「野蛮」を周辺に発見し、その土地を領有することでしか手に入れることはできない。「アイヌ」は、最初の「野蛮」として発見されたのである。まず、この地域のアイヌの人々をロシアとの関係において「外国人」ではないとして囲い込み、なおかつ「和人《シャモ》」と差別化するために「旧土人」という排除の称号を与える。[22]

満州の農民たちを「土民」と呼ぶ「農軍」の視線が、北海道を植民地化する過程を通して自らを「文明の伝道師」として位置づけた日本近代国家の植民地主義をそのまま反復しているものであることは、長々とした説明を必要としない。別の例を見てみよう。国家主義と帝国主義への鋭い批判意識を先駆けてあらわにした作家として名高い夏目漱石が、一九〇九年、南満州鉄道株式会社総裁である友人中村是公の招待を受け、満州一帯を旅して書いた「満韓ところぐ〵」という紀行文がある（『朝日新聞』一九〇九年一〇月～一二月）。ところでこの鋭敏な反国家主義者にとっても、満州の中国人は汚く未開な「土人」として見えた。神戸を発ち、大連に到着した漱石の目に映った中国人「クーリー」たちの第一印象は「一人見ても汚ならしいが、二人寄ると猶見苦しい。斯う沢山塊ると更に不体裁である[23]」。中国人への漱石のこうした発言、例えば「人間に至つては固より無神経で、古来から此泥水を飲んで、悠然と子を生んで今日迄栄えてゐる」という暴力的発言の背景を朴裕河《パクユハ》は以下のように分析している。

［漱石のこうした発言は］満鉄調査部の「吾々には到底飲めない濁った水を平気で飲んで何の異常もない」という言葉となんと似ていることか。ここでさりげなく書かれる「古から此泥水を飲んで」という言葉の情報源が漱石自身でないことは言うまでもなく、汚い水を飲むことへの嫌悪、そして最終的に「如何にも汚い国民」とする規定に、私たちは帝国主義をささえた衛生意識＝「文明」の言説が漱石の言葉に浸透している現場を見ることが出来よう。(24)

だが、中国の農民たちを「土民」と蔑視する植民地朝鮮人の視線はいっそう分裂的であるほかない。日本帝国主義の植民地主義的な視線の下で、朝鮮人もまたもう一つの「土民」であるだけだ。その厳然たる現実の重圧から抜け出す一つの方法は、またも他の「野蛮」を発見することにより、自らに加えられた抑圧を転移あるいは投射することであり、帝国主義支配下の朝鮮人にとって「満州」はそのようにして発見された。だが、満州での朝鮮人の位置、または満州を眺める朝鮮人の視線が、日本帝国主義者のそれとそのまま同一であるはずがない。繰り返すが、満州経営の尖兵としてアジア主義の理想を宗教的な熱情で進めた数多くの日本帝国主義者たち、例えば関東軍参謀部の将校たち、満鉄調査部へとなだれ込んだ旧左派たち、農本主義的理想に燃えたあらゆる革命的思想家たちの視線には、朝鮮人と同じ被植民者が持つであろう複雑さと分裂的状況は介入してこない。

満州での朝鮮人の存在とは、抗日闘争へと踏み出さない限り、一方では帝国主義の被支配者でありながら、もう一方ではその帝国の力を背景にして他者の生を脅かしつつ侵入していくものであり、それが満州での普通の朝鮮人が置かれた現実だ。この奇妙な現実から複雑な意識の分裂、補修しがたい間隙が生じる。その分裂や間隙がいかに現れ、何をつくり出したかを探求することは、満州を背景とした韓国の小説を読むとき、必ず念頭に置くべきことである。

「農軍」と関連して、果たしてそれを語りえるか。万宝山事件の真相がすでに明らかになった時点において、事実をあえて歪曲してまで〈受難の被害者としての朝鮮の農民〉対〈野蛮な加害者としての中国の軍閥と農民〉という構図で事件を形象化するには、実は加害者である自らの微妙な位置を否定しようとする欲求、被害者と加害者という二重の位置が同時に混在するところから来る意識の錯綜を、受難者としての自己確立を通し、防御しようとする欲求が媒介となっていたのではないか。

この点で、日本のプロレタリア農民作家伊藤永之介（一九〇三—一九五九）の「万宝山」（『改造』一九三一年一〇月号）は興味深い対照をなしている。作品の末尾に「一九三一・七・二五」という日付が書き添えられているのを見ると、この小説は事件が起きた直後に書かれたものだ。趙判世《チョパンセ》という農民を主人公とし、事件の顚末を詳しく伝えるこの中篇は、その点において小説というよりはこの事件の誠実な報告書として読みうる。左派の農民作家らしく、小説は終始一貫貧農階層の苦しい日常とそれへの同情の視線を堅持しているが、日本領事館警察の保護下にある朝鮮の農民の現実をありのままに描き出すことにより、少なくとも被害者としての朝鮮の農民という構図から抜け出ている。

李泰俊が「農軍」を書く際、伊藤の小説に目を通したかは確認できないが、「農軍」創作の先行テクストが他にあったということは、小説「農軍」の理解に決定的である。その先行テクストはまさに李泰俊自身が書いたものだ。「農軍」の発表の一年三カ月前、一九三八年四月八日から二一日まで計一一回にわたり、李泰俊は『朝鮮日報』に「移民部落見聞記」という紀行文を発表している。[25] この紀行文は「農軍」の下絵のようなものでありながら、「農軍」の創作過程と作家の意識を一目で見せてくれる資料だ。「移民部落見聞記」の旅程をいくつかの段落に分けてみれば、以下の通りだ。

一、平壌から奉天行きの夜汽車に乗り、翌日の早朝奉天に到着。
二、奉天中心街の大和ホテルに寄り朝食をとり、奉天博物館、慈善団体の同善堂を見学し、午後新京（長春）行きの特急「亜細亜」号に乗って出発。
三、夕方新京到着。満鮮日報社へ行き、廉想渉《ヨムサンソプ》〔5〕、朴八陽《パクパリャン》〔6〕などと会い、夜の新京をぶらつく。ダンスホール、中国人妓房《キバン》、白系ロシア人のキャバレーなどを見物。
四、新京にもう一泊し、翌日の朝の便で万宝山姜家窩堡に向かって出発。昼ごろ姜家窩堡に到着。農民と対談した後、午後三時に村を立つ。

長くもない紀行文をあえて右のように分けたのは、その各段落の内容が「農軍」の創作過程に深く関連しているからである。第一段落をリードするのは、車窓から見る大陸の「巨大な空間」への限りなき憧憬と興奮である。「限りなき地平線」「巨大な空間」「そうした大陸、そうした空間に向かって私の乗った汽車は夜を引き裂いて突っ走る。初めて「彼のもとへ行く」ということは、彼が人であれ自然であれ、非常にこちらを興奮させるようであり、夜一二時を過ぎても寝られなかった」。当時満州行き列車の名は「のぞみ」だったということを、ここで想い起こすことも「農軍」理解の助けになるだろう。

巨大な大陸を横切る列車に座り、汽車の窓越しに「土民たち」の農家を眺める李泰俊の視線は文明人のそれである。「廂がなく、窓のない壁がせり上がり屋根を切ってしまった」農家、「藍衣の土民たち」「深い霧」「どこまでも続く畝」など、汽車の窓越しに見えるさまざまな光景の描写は「農軍」になると、夜通し汽車に乗り早朝に奉天に到着した主人公昌権の目を通して「白々と湧き上がる霧」「屋根の低いこの地の人々の部落」「青い服を着た人々」といった表現となって再び現れる。これらの表現のうち「農軍」のそれと直接結びついている部分はおそらく以下の部分であろう。

この窓辺に座り、尽きることのない土地を眺め、純粋に土地に感激する人は、土地を与えてくれない故郷を捨てた私たち移民だろう。はじめは、

「土地がいっぱいだ」

と、驚くだろうし、次に畑の畝の端ごとに農機具を持って、喜び迎える表情などは少しもなしに過ぎ行く汽車にちらちらと目をやって佇む青い服を着た人びとを見る時には、「でもみんな持ち主がいる畑じゃないか」と、疲れた頭の中はしぼんでしまった生活の夢で複雑だっただろう。(26)

このくだりが「農軍」ではこのように変わっている。


「畑を見ろ！　おい、広いぞ、うーん」

妻もまた近寄り、外を見る。

「わっ、広い土地がぜんぶ畑だ！」

［中略］

屋根の低いこの地の人々の部落が過ぎていく。道には青い服を着た人々が現れはじめる。遠くに佇み、通り過ぎる汽車を見物しているのだろうが、昌権にとってはなぜか恐ろしく見えた。

「畑がいくら多くったって何だってんだ。みんな土地の持ち主がいる。何しにやってきたんだ」と、睨みつけるかのようだ。（二二二頁）

第二、第三段落の内容、すなわち大和ホテルに寄り朝食をとり、博物館と同善堂を見物し、午後は新京に行き、廉想渉たちと一緒に新京の夜の街をぶらつく李泰俊の視線からは、まるで植民地の都市にやってきた宗主国の知識人のような心地よいエキゾチシズムが滲み出ている。「戦勝記念碑が中央に置かれた」「白亜の殿堂」大和ホテルの「クロークに鞄と外套を預けておいて」「碧眼の紳士淑女が香ばしいコーヒーと鮮やかな色の果物を食べる」食堂で「新鮮な朝食メニュー」の食事をとり、「新京行き特急「亜細亜」の特急券をビューローに頼んでおいて」、博物館を目指して出ていく李泰俊の余裕のあるおごった足取りの快活さは、まさについさっき奉天駅で目にした落ちぶれた身なりの移民同胞たち、そしておそらく人身売買組織に売られていくであろう「若い娘たち」に感じた「骨肉の情」と奇妙な異質性を呼び起こす。だが、この異質性はおそらく「深緑色の弾丸のような流線型」新京行き快速列車「亜細亜」の乗り心地を「新しい理髪機械で髪を切る時のような感触」として感じ、白系ロシアの少女が持ってくる一杯のコーヒーを飲み、「強烈なロマン」を享受する李泰俊の視線の下では、異質なものというよりはむしろ博物館の陳列品のように、多彩な展示品目録の一つなのかもしれない。

人身売買組織の一団と当時最高の西洋式豪華ホテル、巨大な博物館と貧民救護機関、「ちょっと集まった客の中にロシア人、満州人、ドイツ人、ギリシャ人」たちが混ざった国際都市新京の夜の街の異国的風景が飛び去るかのように描写されるこの紀行文に一貫しているのは、この旅程を「強烈なロマン」と感覚する李泰俊のエキゾチシズムである。この視線により一九三八年当時の現実を透視する眼を期待するのは最初から無理なことである。

結局、この紀行文の最終段落である朝鮮人移民部落探訪も、こうした視線によって描かれている。目的地である姜家窩堡の村で一人の農民と話を交わすのだが、滞在時間はいいとこ三時間にもならない。だが、この農民との対話に出てくる内容が「農軍」でそのまま再現されている。そして、このくだりが先行テクストとしての「移民部落見聞記」と小説「農軍」との関係をより鮮明に見せている部分である。

そのことを分析するため二つの問題を見てみよう。

一、紀行文が著書『無序録』に収録されるとき、李泰俊は「移民部落見聞記」という元の題を「満州紀行」と変え、文章をある程度手直しし、文をいくつかの段落に分け、それぞれ見出しをつけている。姜家窩堡の村に到着し、農民と対話を交わす段落の見出しは「腹はいっぱいの村」だ。「今は腹の中に何であるにしても詰め込めるけれど……」という農民の話からとってきたものだ。繰り返すが、この紀行文は満州開拓の成功例を報告するもので、「農軍」もまたその延長にある。

二、万宝山事件に関する正確な内容をこの農民の口を通じて伝えながら、小説「農軍」では全く違った語り方がなされていることだ。それはどういうことか。まず紀行文のほうを見てみよう。この農民は朝鮮農民の水田開拓が中国農民にとっては致命的なことであることを知っており、それを認めている。

「いらっしゃる時、ご覧になったでしょうが、この広大な土地は全てオンドル部屋の床みたいじゃないですか。[7] ですから畑から出る水がはけるところがありません。はけるところがあればそちらに四方八方流れますからね。その隣の畑は実際おじゃんでしょ」

「だったらその人たちも畑を田んぼにすれば少しいいんじゃないですか」

「あの人たちは水田をやる術を知りません。それに、ある人たちは米の飯を食べるとおかずが他に必要だし、それだけじゃなくて、腹が痛くなるってんですよ。それに米作をしたところで米をどこに持っていって売ればいいのかも知らないしね……。まあ、自分たちが食べるものを自分の畑から収穫できることを、何より安全だと考えてますからね[27]」

［傍点は引用者］

現地の朝鮮農民自身が、自分たちの行為が中国の農民たちの農作を「おじゃん」にする行為であることを述べているのだ。そして李泰俊はその事実を記録している。それでも、小説ではこうした認識は全く反映されていないだけでなく、先に見てきたように、水田をやる術を知らず、取引のつてもない無知な「土民たち」が、ただ執拗に朝鮮農民の水路工事を妨害するものとして描かれているのだ。

紀行文での報告と小説での形象化とが最も大きな違いを見せるのは、万宝山事件を朝鮮の農民が証言する次のくだりである。

だが、その時、彼らの銃弾に当たった人は一人もいないと言う。遠くから脅そうとして弾丸が空中へと飛んでいくように撃ったからそうなのか。怪我をした者は一人もおらず、何人かの青年たちが引っぱられていき、何日か入れられて出てきただけで、かえって朝鮮でお互いに殺傷が生じたのは、まったくもって残念でならないと言う。

ともかく、軍隊出動は別問題として、万が一、あの土民たちが殺傷を楽しむような人々だったら、土民たちの持つあの棒によって犠牲者が出ずには済まなかっただろうと言う。(28)

万宝山では「怪我をした者は一人も」いなかったのに、「かえって朝鮮で」「殺傷が生じた」。「土民たちが殺傷を楽しむような人々だったら、あの土民たちの持つあの棒によって犠牲者が出」ただろうという現地農民の言葉を事実そのまま記録する紀行文と、中国の警察の発砲により朝鮮の農民が傷つき死んだものとして事件が描かれる小説との間の距離は、ただドキュメンタリーと虚構というジャンルの違いのみで説明されえるものではない。この差は何なのか。

「移民部落見聞記」によれば、姜家窩堡村は今や「腹はいっぱいの村」になった。「移民部落としてはその中でも定着した部類」であり、「視察団が来ればよく」立ち寄る村になった。満州国で発行する「彩票」（宝くじ）が当たることが農民たちの唯一の生活の楽しみであり夢だ。それなりに平和で余裕のある日常だ。それを眺める李泰俊の視線もまた彼のこの旅程がずっとそうであったように、平和で落ち着いている。国境地帯にも似たこの地域の特性から、「いつ、どのように措置されるか予測できない」不安があるにはあるが、それが作品全体の雰囲気を揺るがすほどにはなっていない。紀行文の結末は、移民部落をめぐるこの平和と余裕の雰囲気を非常に象徴的に伝えている。

うつむき加減で歩いてさっきのあの溝のある村に来ると、八、九歳ぐらいの少年が三人、玉蜀黍の茎の中の部分と外の部分でメガネを一つずつ作ってかけ、茎を一つずつ口にしたり口から離したりしてこんな歌を歌って遊んでいる。

「ゆっくり、チョンチョニ、マンマンディー、たばこ一本チョウエンバ[8]」

後で知ったのだが、「チョウエンバ」とはタバコを吸おうという満州語だった。[29]

日本語、韓国語、中国語が子供たちの口で自然に混用されているこの場面が「五族協和」というスローガンの具現を表していることを推察するのは難しくない（言語の順序が満州国での各民族の現実的な序列に従っていることは作家の意図なのか。偶然の一致か）。この最後の場面での入念な文学的語りは「移民部落見聞記」の最終的な目的が、平和で秩序のある〈現在〉の満州を見せることにあったことをあらわにしている。

メッセ[9]一羽も飛んでいない。子供のようにトボトボと音を立てる私の足音だけ、私は何度も足音を止めて立ち止まり、耳を澄ましてみた。何の音もする所がない。[30]

「移民部落見聞記」右の文で終わる。しかし李泰俊は「満州紀行」ではもう一行を付け加え最後の文をこう終えている。

その悠久が海原よりもかえって恐ろしいほど静かであった。[31]

この平和と静けさの場面は、中日間の戦雲に包まれた満州の現状を隠し、結局「満州国」の協和の理想を忠実に再現しているものにほかならない。関東軍の強力な武力に基づいた鎮圧作戦の結果、「馬賊」「匪賊」「共匪」などと呼ばれた満州国体制の妨害者たちは一九三〇年代の末には満州一帯からほとんど消滅していた。一九三二年の夏に最大三〇万に達した匪賊は一九三〇年代の末、数百名に減少し、最後の武装抗日勢力であった東北抗日聯軍は一九三九年冬の大追撃作戦により壊滅した。胃には松の葉、ポケットには何行かの漢詩を残した指導者楊靖宇《ようせいう》の死体が発見されたのは一九四〇年二月の末だった。[32]

混乱は消え去り平和がやってきた。満州国の支配者たちは「王道楽土」という建国理念と過去の軍閥体制の混乱を劇的に対比させていた。新しい満州国の「王道」と「福地」の理念を宣伝するために最も適切な道具は、過去の軍閥体制の「苛政」と「虐政」の記憶であった。「こうした文脈において、すでに消滅した軍閥体制は生きている教育材料として、世の中の全ての悪を背負った祭壇に捧げられた羊として人々の前に現れることになった[33]」。〈悪政と混乱の過去＝軍閥体制〉の対として〈善政と平和の現在＝満州国〉が布置された言説形態が満州国プロパガンダの基本構図だったのである。

李泰俊の小説「農軍」と紀行文「移民部落見聞記」とが、この構図の上に立っていることは多くの説明を要しない。「悠久」で「恐ろしいほど静か」な満州の〈現在〉が「移民部落見聞記」

を通して報告されるものであるのなら、暗かった〈過去〉、混乱と辛苦で点綴された〈過去〉は小説「農軍」を通して再現されるのである。そして、その〈過去〉の再現は虚構であることを口実に誇張と歪曲という容疑を免れる。過去の回想の多くがそうであるように、〈過去〉の闇が深ければ深いほど〈現在〉の光はいっそう明るい。そうした点から小説「農軍」は紀行文「移民部落伝聞記」の明るさを際立たせる〈闇の記憶〉である。そのため、あくまでも〈過去〉という事実が強調されねばならない。小説「農軍」の初めに作者があえて「この小説の背景となっている満州は以前の張作霖の政権時代」であることを断った理由はここにあるのである。〈今はこうした混乱、すなわち軍閥や土民たちの横暴は消え去った。今や生きていけるだけの状態になった〉という言説が一九三九年の時点でなされたということだ。この〈現在〉の平和と達成を大きなものとするには、〈過去〉の闇はいっそう深くなければならない、それにより、誰もが知っている万宝山事件の真相が小説のなかでは甚だしく誇張されたのである。

このように「農軍」はその先行テクストである「移民部落見聞記」とともに、「王道楽土」と「五族協和」を基にする〈満州イデオロギー〉の文学的具現なのだ。この作品を韓国民族文学の成果として見たり、李泰俊のモダニスト作家からリアリスト作家への発展的変貌の徴標として読んだりする解釈は修正されねばならない。この問題をより深く検討するため、われわれは今や本章の二つ目の課題、すなわち一九三〇年代の植民地朝鮮において「満州」と「満州移民」が持つ意味、そしてそれと植民地文学との関係を論じるところに来ている。

三　満州ユートピアニズムと朝鮮農民

「広いなあ、満州は。蝶々の形に似てゐらあ。ね、お父さん。」

先に拡げた極東地図を見るなり二郎君がさういつた。お父さんにはさういはれてもちよつとわからなかつたが、

「あゝ、さうか。蝶々が日本の方に向いて飛んでゐる形だな。」

と、一郎君に説明されてみると、なる程、東の方の濃い色のついてゐる長白山脈から東の国境までがずつと胴中になつてゐて、烏蘇里《ウスリー》河と黒龍江の合するシベリヤのハバロフスクの所が蝶の眼。南の関東州の大連や旅順のあたりが尻で、西部の国境から熱河省の方へかけて翅が拡がつてゐる格好に見えないことはない。

「はゝゝ、なる程。素晴しく大きな蝶々が亜細亜大陸の方から、日本にむかつて、ひらく飛んでくるといふわけだね。そりあいゝ。」(34)

翼をいっぱいに広げヒラヒラと飛び回る一羽の蝶の明るく軽く華麗なイメージ。日本にとって満州はそのように想像されていた。「お父さんの子供の時分の日本は、この千島から琉球までの本州だけで、台湾も、樺太の南半分も、まだ日本のものでない頃の小さな点々とした極東の島国で」「それが今では朝鮮も併合すれば、この広い満州とも一国同様な同胞国になつて」「世界の大

国だ」と、中学生の二人の息子を連れて満州旅行に旅立つ長與善郎[35]の『満州の見学』は、満州に向けて繰り広げられたあのおびただしい想像と冒険の物語の一つの小さな事例である。

満州を含む大帝国という構想は日本の数多くの右翼将校たち、改革官僚、左翼および右翼革命家たちの想像力に火をつけ、これら過去の敵同士を一つの寝床に引き入れた。右翼で汎アジア主義者の大川周明、反戦詩人として広く知られた与謝野晶子、コミンテルンのスパイであった左派革命家尾崎秀実、無政府主義者大杉栄を殺害した憲兵将校甘粕正彦などが、帝国のために連合するこの奇妙な事態は想像しがたいことであったが、事実であった。知識人たちは満州国を通して新しい植民地都市というユートピアを夢見、農村改革家たちは彼らなりに農本主義的パラダイスを夢見た。かと思えば、一部の事業家たちは揺らぐ資本主義経済のカンフル剤として満州を考え、急進派将校たちは資本主義体制を倒す手段として満州を夢見た。満州は巨大な合作プロジェクトであり、全ての階層が参加する大事業であった。

一九三一年の満州事変を起点とし、満州は〈馬賊が出没する生活の困難な不毛の地〉というイメージを投げ捨て、〈豊かな大地〉として再生した。数多くの出版物、ラジオ、映画といった大衆メディアにおいて、満州は〈涸れることのない宝箱〉〈開発を待つ広大な処女地〉〈湧き出る資源の地〉として描写され、満州の大地を走る馬車のイメージは大衆の夢を刺激した。好戦的愛国主義《ジンゴイズム》が大衆メディアを通じて伝播され、理念の左右を問わずほとんど全ての知識人がこれに加担した。与謝野晶子は一九二八年、満鉄の招待で四〇日間、満州を旅行した後、日本の主導の下の満州開発に感銘を受け、日本の帝国主義的使命を確信することになった。一九三二年、晶子の夫鉄幹は第一次上海事変の「肉弾三勇士」を称える抒情詩を発表し、晶子もまた戦争を賛美する詩を発表している。[36] 山のように埋まっている鉄鉱石、光る金塊、煙を吐き出す石炭の山、荒野を走る馬、静かに鳴く牛、トボトボ歩く駱駝、草を食む羊、大豆、綿花、麦、高粱を生み出す肥沃な大地――このように満州を〈豊穣の角《コルヌコピア》〉でもって記号化することは、満州事変以降、日本の大衆メディアの慣習的レトリックとなった。日本が満州国という宝箱のふたを開けた瞬間、豊かさが日本列島の海岸を埋め尽くすはずであった。[37] この〈生命線〉を守るための戦争こそがまさに「世界最終戦争[38]」であった。

こうして「満州」は当時の全ての理念と思想の総結集の地、巨大な実験場となった。満州国建設の理念の下、共産主義者と帝国主義者、農本主義者と資本家、キリスト教と仏教、王道主義とカトリック[39]、天皇制と近代主義、国家主義と超国家主義とが一緒に居住し、絡まり、葛藤していた。満鉄調査部に集まってきた転向マルクス主義者たちのコミューン主義と石原莞爾の「世界最終戦論」および東亜連盟論、橘樸《たちばなしらき》の東洋的大同思想に基づいた「農本主義的社会主義」などの競合と同床異夢[40]は、満州という夢が結局は〈没落へ向かう新生への熱情〉というアイロニーを初めから孕んでいたものであることを語っている。

植民地朝鮮の社会がこの新生への熱情および総動員体制の磁場の外にいられるはずがなかった。ルイーズ・ヤングは満州事変が満州関連の書籍や娯楽への爆発的な需要を呼び起こすことにより、日本の娯楽産業と出版界にとって「天からのマナ[10]」となったと述べており[41]、スケールの差はあっても朝鮮でも事情は全く同じであった。満州事変以降、一九三〇年代を通して、日刊新聞はもちろん『三千里』『東光』『批判』『別乾坤』『四海公論』といった雑誌、それに『緑旗』『思想と生活』『文献報国』『内鮮一体』といったいわゆる国策雑誌などにおいて扱われた満州関連記事、満州紹介文、満州紀行文、満州情勢分析論文は数え切れぬほど多い。李泰俊の「移民部落見聞記」と「農軍」がそうした文脈のなかにあるのはもちろんである。一九三〇年代以降、朝鮮での〈満州ブーム〉をうかがわせる興味ある事例を二つほど挙げてみよう。

「京城帝国大学予科学友会」が一九四一年に出した『満州旅行調査報告書』という一三三頁の冊子がある。京城帝大教職員と予科の全学生約五〇〇名が奉天にある「満州医大」を訪問し、四日間にわたる各種調査研究および親善行事の結果をまとめたものである。この冊子によれば、京城帝大予科と満州医大との間の相互交換行事は一九三三年に始まり、一九三七年の中日戦争により中断されたが、一九四一年に再開された。文科チームは日本人の大陸への進出状況、交通・産業状況、故宮博物館、国立博物館、四庫全書などの調査、理科チームは奉天、撫順の各種工場および炭鉱見学、地下水の水質、風土病、動植物などの調査研究を行った。また両校学生対抗の運動競技、軍事講演、座談会といった行事も開催された。その結果をまとめた論文集であるこの報告書は、朝鮮唯一の帝国大学の教科課程において、満州が深くその位置を占めていることを示している。

もう一つの事例を見てみよう。一九三八年四月一三日付『朝鮮日報』の四面、「演芸娯楽」欄に掲載された記事である。

高麗映画社で『福地万里』製作
故沈薫氏夫人　安女史も出演
朝鮮映画界は今年に入って非常な活気を呈しているが、今回高麗映画社では多大な費用と努力により『福地万里』という映画を撮影することになった。この映画は舞台を中北部朝鮮および満州、東京などとし、十分な実地踏査の上で構成、封切られることになった。

「福地万里」という表現からも滲み出ているように、果てしなく続く豊穣の大地満州のイメージは朝鮮でもこうして大衆的に広がっていった。そしてこの記事と同じ紙面にあの李泰俊の「移民部落見聞記」が連載されていたのである。

満州国が「五族協和」という理念を基にしていたことは広く知られている。それが実際どのように実現されたかは別問題としても、いわゆる「協和」の物質的基礎は「人口」、すなわち「国民」の創出であった。いかに国民をつくるのか。満州国はよく「国民のない国家」と呼ばれる。[42]ここで重要な問題となるのが、まさに「移民政策」だ。満州国建国以来、日本帝国主義の大規模な農業移民は「二十カ年百万戸送出計画」に従って行われた。[43]今や私たちは、朝鮮の農民の満州移民が日本帝国主義の満州植民地化過程といかなる連関の下にあるかを考察するところに来ている。

ある論者は農業移民が帝国主義支配の防壁となる事情を次のように説明している。

農業移民は、一般的にいうならば、土地所有を基盤にした植民地への移住・定着によって、植民地人民の反帝国主義運動の最大の防壁となるものである。というのは、植民地に定着した農業移民は、自分の取得した土地を放棄したくないために、最後まで植民地を死守しようとして、植民地人民と対決するからである。このことは、土地に根を下した農業移民こそが、帝国主義支配を最後まで支持する勢力であることを意味する。日本人の満州農業移民も、本質的には、このような性格の移民であった。[44]

満州の新天地に定着した一人の農夫は、満州の生命線を防御するために戦う一人の兵士、満州国の開発のために使われる一袋のセメントのように、誰もが総体としての帝国に網の目のようにくまなく結びついているのだ。[45] 一方、満州の農業移民は重大な軍事的機能を持つものでもあった。満州の農業移民は二つの軍事機能を果たしており、一つは北満州からシベリア国境に沿って日本人の移民部落を建設することにより、ソ連に対する人間の防壁を構築するという戦略的意図に伴うものであった。二つ目は中国の反日ゲリラ戦に備え、農民たちを準軍事組織化することであった。実際、移民部落は関東軍の指揮下にあり、[46] 自前の武器と戦闘能力を備えた集団として機能していた。

では、朝鮮人の農業移民はどうだったのか。朝鮮人移民は日本国籍の日本国民であった。したがって、右で指摘した農業移民の軍事的性格においても例外ではなかった。そうでありながら、朝鮮人移民は日本人移民とはまた違う抑圧の下にあった。満州に移民した朝鮮農民は自らの意志とは関係なく、中国当局から「日本の手先」と認識されていた。こうした事情は一九二一年、朝鮮総督府が在満朝鮮人に対し、学校設立などの補助金を支給し、重要な地域に職員を常駐させ、朝鮮人会を設立させるといった政策を施行した後に生じた。以後、日本帝国主義の満州侵略が本格化するにつれ、満州での朝鮮農民の立場はいっそう悪化した。(47) 次の文を見てみよう。

この期間［一九一〇〜二〇年］の特徴の一つは、従来の主とした北鮮移民に新たに南鮮移民の数を加へたことで、その一つの契機となつたのは東拓の営業開始に伴ふ農民群の土地からの游離である。東拓はその営業を開始した明治四十三年以来、大正九年に至るまでの十年間に、内地移民を招致し得た数は僅かに三千九百戸に過ぎないが、その間十六万町歩に及ぶ土地買収のため強制的に立退きを要求された鮮農は二万七千戸に及んでゐる。結局内地移民一戸を入れるために七戸の鮮農を動かしてゐるわけである。土地から剝離されたこれらの農民群にとつて満州は唯一の活路だつたとも云ふべきであろう。［中略］こゝでは支那官憲の鮮農迫害の実例をあげる紙幅を持たぬが、居住妨害、退去強要、不当課税、帰化強制（同時に高い手数料をとる）、水田没収、収穫物その他の搾取、窮迫に乗じ妻や娘を奪取、不法投獄、不法殺害、その他あらゆる面から行はれ、昭和三年だけでも半島人の学校閉鎖は百二十三校、退去強要四百余ケ所に達してゐる。(48)

朝鮮農民の歴史的受難への誠実な報告書のように見えるこの一文は、だが、朝鮮人が書いたものではなく、朝鮮人の立場から書かれたものでさえない。右の文は板谷英生(49)という日本人が一九四三年に出した『満州農村記（鮮農篇）』という本から引用したものである。板谷は数カ月にわたり朝鮮人移民部落を訪ね回り、詳細な記録を残しているのだが、その目的は「新しい亜細亜の道徳の萌芽を見出したい」というものである。

おそらく、汎アジア主義の信奉者、あるいは橘樸の支援した「合作社運動」の一員と見られる板谷のこの本は（したがって出版と同時に発売禁止処分を受け、本の何カ所かには墨塗りされている部分もある）、全体的に朝鮮人へのオリエンタリズム（「彼らは内地人の失ってしまった何かをもっている」）、極端な国家主義、大東亜共栄への宗教的信仰などにより一貫しているが、同時に日本帝国主義の軍事力の保護の下にある「第一線部落」の細密で仔細な実情を示してくれる資料としての価値を持っている。満州での朝鮮農民の境遇は、以下のような叙述によく表れている。

事変後の数年間、地方の混乱は惨憺たるものだつた。殊に東辺道の一帯は［中略］つゞいて共産匪と、まるで泥沼を掻き廻すような騒乱がつゞいてゐる。現在の満州各地に見られる数千、数万のトーチカは主としてそのころ築かれたものである。農家が集結され、部落が防壁を以て囲まれるようになつたのもそのころからである。嘗つてない治安の破壊された時で、その間、治安工作に当つた日、満、鮮系の有為の人々が数多く僵れてゐる。しかしそれより何よりみじめだつたのは鮮農で、彼等は常に非常に困難な立場に置かれることが多かつた。匪賊の側からは「日本的走狗」とか「日本帝国主義的先導」とか云はれて目の仇にされた。

武力を持たぬために、彼等の鬱憤を払らす手頃な餌食だつた。そのくせ一方討伐隊の方からは常に疑ひの目を以て見られ、殊に第一線の、最も匪災を受け易い部落民は、なにかにつけて通匪容疑者として遇せられることが多かつた。[50]

一九三二年二月、中国の国民党会議は朝鮮人の満州および蒙古への移住を禁ずることを決議し、「鮮人駆逐令」を発するまでに至った。[51] 在満朝鮮人が置かれたこうした根本的に困難な状況は、日本帝国主義の満州侵略に起因しているものなのだが、ともかくこれが朝鮮農民の現実であったことは否めない。朝鮮の農民の満州移民もまた日本の農民の場合と同様に帝国主義の支配戦略の下で進められ、実行されたことは言うまでもない。ただ、朝鮮農民の場合、その環境がより劣悪で二重の抑圧の下に置かれていたということである。

板谷のこの本にはきわめて興味深い場面がたくさん出てくる。険しい自然環境と「匪賊」の襲撃に対抗し村を建設した朝鮮農民部落の過去と現在は、朝鮮の農民への著者の強い同情と憐憫の視線により描かれているが、その文体と視角を植民地朝鮮において朝鮮人作家により生産された農民小説のそれと区別するのは非常に難しい。一方、満州国の協和会服を着た朝鮮農民部落指導者の次のような発言は、この当時のほとんどの満州訪問記録がいかなるプロパガンダの機能を果たしているかを代表して見せてくれている。

それ「支那官憲の朝鮮人農業移民者への迫害」が一番ひどかつたのは満州事変の二三年前か

ら事変後の混乱にかけてゞ、当時の支那官憲が私共に加へた迫害がどんなにひどいものであつたか、今更こゝで申上げるまでもないことゝ思ひます。居住妨害、退去強要、帰化強制、水田没収、収穫物その他財産の横奪などはまだよい方で、娘や妻を奪つたり、勝手に投獄したり殺したり、兎に角、犬でも我慢出来ないような屈辱が毎日のように加へられました。そのころ官憲に憎まれて一家全滅の悲運に遭遇した鮮農も少い数ではありませんでした。支那側から見れば、「韓国人是日本的走狗――日本帝国主義的先導的」で、あらゆる憎悪の対象だつたらしく思はれます。康徳元年ごろから次第に治安も回復し、そんなこともだん〴〵なくなりましたが、それでも離散した鮮農が復帰したり、部落が集結したりして、どうにか落着いて仕事が出来るようになつたのは漸く康徳四年、事変後五、六年経つてからでございます。

私共はそのような苦難を経てこゝの土地を拓き、水に這入ることの嫌ひな満人が捨てゝ顧みなかつた湿地や荒地を美しい水田にしたのでございます。(52)

満州国建国以降、全ての混乱がまさに鎮まり、今や秩序と安全を謳歌できるという言説が当時の満州訪問記録に一貫しているものであったことは、ここから再度確認できる。一方、中国の農民を見つめる朝鮮農民らの視角は、右の「農軍」にもよく表れているのだが、それもまた当時の一つの習慣的な認識であったことが、この文章からも見てとれる。次の文を、先に考察した漱石の紀行文と対照して読んでみれば、この習慣的認識の根の深さが容易に分かるであろう。

満農の間には一般に文字が乏しく、自分の姓名を書けるものはせいぜい五、六名しかゐない。全然教育を受けたことのない彼等の間で、その五、六名はすばらしく恵まれた才能を持つて生れたものである。しかもそれは男だけで女は一人残らず文盲である。部落中探しても風呂は一つもない。鮮農に云はせれば「あいつ等は生まれた時の垢を死ぬまで落さぬ」わけである。更に驚くべきは幼児が死んだ場合、それを家の附近に投げ捨て、豚や犬が食ひ荒すのを平然と見てゐる慣習で、中には直接豚小屋に入れてやるものさへあるそうである。それも恐らく一種の愛情の表現であろうが、到底見るに堪へぬものであろう。

このようなことは私が三四日部落にゐる間二三の鮮農が報告してくれたのであるが、その口振や態度から察すると彼等は心の何処かに満農に対する民族的な蔑視を持つてゐるように感じられる。彼等と雖も入浴の記憶はほとんどないと云つてよいほどのものであるが、それでゐて満農に較べれば文化的に相当高い段階にあると云ふ自信が明らかに見へる。(53)

日本帝国主義により販売禁止となったこの本の全体に一貫する帝国主義的暴力。これは決して例外的なものではない。帝国主義の言説と秩序は一方的で強圧的な物理的暴力によってのみ機能するものではない。それらは帝国主義の構造内に存在する全ての人間の内面に入り込み、そこで変奏される。満州事変以降、急激に高揚し始めた〈満州ユートピアニズム〉は植民地朝鮮でも巨大な移民の行列をつくり出した。農民は農民なりに、知識人は知識人なりに、商売人は商売人なりに、満州が与える幻想と夢に酔っていた。その新生への熱情が一瞬にして没落と崩壊を迎えるまで、植民地社会もまた目覚めることはなかった。植民地の朝鮮人にとって満州と満州国はおそらく擬似解放の空間であった。「擬似解放感」と「擬似帝国主義者」としてのポーズが可能な、満州はそうした所であった。

植民地社会において、誰がこの虚妄の陶酔から醒めていただろうか。それは難しい問いである。だが、李泰俊の「農軍」がその問いと何の関連もないことは、これまで考察してきたことだけでも十分だろう。

四　満州国は今も、ある

植民地文学の成果は、そうした植民地的無意識からどれほど距離を置けるかによって判別されるものなのかもしれない。満州移民文学の場合も同様である。満州の朝鮮農民が置かれた複雑で矛盾した位置への省察なしに、満州移民の生を農民開拓談のレベルで描写する程度の文学が〈満州ユートピアニズム〉から抜け出すのは困難であろう。また帝国主義との政治経済的な意味連関を排除したまま、被収奪者としての農民階層という観点からのみ満州移民に接近することも没歴史的な理解の方法であろう。

満州という空間において展開された数十年のドラマ、「韓国現代史のブラックボックス」[54]満州国の正体がそうした単純な図式によって手に取るように理解できるわけがない。自らの土地から遊離し、数万里の異域で命をかけて生存闘争を繰り広げる農民、そしてその闘争が同時に帝国主義の支えとなることもあり、また他者の生を脅かすものとなりえた現実。現実とは実際いつでもそうしたものなのであろうが、その全てのことが見通せる文学だけが植民地の構造と秩序をぶち壊す文学へと向かっていけるのであろう。

だが、植民地の現実を描く韓国の文学は終始そうした感覚を失うのが常である。おそらく植民地の現実の重圧感がかえってその現実への冷静な直視を拒否させたのであろうが、そうした事態は創作においてだけではなく、作品を読解する際にもしばしば起きるものである。李泰俊の「農軍」とその読みはこうした現象の典型的な事例と言えるであろう。「農軍」は当時さかんに流行した慣習的な理念を考えなしに追った単なる駄作であり、植民地的生の矛盾と二重性をあらわにするには全くもって至らざる作品である。にもかかわらず、この間この作品に与えられてきた過度な評価と無神経な誤読は、もう一度植民地的無意識を考えさせてくれるものだ。「満州国」は今も、ある。

第四章　「朝鮮人」から「東洋人」へ——植民地朝鮮における「近代の超克」論

日本人になること

ミスター・キムは米国の神学校で学ぶ朝鮮人留学生だ。クリスマス休暇を迎え、彼は米国人の友人ヘッチェルと一緒に彼の故郷の家を訪ねる。楽しいクリスマスパーティーが開かれ、ミスター・キムは「黄色人」を初めて見るヘッチェル一家の熱烈な歓迎を受ける。皆が順番に歌を一曲ずつ歌うゲームが始まり、ついにミスター・キムの番になった。本章の主題と関連し、非常に興味深いイシューを含んでいる次の場面に注目したい。

> 私は立ち上がった。だが、何を歌えばいいのか。私は人前で歌を歌ったことも何かほかのことをやったこともなかった。だからといってその場でできないからと座り込んでしまうのは、まずもって大日本男児の心意気を汚すことになる。日本男児はどこであれできないからとへたり込むことはない。しかし、もし私が彼らの前で何もせず座り込んでしまったら、赫々たる日本男児の心意気を間違いなく汚すことになるだろう(1)。（二九頁）

「大日本男児の心意気」を汚さないために朝鮮人の留学生ミスター・キムが「アメリカ人」の前で歌う歌は日本民謡「おうりょくこうぶし」(2)だ。だがその場面の含意は、続く次の場面において複雑さを倍加する。彼はアンコールを受け、もう一曲歌うのだが、そのとき彼が歌う歌は朝鮮民謡「ヤンサンド(陽山道)」なのだ。

私は責任は果たしたと思ったのに、拍手が鳴り止まないのはもう一曲という意味だ。どうせこうなったからにはできないことなどない。私は「ヤンサンド」を歌った。皆がいいぞといいぞと声をあげる。(三〇頁)

このように、一九四一年に発表されたこの小説の主人公にとって日本/朝鮮という境界は消えていた。だがその一方、その消えた境界の痕跡は例えば「おうりょくこうぶし」を歌った後の主人公の次のような心理描写にはっきりと残っている。

「おうりょくこうぶし」をうまく歌えようが歌えまいが威勢よく歌った。あのとき朝鮮人がもう一人その席にいたらあのように威勢よく「おうりょくこうぶし」を歌えなかっただろう。(二九頁)

「黄色人種」を初めて見た米国人たちの前で朝鮮人/日本人という境界を果敢に消し去ってし

まうこの青年の内面で響くもう一つの声、「朝鮮人がもう一人その席にいたらあのように威勢よく「おうりょくこうぶし」を歌えなかっただろう」という声の正体は何なのか。と同時に、また別の問いを立てることも可能だ。米国人（＝西洋人）がいなかったら彼は「おうりょくこうぶし」を歌っただろうか、と。

周知のように、日本帝国の植民地朝鮮に対する同化政策は中日戦争以降のいわゆる「内鮮一体」政策においてその絶頂に至った。日本国家は外地の朝鮮人を内地の「日本国民」として召喚し[3]、数多くの朝鮮人たちがその呼び出しに、国家の意図とはまた異なる意図をもって応えた。そうして植民地の揺れ動く境界は戦時期にいっそう揺れ動き混じりあった。本章で私は中日戦争から太平洋戦争に至る時期の植民地朝鮮において新しく再編される政治的・社会的・文化的境界に注目したいと思う。植民地の人的・物的資源を総動員しようとする帝国の意図と、その意図の間隙をこじ開け、越境しようとする被植民者の欲望が交錯するなかで、既存の境界はどこでどのように亀裂が生じ、解体されていったのか。と同時にその亀裂と解体は何を再び隠蔽したのか。そしてその過程において帝国から発信された「近代の超克」論はどのように作用したのか。これらの問いを中心として論議を進めたいと思う。

右の米国留学生ミスター・キムへと戻ってみることにしよう。「朝鮮人がもう一人その席にいたらあのように威勢よく「おうりょくこうぶし」を歌えなかっただろう」とあるが、重要なことは、彼には日本／朝鮮という境界が今や帝国／植民地あるいは内地／外地という境界とは一致しないということだ。自らを「大日本男児」と宣言する彼には教会に集まった米国人たちに「朝鮮の話」を聞かせることに何の自意識の分裂も見られないのだが、それが「大日本男児」として朝鮮民謡「ヤンサンド」を歌うのと同じ心理の所産であることは言うまでもない。要するに、この人物には今や「朝鮮＝植民地」という意識は存在しない。彼には「朝鮮」と「日本」が同等なのだ。すなわち彼の意識のなかで「朝鮮」と「日本」は「日本帝国」の同等な「地方」とみなされ、そうである以上、彼は、「現在のやうに朝鮮に徴兵制が布かれ、「朝鮮民族」といはれたものが完く主体的な形式で日本といふもののうちに入つてくる場合、つまり主体的に日本人となつてくる場合、今迄固定したものと考えられてゐた小さな「民族」の観念は大きな観念のうちに融け込むとは言へないだらうか。いはば大和民族と朝鮮民族とが或る意味で一つの日本民族になるといふ風に言つてはいけないだらうか」と語る西谷啓治や、「朝鮮民族も広義の日本民族となることによつてその本当の歴史性が生きてくると思ふ」と語る高坂正顕[4]の先を行って「内鮮一体」を遂行していることになるはずである。

植民地支配者の意図を先回りする、こうした越境あるいは境界の無化は、いわゆる内鮮一体期に植民地の朝鮮人たちが見せた反応のうちで最も特徴的なものでありながら、もっともありふれたものである。このことは、そうした新たな要求がたとえ植民者により与えられた、または強いられたものであっても、もう一方でそれこそが被植民者の抱いて久しい欲望を強烈に煽るものでもあることを示している。では、その積極的で主体的な〈日本人になること〉はいかなる過程を経て遂行されたのか。

まず確認しておくべきことは、「同化」とか「内鮮一体」といった植民地支配の政策がいつも一貫した単一な形で進められたのではなかったということ、多くの場合それは相互に矛盾し衝突を引き起こすものだったし、したがってそれに対する被植民者の対応もまた大きな混乱と分裂を免れなかったということだ。植民地の人的・物的資源を総力戦体制に動員するため、植民者がなした数多くの約束や政策は被植民者だけでなく、植民者の内部においても強い反発と反論にぶつかるのが常だった。例えば、同化政策を実現する強力な手段の一つとして論議された朝鮮人の参政権問題をめぐり、支配者側の内部はしばしば非妥協的な反対論により騒がしかった。[5] 朝鮮の伝統的な家門制度を日本式の家制度の形で統合しようとする「創氏改名」もまた、朝鮮人にとってはもちろん、日本の政策当局の内部においても強い反発と批判を呼び起こすものだった。[6]

しかし、支配者側の内部における反対論がどんなものであれ、同化政策、とくに内鮮一体政策が被植民者に帝国の一員としての権利と資格を約束する代わりに、彼らの血と生命を求めるものであったことは明らかである。このやりとり（give and take）が本質的に不公正なものであることは言うまでもないことだが、多くの朝鮮人たちがこのやりとりにおいて最大限の利益を引き出すために危うい曲芸を繰り広げたこともまた事実であった。中日戦争以降、「解放」に至るまで、植民地朝鮮の思想界はそうした曲芸によって綴られている。

朝鮮の地方化

内鮮一体のような同化政策は実際にどこまで実現可能なものであったのか、内鮮一体を主張した植民当局者の真の意図と目標は何であったのか、等々の疑問をしばらく脇に置けば、内鮮一体とは何よりも既存の「朝鮮／日本」という境界の消滅、あるいは無効化を宣言することであったし、被植民者にとってそれは新たな賭けのようなものだった。すなわち、それは長い間の構造的不平等と差別からの解放の可能性を示すものであったが、と同時にいわゆる「民族的特殊性」が永久に消滅する危険性を内包したものでもあった。「民族」を賭けて「平等」を得る――植民地ナショナリストたちの手に握られた札の正体はそうしたものであった。

内鮮一体期の朝鮮の思想界と文学界の言説は、支配者側からのそうした要求を受容すると同時に、また一方では「民族的特殊性」を保存するという、一見すると矛盾した課題をめぐって展開されていた。こうした状況は「大日本男児の意気」を誇示するため朝鮮の民謡「ヤンサンド」を歌う前出のミスター・キムのエピソードに凝縮して示されているのだが、内鮮一体期の植民地エリートの精神状況を規定しているそうした現実は、ある論者の表現によれば「黄色い皮膚、黄色い仮面[7]」のそれにほかならなかった。

それゆえ、強力な同化への欲求、すなわち「朝鮮的特殊性」の消滅の要求への植民地知識人の対応は、朝鮮語をはじめとする全ての朝鮮的なものを一切廃止し、「日本人以上の日本人」になることを注文した玄永燮《ヒョンヨンソプ》〔1〕のような急進論者を例外とするなら、ほとんどは「朝鮮」、あるいは「朝鮮的なもの」を帝国のシステム内に新たに位置づけるやり方、すなわち朝鮮を「地方化＝郷土化」するやり方として現れた。「植民地朝鮮」を「日本帝国」の一つの「地方」として布置することで「植民性」を消し去り「朝鮮的特殊性」を保存するという戦略は、朝鮮を「大陸への兵站基地」と設定した帝国の利害関係とも正確に合致するものであった[8]。

そうした事情を最もよく示しているのは、中日戦争期の朝鮮において大きく勃興した「朝鮮学」であろう。一九世紀末〜二〇世紀初めに始まった「朝鮮学」はいくつかの多様な流れと傾向を経て一九三〇年代中頃、とくに中日戦争期に最もさかんに展開された。「朝鮮学」が近代的学問体系としてアカデミズムのなかにその位置を占めたこの時期は、解放以降韓国のナショナリストたちによりしばしば「民族文化を守護した国学振興の時期」と呼ばれているが、実は「朝鮮学は帝国の政策と一直線で対峙するというよりは、むしろそれと絡み合いながら複数の交線をもって編み出されたものである」[9]。主に京城帝国大学朝鮮語文学科の卒業生たちを中心に進められたこの時期の「朝鮮学」の華々しい勃興は、総動員体制の一要素としての植民地の機能を極大化するための帝国の欲求と、自らの「特殊性」を帝国のシステム内に保存しようとする被植民者の欲求が互いに合致することでなされた結果だった。帝国の領土（普遍性）内で「民族」の固有の領域（特殊性）を分節することで、帝国の安定に寄与する代わりに自らのアイデンティティを保障してもらうやり方である「朝鮮の地方化＝郷土化」は、この時期の朝鮮知識社会の最も一般的な傾向であった[10]。

ところで興味深いことは、そうした「朝鮮の地方化」は単に「朝鮮」だけを地方化するのにとどまるものではないということだ。「朝鮮（外地）」を「日本（内地）」に合体させる「内鮮一体」という観点から見れば、「朝鮮」が地方である限り「日本」も地方でなければならない。繰り返すが、朝鮮だけが地方化するのではなく、「日本」もまた「朝鮮」と同じく地方化するのだ。帝国／植民地という明白な根源的不平等に照らして見れば、それはもちろん詭弁に近い考えであろう。だが内鮮一体論に応じた植民地の知識人たちが試みたものの一つは、まさにそうしたものであった。

例えば、「半島唯一の文芸雑誌」を標榜していた『国民文学』[11]は植民地朝鮮の知識人たちがいかなるやり方で「日本国家」という均質な国民国家の空間を想像していたか、さらにどうやってその空間内に自らを編入させていったかをよく見せてくれている。すでにその雑誌の名からも明らかなように、『国民文学』の目標は「朝鮮文学」を「国民文学」、すなわち「日本国民文学」へと転換させることであったし、したがって「朝鮮文学の地位」は「日本の一地方文学」と規定されていた。一九四二年一一月、『国民文学』創刊一周年記念として行われた座談会「国民文学の一年を語る」には主幹である崔載瑞《チェジェソ》をはじめ兪鎮午《ユジノ》[2]、白鉄《ペクチョル》[3]、金鍾漢《キムジョンハン》[4]など当時の朝鮮文壇を代表する主要な作家と批評家、さらに朝鮮で活動していた日本人作家田中栄光、杉本長夫などが出席していた。そのなかの「朝鮮文学の地位」という副題が付けられた以下のような対話を見てみよう。

崔　：地方文学としての朝鮮文学の地位が、どうあるべきかといふことなんです。

田中：朝鮮の自然の生活の美しさ、人情の美しさをもつと描いたものが出来なければならぬと思ひますね。

金　：兪鎮午さんがどこかで、内地にない何ものかを創造して日本文化に附加して行くやうな役割をしなければならぬといふやうな意味のことがあつたのですが、具体的に言へばどういふものになりませうか。

兪　：単にローカルカラーを中心にして、日本文学の埒外に立つてゐるといふやうな今までの考へ方は、これからはどうしても許されない。これからは単なるローカルカラーの地方文学であつてはならぬ。何か哲学的な新らしさと、価値を持つたものでなければならぬ。さういふ意味だつたのです。良いものは生かして行く、さういふ行き方をした方がいゝといふ意味で……。

杉本：その考へ方は、崔さんが今月の「国民文学」の論文の中に、朝鮮文学といふものが内地の九州文学とか、北海道文学とはすこし違ふといふことを言つてをられますが、あれと考へ方は同じですね。(12)

「朝鮮文学」を「地方文学」と定義しつつ、「単なるローカルカラー」ではない「哲学的」な「価値」を持った文学として「日本文化」に寄与することを主張する彼らにとっては、「朝鮮／日本」という境界はもはや「植民地／帝国」ではなく、「地方／中央」にすぎない。そうしたことから彼らはミスター・キムのモデルであると言えるだろう。「朝鮮」を国民国家の均質な空間内へと位置づけることで隠蔽されるものはもちろん、植民地の不均等性（unevenness）であろう。隠蔽された植民性の空間の上に新たな境界が、新たな主体が生まれる。そうした点を見てみよう。

右の対話において杉本長夫は崔載瑞の言葉を借り「朝鮮文学というものが内地の九州文学とか、北海道文学とは少し違ふ」と語っている。崔載瑞がどこでそうしたことを述べたのかは確認できなかったが、それは植民地朝鮮の知識人たちが内鮮一体をきっかけにして朝鮮の「地方性」をどのように把握していたかを暗示している。すなわち、朝鮮を「植民地」ではなく、帝国の一つの「地方」へと調整することで、「朝鮮／日本」「京城／東京」「京城／京都」「京城／大阪」「京城／九州」等々、または「朝鮮人／日本人」「朝鮮人／中国人」「朝鮮人／西洋人」等々の関係と境界にも新たな変化が起こるのである。

文化の都会集中と云ふことは現代文明に於て致し方のないことではありますけれども、我々の場合は些か度を過してゐたやうな気がします。出版物と云ふ出版物が悉く東京で生産され、出版界に於ける東京の地位は全く独裁的でありました。そのために、京都や大阪の大学にゐる先生達でも地元で本を出すと売れません。況して京城に於いてをやです。京城の大学にも随分偉い先生が来て朝鮮の研究にいろいろと功績を遺しましたが、彼等の中には地元の新聞雑誌には一度も寄稿したことがなく、又それを誇りとするやうな人々もをりました。ですからその研究の成果を地元の京城で発表するなどと云ふことは思ひも寄らないことだつた訳であります。(13)

右の引用文は満州国の作家古丁《こてい》に送った崔載瑞の手紙の一部分だ。『国民文学』一九四五年一月号に掲載されたこの文で崔載瑞は、新京を捨て北京へと走る満州の作家たちを非難する古丁に朝鮮でも「事情は全く同じ」だとしながら、「文学の東京集中」を強い語調で批判している。崔載瑞にとって「国民文学」は「国語（日本語）」で書かれる「日本文学」であり、朝鮮の作家もまた、その日本文学建設に努めている。「日本文学」が「国語」で書かれるものである限り、「東京が我々のお手本であり、又頼るべき権威であることは申すまでもありません」。だが東京は「酷いアメリカニズムが入つて来て」いる「不健全」な大都会であり、「国際主義を基調とするもので、無性格」な所なのだ。

我々は東京の作家達を真似ることを以て新日本文学の建設に忠実な道だとは考へてをりません。日本の一地方として、朝鮮には、肇国の大理想や維新の精神が、或は貴国以上に強く切実に働いてゐるかと思ひます。然しそのやうな理想や精神の働き方・生かし方と云ふものは、決して日本内地と同一ではあり得ないし、又無理に同一ならしめる必要もありません。やはり朝鮮の土と生活に根ざした日本的文化・文学——これが今後に於て我々の追求すべき課題だと思つてをります。(14)

崔載瑞のこの文において注目されるのは東京への批判そのものではない。東京を「アメリカニズム」に染まった「不健全」で「無性格」な大都会と規定しつつ、東京への「文化の集中」を批判するとき、「東京」の対立項に「京都」「大阪」「新京」、そして「京城」といった諸都市が置かれているということだ。植民地の「京城」を帝国の多くの都市、とくに「東京」と同列に置くこと、すなわち東京と京城がどちらも同時に地方化されるということが重要なのだ。(15)「京城（朝鮮）」を帝国の「垣の外（埒外）」ではなく「垣の内（埒内）」へと配置することで「京城（朝鮮）」と「東京（日本）」を帝国の平等な「地方」として均質化すると同時に、「朝鮮の地方性（特殊性）」を「帝国の中央性（普遍性）」の一つの有機的機能として保存する――植民地ナショナリズムが新たに形成した境界の正体はこれであった。

「東洋人は東洋人同士仲良く生きていくだろう」

本章の初めに引用した小説のミスター・キムへと戻ろう。「大日本男児」として「朝鮮の民謡」と「朝鮮の話」を米国人たちに聞かせた彼は、休暇が終わり学校へと戻っていく。小説の最後は次のようなエピソードで終わっている。

ある若者たちが乗った車が通り過ぎたと思ったら私を見て、

「ジャップ！」

と大声で叫んだ。彼らは私をからかっているのだ。私は不快だった。私は彼らに向かってたとえようのない怒りがこみ上げて来た。ところでまた違った連中が通り過ぎながら、

「チャイナマン！」

と叫んでいる。彼らの目には日本人や支那人といった分別はない。彼らの目には全く同じに見え全く同じに蔑視する。

［中略］

たいていは私をジャップとかチャイナマンとからかう。だから彼らの鼻がぺしゃんこになるまで殴ってやる必要がある。日本の国威をわからせてやり、ああした生意気な行為をできないようにする必要がある。

グッド・ウィル・アンバサドー［good will ambassador 親善大使］をわかってくれる人とはどこまでも平和に対するが、役立たずの民族的優越感をもって侮辱しようとする奴等には鉄拳の洗礼を浴びせるべきだ。（三六頁）

ミスター・キムの怒りは米国人（＝西洋人）の人種主義的視線から触発されたものだが、そのとき彼が感じる怒りの実体は多少複雑だ。まず彼は米国人が「日本人」と「朝鮮人」とを区別できないことに対し無感覚だ。彼は自分を日本人だと判断する米国人の視線を当然視するだけでなく、それを通じ「コリアン」であることを越え日本人としてのアイデンティティを強化する。[16] したがって、彼に怒りを引き起こすのは〈日本人と支那人の区別なしに同じく蔑視する米国人（＝西洋人）の人種主義〉だ。ここで注目すべきことは、「日本人」として「支那人」と同じ取り扱いを受けることに対して怒りを感じるこの「反人種主義的人種主義者」ミスター・キムが自己を表象するやり方だ。右の引用文はすぐ以下の文につながっている。

こうしたときほど東洋人は東洋人同士生きていかねばならぬという意識が強まるときはなかった。

彼らは彼らだ。我々は我々だ。彼らがいくら変にふるまっても彼らは彼らだ。我々は我々だ！　東洋人は東洋人同士仲良く生きていくだろう。（三七頁）

「朝鮮人」から「東洋人」へと、植民地の揺れ動く境界はまた異なる飛躍を生んだ。その飛躍はどのようなきっかけを通してなされるのか。

すでに見たように、植民地のナショナリズムは内鮮一体の要求の前で「朝鮮」を帝国内部の一つの「地方」として位置づけることで、その「地方性」を通じいわゆる「民族的特殊性」を保存する一方、帝国の法域内にて一定の権利を獲得しようと試みた。だが「地方化」は国民国家の均質な空間を前提としなければならないため、帝国の他の諸地域もやはり朝鮮と同じく地方化されなければならなかった。朝鮮は帝国の「垣の外（埒外）」にある「植民地」でなく、帝国の内部を支える「垣の内（埒内）」の存在だという認識は、現実とは関係なく、この時期の植民地ナショナリズムの思考を支配していた。[17]

朝鮮人の「日本国民化」もやはり似たような過程を辿る。朝鮮人を消し去り日本人になるのはどうすれば可能なのだろうか。「京城（朝鮮）」と「東京（日本）」の同時的な「地方化」と同じく、朝鮮人の〈日本人になること〉もやはり朝鮮人であることを一方的に解消するか、あるいは既存の日本人に朝鮮人を編入させて達成できることではない。日本人も「新たな国民」として生まれ変わらなければならない。それが植民地ナショナリストたちの主張だった。崔載瑞によれば、それは「新民族」「新国民」の創造であり、「一億の国民」を新たにつくることなのだ。

前に進む方向は何か、それは新民族の創造、新国民の創生であると思ふのであります。詰り元々一から出たものが中途でばら〳〵になつてをつた。今日以降それが本当に一緒になつて新しい国民を建設するのだ。大和民族自体がさう云ふ過程を踏んでゐる。大和民族は明治時代迄は何と云つてもばら〳〵であつた。それが御維新に依つて一つの鞏固な民族となつた。それと同じく、今日迄ばら〳〵になつてをつた内鮮が、歴史発展の大法則に従つて、一つの新しい民族となり、こゝに一億国民を建設するのです。そこに創造的なゆとりがあつて、一つの朝鮮側に取つても多分に自発的に参加して来る途が拓けて来るのぢやないかと考へるのでありますⅰ⑱。

したがって、崔載瑞にとって内鮮一体とは朝鮮人が「現在の内地人になれ⑲」というのではない。内鮮一体とは朝鮮人と日本人とを単純に合わせるのではなく、朝鮮人も日本人もどちらも「新しい国民」「新しい民族」として誕生することであり、そうしたときにだけ、朝鮮人としても「参加していく途が拓ける」のだ。内鮮一体の完璧な遂行のためには、朝鮮人だけでなく日本人としてのアイデンティティも解体され再構成されねばならぬと主張する崔載瑞のそうした論理は、日中戦争期の朝鮮知識人たちがとった典型的な言説形態、すなわち「日本のヘゲモニー言説をその意図に逆らって「誤読」することで政治的な空間を開示しようとする⑳」過剰戦略の一つだと読める。またそれは朝鮮の地方化だけでなく、日本の地方化を通じ均質な国民国家の空間を想像したのと同様に、朝鮮人と日本人のアイデンティティをどちらも同時に変化させることで「新しい国民」、すなわち「新しい朝鮮人＝新しい日本人」を想像することであった。[21]

では、そうやって新たにつくられた「朝鮮人＝日本人」とは何なのか。「過去の朝鮮人」が「現在の日本人」となるのではないのなら、その「新しい国民」「新しい民族」のアイデンティティとは何なのか。その答えがまさに「東洋人」なのだ。朝鮮を帝国の「一地方」として規定することで朝鮮の特殊性を保存する一方で、帝国の一員としての権利を要求したのと同じく、朝鮮人は自己を「東洋人」として表象することで、朝鮮人であると同時に日本人となることができ、また帝国の「国民」として植民地から「解放」されるのだった。

このように、「植民地朝鮮人」は「帝国の国民＝東洋人」へと移動あるいは飛躍した。もちろんその痕跡は残る。ミスター・キムは米国人の前で豪気に日本の民謡を歌った後「朝鮮人がもう一人その席にいたらあのように威勢よく「おうりょくこうぶし」を歌えなかっただろう」と一人心の内で考える。要するに「黄色い仮面」の下の彼の「黄色い皮膚」は自分が日本人でないということをはっきりと感覚しているのだ。それにもかかわらず、彼は「大日本男児」として「おうりょくこうぶし」を歌い、続けて朝鮮民謡「ヤンサンド」を歌った。彼がそうできたのはその席に他の朝鮮人がいなかったからであるが、また、その席に米国人（＝西洋人）、すなわち彼を日本人か中国人か朝鮮人か区別できず、「東洋人」と呼ぶ人々がいたからである。ただ西洋人の視線の下でだけ、彼は日本人との同一性、さらに東洋人としての単一のアイデンティティを得ることができたのだ。繰り返すが、彼は「東洋全体を他者とする西洋人の視線のなかに「東洋人」として埋没することで、植民地人の位置から皮肉にも解放[22]」されたのだった。

その皮肉な「解放」は中日戦争期、帝国／植民地の揺れ動く境界の産物だった。既存の境界が揺れ動き内と外のいくつもの線が入り混じった。もちろん境界の内と外を最終的に決定するのはあくまでも主権者の持ち分であり、被植民者に与えられたものはその揺れ動く境界線上での危うい綱渡りだけだった。また「東洋人」としての自己表象がその綱渡りを続けさせた頑丈なバランス棒であったことは明らかである。そして「東洋人」としてのアイデンティティを飛躍の着地点とすることができた背景には「近代の超克」論が横たわっていたのだ。

「近代の超克」と普遍としての東洋

皇民化政策が急激に進められ同化への要求が既存の全ての境界を突き崩していた中日戦争期の朝鮮の思想界において、「近代の超克」論の影響だけを別に取り出して論ずるには多少の難点がある。思想的変化や動揺はすでに一九三〇年代中頃、正確には一九三四年に、それまでの一〇年間朝鮮の文学運動をリードしてきたカップ（KAPF; Korean Artist Proletariat Federation 朝鮮プロレタリア芸術家同盟）の解散およびその同盟員たちの転向によって始まり、中日戦争期には最高潮に達した。そうして混沌と分裂に落ち込んだ知識人の無気力で憂鬱な内面を描写する文学作品は、中日戦争期の植民地朝鮮文学の主流をなしていた。とくに転向マルクス主義者たちの場合、彼らを引きつけた普遍的理念としてのマルクス主義の実践的有効性が消え去った時点において、その理念的空白に取って代わる新たな統一的ビジョンへの要求は急を要し切迫したものだった。[23] そしてまさにその地点において「近代の超克」論は植民地朝鮮の思想界に介入していた。結論から言えば、それは混沌と彷徨に落ち込んだ植民地知識社会にとって一種の終止符《ピリオド》にも似たものであった。

朝鮮プロレタリアート文学運動の代表的理論家・作家でありカップの公式な解散届を直接警察当局に提出した金南天《キムナムチョン》〔5〕の評論と小説は、「近代の超克」論、とくに京都学派の「世界史の哲学」を内面化した植民地知識人が、いかにして新たな理念の普遍性に定着することになったのかをよく示している。[24]「転換期と作家」というエッセイにおいて金南天は以下のように語っている。

> 高山岩男氏はまず世界史の基礎理念の確立において、欧羅巴《ヨーロッパ》史学が建設した一元史観の拒否を宣言している。もう一度言えば歴史の水脈を一つの流れと見る西洋史学の文化信仰をぶち壊し、世界の歴史を多元史観において見ようとする。したがって氏にとっては東洋は西洋の跡を追いかけてきたのではない。東洋は東洋そのものとして一つの完結した世界史を持っていると理解する。そうした多元史観の立場に立ち現代の世界史の文化理念を打ち立ててみようというのだ。［中略］［そうした］企てが確実に学問ならば西洋学問の観念の外は知らない一元史観の立場から離れて、世界の各民族の歴史を多元史観により成立させようという東洋的自覚によるものだと理解される。[25]

金南天は同じ時期に有名な転向小説三部作、すなわち「経営」（一九四〇年一月）、「麦」（一九四一年二月）、「浪費」（一九四〇年三月〜四一年二月）を書いた。右で引用した高山岩男の多元史観論は「経営」において、ある転向マルクス主義者の口を通じて再び触れられている。

　私自身が立っている世界史観だけでなく、あらゆる世界史家たちがその足場とした史観は世界一元論だと言えるのだが、［中略］しかし万一そうした世界一元論的立場を離れ、歴史的世界の多元性の立場に立脚するなら世界はそれぞれ固有の世界史を持っているということを知ることができるし、証明することもできるのではないか。[26]

　植民地朝鮮の転向マルクス主義者たちにおける「近代の超克」論の影響を金南天ほど豊かに見せてくれる作家は他にいないだろう。金南天がその時期にとくに関心を寄せたのは「風俗の描写」だった。もちろん彼の目的は単純に風俗を考現学的に再現するところにあるのではなかった。彼にとって風俗は「理念が生活の水準において肉体化」されたものであり、したがって「風俗の描写」とは「倫理の規範（norm）と心情が分離、相克する時代の不安と動揺」を描くことだった。その規範と心情の分離は風俗の目眩めく混乱と動揺として現れ、小説は空虚と不安とで埋め尽くされた日常生活の描写、とくに知識階級の内面描写へと進んでいく。金南天の転向小説の主人公である李観亨《イグァニョン》はそうした現実に言葉にできない疲労と倦怠を感じ、無気力な日々を送っている若い知識人なのだが、彼は絡まりねじれた植民地近代の姿を以下のように表現する。

　私たちは二階では洋食を食べ、下の階に下りてきてはカクトゥギをつまむ、そんな人々です。

またそれほどまで、行き着くところまで行き着き、みな倦怠と疲労を経験しています。(27)

一九三〇～四〇年代、植民地朝鮮の日常となっている西洋モード化した生活現場とそれが引き起こすさまざまな不調和が金南天の小説の重要なテーマだ。本章の主題と関連して注目すべきことは、西洋式生活習慣との気まずい不調和を自覚し表現する植民地知識人たちが、自らを「東洋人」として表象していることだ。例えば、主人公の李観亨は小説家ヘンリー・ジェイムズを研究する自分を指し「東方の青年」と自称し、彼の弟の李観国《イグァングク》は小説のある場面で「我ら東洋人」と自らを称することで座中をリードする指導的位置に立ちもする。(28)

植民地朝鮮の知識社会に「近代の超克」論が及ぼした最も強力で明らかな影響として、おそらく、この「東洋（人）／西洋（人）」という二項対立が挙げられるだろう。といっても、近代の超克が論議された時期以前にそうした二項対立がなかったという意味ではなく、またそうした二項対立が「近代の超克」論の意図や目標を正確に反映しているとか、受け入れているとかという意味でもない。「西洋／東洋」という二項対立、およびそうした二項対立に根拠を置き、自らを「東洋（人）」として表象する自我構築の方法はこの時期に始まったものだとは必ずしも言えない。ただ、自らを「東洋（人）」として表象することで、自分と同等な一つの他者としての「西洋（人）」を認識する新たな主体、すなわち「新しい朝鮮人＝新しい日本人＝新しい東洋人」という表象を通じ、帝国／植民地の境界を「超克」できるある可能性を夢見る新たな植民－主体の思考が、植民地の知的言説の領域を全面的に掌握する時期は、明らかに中日戦争以降であろうし、とくに「近代の超克」論がそうした主体の形成に強力な刺激を与えたことは確かである。

一方、「近代の超克」論の影響が主に西洋／東洋といった二項対立という形で現れたのは、「近代の超克」論が孕んでいる多様で複雑な、時には散漫な諸論議をきわめて単純化し、さらに俗化したものであるかもしれない。だが重要なことは、植民地の知識社会が帝国から発せられた新たな知的刺激をいかにそのまま受け止めたかということではない。前述したように、中日戦争期の植民地の知的状況は政治的理念の差異を問うことなく、既存の普遍理念と価値とが全面的に崩れ去ったという危機意識と、そうした理念的な空白を埋める新たな構想への欲望に支配されていた。そうした状況において「東洋主義」は混乱と分裂に直面した思想的現実を打開しつつ、「同化」への圧力をやり過ごすことのできる、または「同化」への飛躍から安全に着地できる足場と思われていたことは事実であった。それはまるで河上徹太郎が「近代の超克」を指し、「言葉を一つ投げ出すならば、恐らく皆さんに共通する感じがピンと来る」「一つの符牒[29]」と呼んだ、そうしたものと比肩するに値するものであった。

要するに、この時期の転向マルキストたちにとって、「東洋主義」はマルキシズムの普遍性に取って代わる一つの新たな普遍として機能したのだ。「近代の超克」論が提示した「東洋主義」と「世界史の哲学」は階級革命の全ての実践的行動が挫折した現実において、新たな歴史の構想を提示するものとして映った。例えば、「近代の超克」論を最も積極的に受け入れた転向マルキストの歴史哲学者徐寅植《ソインシク》〔6〕にとって、「東洋主義」は資本主義を止揚した世界史的意義を持った「具体的な普遍原理」として理解されていた[30]。彼にとって、また多くのマルキストたちにとって、そうした世界史的意義を持った普遍的原理はもちろんマルキシズムだけであった。今やそれが消え去った場から向かっていく道はどこだったのか。徐寅植がとくに依拠していた哲学者三木清の語る「事実 matter of fact の世界から形象 image の世界」[31]、すなわち新たな「神話」への飛躍——植民地においてもその飛躍は違えることなく敢行された。そして植民地朝鮮のナショナリストたちとマルキストたちが共に到着したその飛躍の終点こそがまさに〈東洋〉であった。

西欧的モダニティの崩壊とそれに取って代わる新たな世界史的構想の提示という「近代の超克」論の基本的なロジックは以上のように、その時期の朝鮮文学を代表した作家の理論と作品内に深く刻印されているだけでなく、植民地知識人全体に広範囲に滲み込んでいった。それが植民地宗主国から発信されたものであり、それゆえ植民地社会のモダニティとの落差を考慮しない限り、また異なる現実を隠蔽するしかなかったことは、もちろん意識されなかった。「民族的特殊性」を保存しつつ植民地的不均等性を「超克」する新たな「普遍」としての「同化」を選択した被植民者の欲望は、差異を消し去り同質化することを求める国家の声と共鳴していた。

重要なことは消え去った「民族的特殊性」ではない。被植民者を被植民者とする残余としての差異と分裂こそが被植民者を真の解放へと進ませる最後の動力なのだ。「超克」の神話が封印したものはまさにその差異と分裂だった。そうすることで「解放」も封印された。脱植民地社会の大韓民国と朝鮮民主主義人民共和国もやはり依然として「同化」と「超克」への幻想として維持された[32]。そしてそうである限り、私たちの怒り（grudge）は消え去りはしないだろう。なぜなら「支配秩序に対する私たちの怒りは、それが私たちの社会的・性的・人種的アイデンティティを抑圧しただけでなく、結局、とくに重要でもない類のことに、私たちの膨大な関心を浪費させた」[33]からだ。

第五章　「欠如」としての国(文)学――「民族学」＝「国家学」の誕生

一　民族(学)と「トーステッド・ハート」

李光洙《イグァンス》の長篇小説『土』(一九三二年)は「民族(学)」のアイデンティティに関わるきわめて興味深い場面をいろいろと見せてくれる。普成《ボソン》専門学校の英語講師である韓民教《ハンミンギョ》〔韓民族の教師〕は普成学校の学生たちの間だけでなく「市内の中等学校以上の学生たちの間で知る者が多い」朝鮮青年の指導者である。小説は韓民教の家で開かれた「雪の降るある日」の晩の「晩餐会」を事細かに描写している。晩餐会は「益善洞《イッソンドン》の曲がりくねった裏通りにある小さな茅ぶきの家」の「韓先生」の「板の間」で開かれる。

> 本来の部屋は狭く来客が多いため、かなり広い三間四方の板敷き部分に不似合いのガラスの入った仕切り戸を設置して部屋にした。この部屋に出入りする学生たちは韓先生の洋室と呼んでいる。まあ、それなりに洋室だ。朝鮮式の部屋ではないのだから洋室だ。(1)

「家に似つかわしくないほど大きな西洋式デスク」「インク瓶」「筆入れ」「硯」「学生たちが寄付したさまざまな椅子」「石炭ストーブ」などが置かれたこの「洋室」の「机が置かれた前の壁に朝鮮地図が貼られており、机の上にはいつも『三国遺事』『三国史記』といった朝鮮の歴史書やまたは朝鮮人の文集」が置かれていた。「朝鮮というものを熱愛」する韓民教は「毎日必ずたった一ページでも朝鮮に関する何かを読むことを規則としていた」。

朝鮮式茅ぶきの家の板敷き部分をガラス入りの仕切り戸で設置した「洋室」の机、その上に置かれた「寒暖計」が「華氏（F）70度」という外の気温を示して始まったこの日の晩餐会が暗示する〈朝鮮および朝鮮学の風景〉はただ事ではない。客はほとんど学生である。「一番最初に来たのが京城大学文科に通う金相哲《キムサンチョル》だった[2]」。続いて「京城医専、セブランス医専、普成専門、高等商業、高等工業など」の学生たちが来て「梨花《イファ》専門の女学生」たちがやってくる。

「コムタンをつくり、カルビとハツを焼き、白魚の串揚げもつくった」この日の晩餐会の目的は、「スタンフォード大学でAB、プリンストン大学でMAとPh.D[1]」を取得し、「エール大学で神学士の学位」を受けた「李健永《イクウンヨン》博士」と、「普通学校に通ったこともない」が、「すでに三〇余りの発明をし、専売特許権を得」た後、「世界を驚かすほどの大発明、それは未だ秘密だが、ほとんど完成した大発明を進めている」「偉大な発明家」「ユン・ミョンソプ氏」を紹介するためのものだ。

西洋式の什器と朝鮮式の家財道具が混ざった「それなり」の「洋室」で「毎日必ず朝鮮に関する何かを読む」「韓民族の教師」韓民教が主催するこの晩餐会の場面が「民族（学）」としての

りとあらわになる。

「朝鮮（学）」の混種性とその運命を鋭く象徴していることは、これに続く場面でいっそうはっきりとあらわになる。

「久しぶりに朝鮮のディナーを食べます」

と、米国から一〇年余りぶりに帰ってきた李健永はきわめて感激した様子で感謝の挨拶をした。

［中略］

「キムチの味がたぶん朝鮮の食べ物の中ではもっとも朝鮮精神があるでしょう」

と、大学の文科で朝鮮劇を専攻している金相哲がユーモラスなことを言う。

「ブラボー」

と、李博士が英語で叫び、

「全くその通りです。キムチは食べ物の中のナショナルスピリット（民族精神）ということですね」

「キムチは食べ物の中のナショナルスピリット」だという発話には奇妙な屈折が存在する。要するに、この発話は「キムチ」によって象徴されている「民族精神」が、「ナショナルスピリット」という翻訳を媒介することによってのみ、存在することになる事情を最も凝縮して提示しているのである。

いかなる媒介と屈折とを経て「民族（学）」が自己をあらわにするか。この問いが本章の主題である。もう一度右の場面を検討してみよう。「コムタン」「カルビ」「ハツ」「白魚の串揚げ」などが用意された食事が「米国博士」により「朝鮮ディナー」と発話されるとともに、食べ物と民族を結ぶ「民族文化」の想像力が発動する。

「カルビは朝鮮の食べ物の特色でしょ」

と、ある学生が言う。

「カルビを焼いて食う意気込みが朝鮮の人に残された唯一の気力だと誰かがそう言ってましたよ」

「うん、そんな話もあるね」

と、韓先生はカルビをつまむ手を休め、

「英国の人は血の流れるビーフステーキを食べる気力で生きてるんだとさ」

と笑う。

「それなりに食べ物にもそれぞれの国民性が表れるようですね」

と、もう一人の学生が言う。

「日本料理の代表は刺身（魚膾）でしょ。清料理の代表は餃子、西洋料理の代表はなんと言ってもローストチキン（鶏の丸焼き）でしょ」

「ここにはトーステッド・ハート（ハツを焼いたもの）があります。はっはっ」

食べ物と民族を結びつけ、さらに民族の興亡盛衰を診断する(「カルビを焼いて食う意気込みが朝鮮の人に残された唯一の気力」)この想像あるいは表象の構造のなかで、「刺身」「餃子」「ローストチキン」により表象される「それぞれの国民性」に「トーステッド・ハート」を出すこと、そのことにより「民族(学)」は完成されるのであった。繰り返すが、「民族精神」がすでに「ナショナルスピリット」の翻訳であり、その翻訳を媒介にすることによってのみ発話され認知されるものであるなら、民族を代表する「文化」(この席ではハツを焼くこと)は「トーステッド・ハート」と発話されることで、初めて「刺身」「ローストチキン」などと肩を並べることができるのである。「民族(学)」の運命はそうしたものであった。

アイデンティティの自覚は異質なもの(foreignness)との遭遇、他者という鏡を通した反射なしには生じない。キムチの味を「朝鮮精神」と名づける認識が「朝鮮劇」を専攻する京城帝大の卒業生から発話され、それがキムチを「ナショナルスピリット」と認知する「米国博士」により再び確認されるとき、「朝鮮(学)」は「民族(学)」として、そして将来「国家(学)」として〈世界〉と結ばれるということ、「トーステッド・ハート」の象徴性はそこにあった。酒井直樹がつとに「対-形象化の図式(schema of cofiguration)」と命名したこのアイデンティティ形成の方法は、[3]「韓民族の教師」と「青年学生」たちが集まった一九三〇年代の植民地朝鮮の「茅ぶきの家」の「洋室」でもこのように働いていたのである。だが、「民族(学)」に刻まれた根源的な異質性と混種性にもかかわらず、それはある固有かつ純粋な〈精髄《エッセンス》〉を結晶させるものと認識されていた。「西洋式デスク」に「朝鮮地図」を貼り付け『三国遺史』『三国史記』とともに「毎日必ずたった一ページでも朝鮮に関する何かを読むことを規則として」いる韓民教が考える「純朝鮮人」とは、例えば次のようなものだ。

韓先生も順礼《スルレ》〔2〕の父の飾り気のない純朝鮮式の性格に対し多くの好感を持っていた。朝鮮式謙遜、朝鮮式威厳、朝鮮式寛容、朝鮮式自尊心、朝鮮式高尚(泰然たること山のような)――これらのものは近来外の風に吹かれた若い人びとに見出し難いものだと韓先生は考えた。

ところで、きわめて漠然としたこの「純朝鮮式の性格」はすぐこれに続く叙述、すなわち「感情の動きはアルマイトの鍋みたいで、自分だけが分かっていて、愚痴が多く威厳と信頼のない」「日本のメッキ、西洋のメッキの軽率さと性急さ」と対比されることにより具体性を獲得するのだ。したがって、「私立学校なんぞに通う」「田舎出身の平民」である主人公許崇《ホスン》が、「京城帝大法文学部」の卒業生であり「男爵の息子」である金甲鎮《キムカッチン》を手厳しく叱り訓戒を垂れることのできる根拠が、まさにこの「朝鮮(学)」への認識にかかっていたのは当然のことだった。「農業ってのは最低の人種がすること」と言いつつ、農民たちの田植えを「外国の風景」を眺めるかのように見る金甲鎮への許崇の感情は怒りではなく、「甲鎮が朝鮮の事情を知らないこと」への驚きである。次の対話は朝鮮の茅ぶき家屋の「洋室」で確認された「朝鮮(学)」の存在がまさにどのように方向づけられるかを暗示している。

崇は非常に唖然として甲鎮を眺めていたが「君は新聞も雑誌も見ないようだね」と聞いた。「僕が新聞をなんで見ないもんか。大阪朝日、京城日報、国家学会雑誌、中央公論、改造全部見ているのに見ないって。新聞雑誌を見なけりゃ、人間、頑なで使えたもんじゃない」と甲鎮は肩を怒らせた。「そんな新聞ばっかり見ていて、朝鮮の農民が最近草の根、木の皮を食べてる事情がわかるのか。君は朝鮮の新聞雑誌は全く見てないようだね」と崇は驚いていた。「朝鮮の新聞雑誌」と、甲鎮はかえって驚いたように「朝鮮の新聞雑誌を何のために見るんだ。何か見るべきものがあるってか。あんな朝鮮の新聞記者なんか。雑誌なんかをやっている奴らが何を知ってる。そんなものを見るぐらいなら、昼寝でもするね」。崇は唖然とするしかなかった。そして言葉が出てこなかった。［中略］「でも、君の大学にも朝鮮文学科があるじゃないか」と崇は未だ甲鎮をある方向へと引っ張っていこうとする考えを捨てていなかった。

「米国で博士なんかをやってきた人間で、博識な人がどこにいる」、「その博士論文を見たけど、俺たちが普通学校に通っているとき書いた作文と似たり寄ったり」と言う傲慢この上ない甲鎮に対し、「君の目には全てが逆さに映ってるんだ」と手厳しく批判し、「われわれ、新しい教育を受けた者は、何百年間忘れられていた農民と労働大衆の恩恵と価値を深く認識し、彼らのところに行き奉仕活動する決心するのが正しいんじゃないか」と許崇が語ることができたこと、そしてこの「訓戒」に対し、甲鎮がいつもとは違い、口をつぐむしかなかったのは、許崇が「朝鮮の新聞雑誌」を「大阪朝日、京城日報、国家学会雑誌、中央公論、改造」と同列に置くことができたからだ。繰り返すが、「朝鮮の新聞雑誌」を宗主国の有数なメディアと同じ言説秩序のなかに位置づけた瞬間、そのメディアは金甲鎮の意図とは異なり、「朝鮮の事情」を知らせる体系と制度としての位置を占めたのだ。「朝鮮の事情」を知ることは、この対-形象化の図式の下で初めて新しい知識となるのである。そして、それが知識である限り、いくら「米国博士」を軽く見る金甲鎮にしても、その「無知」が露呈する瞬間は、口をつぐむしかないのだ。

そういう意味で、「朝鮮の事情」を知ろうと思うのなら、「朝鮮の新聞雑誌」を見ろと金甲鎮を攻め立てる許崇が「君の大学にも朝鮮文学科があるじゃないか」と述べるのはただ事ではない。「いい大学に入って朝鮮文学を学ぶだなんて、おかしなやつら」だという甲鎮の軽蔑は、事実上その無知をいっそう際立たせる役割をする。これに対比される「朝鮮文学科」への許崇の言及は「日本国家（学）」を媒介にして展開される「朝鮮民族（学）の制度化」という現実を鋭く喚起する。要するに「朝鮮式茅ぶきの家」の「洋室」において繰り広げられる「朝鮮（学）」言説が「赤門」によって象徴される「帝国大学」の「国家（学）」研究室へと移行している一九三〇年代の現実、許崇の発言はこの現実を指していたのである。

二　「民族（学）」と「国家（学）」との角逐――民族の分節化

一九二三年、滙東《ヘドン》書館が出版した安廓《アンファク》[3]の『朝鮮文明史』の一頁目には次のような著書目録が載せられている。

安自山著書目録（○既刊●未刊）

第一部朝鮮文明史……全八冊

●朝鮮民族史考●朝鮮美術史概論●朝鮮学芸史○朝鮮文学史（増訂再版）○朝鮮政治史（朝鮮文／英文）●朝鮮経済史●朝鮮外交史●朝鮮陸海軍史

第二部自山学説集……全八冊

○朝鮮文法（増訂再版）●朝鮮古語考（古語古歌の解）○朝鮮語学原論（三訂）●経言集（純漢文）●平等論（純漢文）○自覚論（附朝鮮哲学史四版）○改造論（四版）●新倫理学（朝鮮文純漢文）

第三部自山文集……全七冊

●世界思想史概論●朝鮮不平史●末世か、新時代か（純漢文）●飯と心●乙素夫（純諺文）●嗚呼世相●自山詩集

第四部政治論……全二〇冊

●興亡論●朝鮮人の政治的思想（英文）●我生活●学者及び政治家●英雄と志士●国民読本（純漢文）●新民論（純諺文）●政治と民衆●政客の生活●政治と道徳と罪悪●外交論●万国外交政策●戦争論●軍事談●朝鮮経済実談●国家財政論●拓植会社（英文）●世界自治制調査●各国の政党及び議会●世界総督政治の調査（日本文）

以上四三冊

右に見るように、一九二三年現在、安廓は六冊の朝鮮学関連著書を刊行し、計四三冊に至る著書の執筆計画を持っていた。この計画は達成されなかったが、一九四六年に亡くなるまで、彼は朝鮮の文学、語学、美術、音楽、歴史、哲学、政治学などに関する六冊の著書と一六四篇の論文を残している。(4)『朝鮮語学原論』を通して周時経などのハングル研究者たちと鋭く対立し、訓民正音創製の原理を朝鮮の古楽譜表記表に求め、李王職雅楽部の嘱託として楽書編纂に従事するなか、朝鮮音楽の原理を究明するなど、彼の「朝鮮学」が達成した成果(5)は後にも先にもないものと言っても過言ではない。

本章でのわれわれの関心は、この全ての「自己知（self-knowledge）」がいかにして生まれたのか、言い換えれば、「われらの近代国学の開拓者」(6)の自己認識はいかなる知的編成の内でつくられたかということだ。安廓の『朝鮮文明史』第一章第一節の次のような言及は、「朝鮮（学）」の胎動が西欧的モデルを「普遍」として位置づけ、そこに映し出された自分自身を「特殊」として方向づけする、酒井直樹が言う普遍と特殊の相互補完的な機能(7)の一つの典型的な例であることをよく示している。

朝鮮の自治制度は檀君建国時代からあるもので、希臘〔ギリシャ〕政治と同じものであり、東洋での先進または独特な生活である。また法制文化について言ってもスパ〔ル〕タの憲法のように固定性があったとしても、落ちこぼれたとは言えず、羅馬〔ローマ〕政治のように変化が遅々たるものであったとしても、退歩とは言い得ない。(8)

「檀君建国時代」を「希臘政治」のような「自治制度」と比較し、それを「東洋での先進」または「独特な」ものとして認識しつつ、その「法制」を「スパルタ」や「ローマ」と比較する想像力の構造が生まれる以前には「朝鮮（学）」は誕生不可能だったという事情を、右の文章ははっきりと示している。繰り返すが、「朝鮮」の「文明／政治／文化／思想／法律／歴史／音楽／美術」は、それを「文明／政治／文化／思想／法律／歴史／音楽／美術」と定義する概念の媒介を経た後に初めて存在するものなのだ。また、この概念は、もちろん「帝国」からやってきた。「帝国＝国家（学）」の知的編成のなかでだけ存在可能な「朝鮮（学）」の運命は、その「朝鮮（学）」の存在方式をめぐって互いに葛藤・対立する「朝鮮（学）」の「開拓者」の間でもいまだ意識されていなかった。(9) 明治の日本の自国史がパリ万国博覧会（一八七八年）の開催を契機に叙述され、「アジアは一つ」であることを滔々と宣布する岡倉天心の日本美術史研究が、実はヨーロッパという鏡に映った自画像を確認することにほかならなかったのであれば、「檀君建国時代」

の「自治制度」を「希臘政治」に照らして朝鮮「五千年の歴史」を、「上古／中古／近古／近世」とに区分し、「朝鮮美術史」「朝鮮外交史」などを企画するこの知的欲望が踏みしめている大地の姿がいかなるものであるかは、十分推察できる。要するに、それは（明治日本国家がそうであったように）「刺身」「ローストチキン」により代表される「万国公法」という大地の上に、「トーステッド・ハート」を手にして立つこと、まさにそれであった。

事情がこうである以上、周時経、金科奉《キムトゥボン》[4]などの「語文研究」、崔南善《チェナムソン》の「朝鮮史」、安廓、鄭寅《チョンイン》普《ボ》[5]、申采浩《シンチェホ》[6]などの「国粋」、李光洙の「民族改造論」といった「朝鮮（学）」がそれぞれの偏差と個性にもかかわらず、「帝国」を経由した近代的学の体系の「普遍」という媒介を通して自らを定立していったのは、とくに驚くべきことではない。これらの「民族（学）」は一九世紀末から一九二〇年代初めまで互いに「競争」あるいは「角逐」していた。そしてこの競争での勝敗は（学問の歴史がそうであるように）学問内的というよりは、学問外的なものにより決定されるものであった。繰り返すが、それはこの角逐において、誰が近代的学の体系を制度として確立するかにかかっていた。

「京城帝国大学法文学部朝鮮語及朝鮮文学」専攻の存在は、まさにここにおいて、その問題性をあらわにするのだ。その背後には〈国家〉があった。この「帝国大学」は、「内地の帝国大学」にはない「朝鮮語文学」を「「国民」による「国民」を対象とする「国語（＝日本語）」で発話される新しい学問」と定義した。[10] そうしたことで「朝鮮（学）」は「国家（学）」の制度のなかに一つの「地方（学）」として、「朝鮮語」は「国語」ではなく「地方語」として規定された。朝鮮語文学科は既存の民間においてなされた全ての「朝鮮語学術」を排除することにより成立したのだが[11]、それは今から「朝鮮（学）」は「国家（学）」の編成内に位置づけられることにより存立しうることを意味するものであった。

だが、振り返ってみれば、「民族（学）」としての「朝鮮（学）」は初めから「国家（学）」ではなかった。それは「国家（学）」と出会うことのない、不在あるいは欠如の形で存在していた。植民地下においてその欠如が満たされる方法はない。「日本国家（学）」を媒介とする「朝鮮（学）」の制度化、それ以外にはいかなる方法もないということ、京城帝大朝鮮語文学科の登場はそのことを明らかにするものであった。と同時に、それは角逐していた全ての既存の「民族（学）」の上に「制度化された朝鮮（学）」、すなわち「新しい民族（学）」の優位を宣言するものであった[12]。「新しい民族（学）」は京城大学の編制内で帝国の「国家（学）」を支える一つの要素としてその地位を占めた。「沖縄」「台湾」「北海道」研究と同じ次元において「朝鮮（学）」は帝国の「多民族主義」を保証する「国家（学）」の一つの構成分子となったのだ。

「朝鮮（学）」が帝国の「国家（学）」の一つの構成要素としてその位置を占めることにより明らかになったことは、「国家（学）」の保護と育成および統制の下に「民族（学）」が存在するということだった。「国家（学）」となることができない「朝鮮（学）」において帝国の「国家（学）」は最も強力な保護者でありながら監視者であり、と同時に競争者となった。そのため今や「民族（学）」は「国家（学）」と競争、協力、妥協、拮抗などの関係を通してのみ、自らを維持できるものであった。李光洙は京城帝大朝鮮語文学科について次のように書いている。

何年か前、京城帝大朝鮮文学科では朝鮮文学練習用教科書として『撃蒙要訣』[7]を使用していたという。これは朝鮮文学科の主任である某教授の選択であり、最も権威のあるものだと言えるだろう。だが、不幸にして浅見寡聞な私としては『撃蒙要訣』が朝鮮文学だということは、奇想天外の言葉としてしか聞こえない。[13]

日本帝国主義の多民族主義的支配の下での朝鮮民族の自己確立とは、帝国の領土内で民族の「特殊な」領域を分節(articulate)することにより「民族主体」を明瞭(articulate)にすることである。ゆえに、「特殊」としての民族の確立は「普遍」としての帝国を支えることになる。要するに帝国がラングであるなら、民族はパロールなのだ。この領域をめぐり繰り広げられるヘゲモニー闘争、それがいわゆる「民族運動」なのである。崔南善の朝鮮史編修会への参加、「諺文綴字法」と「標準語制定」をめぐる朝鮮語学会と総督府学務局との協力、そしてその協力の結果として確保された朝鮮語学会の公的権威などが全て、こうした文脈の下に置かれていた。結局、分節化を通して確立される民族のアイデンティティは、より根源的な構造、すなわち帝国の存在を不問に付しつつ、その代価として民族の領域の自律性および特殊性が保障されることにより確保されるのである。[14] 京城帝大朝鮮語文学科の教科内容への李光洙の異議申し立てもまたそうした文脈の下にあるのだ。

しかし、「民族(学)」と「国家(学)」とのヘゲモニー争いにおいて、「国家(学)」が絶対的な力の優位にあることは言うまでもない。民族領域の分節化という実践のなかで繰り広げられる

「民族（学）」と「国家（学）」との間の角逐、競合、協力、妥協などが、いわば実際の植民地「民族運動」を構成するものだとするとき、「民族（学）」は決して「国家（学）」に到達しえない。本章の初めに引用した李光洙の長編小説『土』の以下の場面は、「民族（学）」と「国家（学）」との間の優劣関係が、しばしば実際にいかなる結果を生み出すかを示している。故郷のサリョウルで農村運動を繰り広げていた弁護士の許崇が殺人の濡れ衣を着せられた状況で、日本人の駐在所長の尋問を受ける場面である。

「一体なんでお前はここに来たんだ」

と、所長は話題を変える。

「一生懸命苦学して弁護士にまでなって、どうしたわけでこの田舎の片隅にやってきて埋もれているんだってことさ」

「サリョウルは私の故郷だから、故郷のために少し役に立てるかと思って来ている」

［中略］

「字も知らない人に字も教えてやり、組合をつくって生産、販売、消費も合理化して、衛生思想も普及して生活改善もし、だから、少しでも今よりましな生活ができるようにしてみようってことさ」

「何か他の目的があるんじゃないのか。今そんなことは当局でもみんなやっていることなのに、お前がそんなことをするというのは当局がすることに対し不満を持っていて、当局に

反抗しようってんじゃないのか」　［傍点は引用者］

「当局でもみんなやっていること」を民族の名をもって自ら進んで行う許崇の行為は「国家の計画とは別に農民たちを民族的に専有するための実践である」[15]。日本人駐在所長（国家）の立場から見るとき、許崇（民族）の行為は理解も容認もできないことである。要するに、「「国家」は競争者という意味においてのみ「民族」の「敵」であった。民族と国家は競争することで出会った」[16]。だが、「民族」と「国家」との競合において「民族」が「国家」を追い越すことは決して容認されなかった。「国家」への恒常的な協力姿勢にもかかわらず、李光洙が「修養同友会事件」[8]で投獄されたこと、さらに植民地下で多くの「民族運動」が受けた「弾圧」は、実はその追い越しを許さない国家側の対応であった。そして追い越しが許されない限り、「民族（学）」はいつも欠如であるしかなかった。

「朝鮮学」の場合、「京城帝大朝鮮語文学科」の設置は、先に述べたように、既存の「民族（学）」間での競合を終息させ「国家（学）」の制度により支えられる「新しい民族（学）」の地位を確保するものであった。しかし、同時にそれは「帝国（＝国家）」のアカデミズム内で「国文学（＝日本文学）」の下位範疇として存在することでもあった。繰り返すが、「朝鮮（学）」が「国家（学）」の欠如態として存在する現実は、京城帝大の創設とともに完全に一つの制度となったのだ。

三　「民族（学）」と「国家（学）」の合体――起源の消去

一九四五年八月一五日を予想し、準備できていた者は誰もいなかった。「民族」を枠づけ、その領域を割り当てた構造としての〈国家〉は瞬時にして消え去った。「民族（学）」の将来はここにおいて再び問題となった。一九四八年、「大韓民国政府樹立の慶祝日である八月十五日の八日後」に書かれた趙潤済《チェユンジェ》[9]の『国文学史』初版の序文は、以後全ての「国文学徒」の歩む道を指し示す羅針盤のようなものであった。

ああ、八月十五日！　ついに我々の解放の日はやって来た。三千里江山津々浦々で力強く叫ぶ万歳の声は地球の地軸を揺るがした。

［中略］

暴虐なる三十六年の倭政は我々の国語を抹殺しようとし、我々の文化を踏みつけ粉々にし失くそうとした。そうしたおどろおどろしい圧制の下で苦しんできた我々が、そして私がどうやって今日、我々の国語で我々の国文学史を我々の大学講堂で講義するなどと予想したろうか。

［中略］

私の二十余年の学究生活は私にとって一つの民族独立運動だった。私の運動がある程度成熟し民族が解放され、軍政・過渡時代に私の成果をおおむね整理・修撰し、今や輝く大韓民国政府樹立と同時にこの国文学史を世に公刊する。

京城帝大朝鮮語文学科の第一期卒業生である趙潤済が解放以後、個人の著書として真っ先に『国文学史』を上梓したということは注目に値する。手短に言えば、「朝鮮文学（史）」を「国文学（史）」へと還元できる感覚、あるいは〈記憶の再配置〉において彼は人とは違う姿を見せたのである。このことは同じ京城帝大の卒業生である金思燁《キムサファ》（一〇期）と李明善《イミョンソン》（一二期）とが一九四八年に『朝鮮文学史』を上梓し、それを「国文学史」と命名できなかったこととよい対照をなしている。朴光賢《パクグァンヒョン》の指摘によれば、それは彼らが持っていた「国文学史＝日本文学史という記憶のためであった」[17]。「日本国家（学）」を媒介にして展開された「朝鮮民族（学）」という直前の過去の記憶を他のやり方で再構成しなければならなかったこと、これが脱植民地社会が直面した「民族（学）」の課題であったことをこの事実は示している。

そうした異なるやり方での再構成、すなわち〈記憶の再配置〉はいかになされたのか。二つのレベルでの想像力の操作がそこに介入している。一つは「現在の国家（大韓民国）」を終着地とする単一で有機的な〈生命体〉としての「民族の物語」[18]という想像である。「民族」を単一の有機的な生命体と想像することは、もちろん「解放」以降に現れたのではないが、それを「国家」と結びつけることにより「民族と国家の合体」を成就することは植民地では不可能なことであった。二つ目は、こうした民族と国家の「合体」過程で、「日本国家」という起源、あるいはその記憶を消去することであった。趙潤済の『国文学史』はそのことを典型的に示している。「民族（学）」を「国家（学）」へと、「民族語」を「国語」へと還元するためには「民族」の永続性と固有性が保証されることのほかに、その「民族」と「国家」が同一視されるものでなければならない。「単一民族」の起源を「檀君」に求めようと（安廓）、新羅の統一に求めようと（趙潤済）、それが「民族」の有機的連続性を立証しようとする努力であることにとくに違いがないのなら、趙潤済の『国文学史』一頁目での「国文学史は過去の国文学のためにあるものではなく、現在の国文学のために存在するもの」[19]だという主張は、安廓はもちろん、植民地時代のいかなる「民族（学）」も発することのできないものであった。繰り返すが、それは「民族」と「国家」との合体が可能となった一九四八年という時点から、「過去の民族（学）」を「現在の国家（学）」へと遡り、再構成しようとする欲求の表れだったのである。

この過程で趙潤済が「国文学史」を「漢文学と国文学の闘争の歴史」として設定し、「不変の歴史的精神としての民族精神」を文学史叙述の理念としたことは広く知られていることである。では、「近代国民国家を形成する制度の下でイデオロギーと言説の相互作用を通じて生み出された単なる結果であるにもかかわらず、まるで先験的な実体のように変貌する」「形而上学的転倒」[20]にすぎない「民族精神」が「国文学史」の理念となるとき、つい先ほどまで「民族」に枠をはめ、「民族」の領域を割り当ててきた構造としての「日本国家（学）」の存在はどうなるのか。

『国文学史』の最後の章は甲午更張《カボキョンジャン》〔10〕から李光洙、崔南善までを扱う「近代後期文学」として設定されている。しかし、「新小説」（李人稙《イインジク》〔11〕）の「国文学史的位置」、「近代小説の出現」（李光洙）、「新詩の萌動」（崔南善）などを説明しているこの章において、著者が「西洋文学、基督教、天主教などの影響」に言及しているのとは異なり、「日本」の存在はほとんど触れられず、触れてもきわめて抑制されている。第二節「外国文化の摂取」において中国と西洋文化の影響を叙述した後、「日本留学生」の存在にしばらく触れるほかに、実際に日本文学と日本文化の絶対的な影響の下にあった李人稙や李光洙、崔南善を取り上げたくだりでも「日本」の存在はきれいに消されている。それが「民族（学）」の植民地的起源を消し去り、「民族（学）」を「国家（学）」と合体させようとする欲望の表現であることは明白である。例えば一九一〇年代の「新詩」を指し、「韓国の詩文学の飛躍的発展」であり「韓国の詩もこうしてまた、世界文学にその姿をあらわすことになり、これも一つの国文学の世界的発展[21]」だと語るとき、その事実はよりあらわになる。

不必要な誤解を防ぐために言えば、本章の目的は「国（文）学」の起源が「京城帝大」にあったとか、だから「国（文）学」における「日本の影響」を明らかにすることが重要だとか、でなければ「京城帝大」の全ての痕跡をくまなく暴露し、それを「清算」すべきだとか[22]述べることにあるのではない。私は全ての文化の起源をある単一なものへと還元することこそが、植民地主義的暴力にほかならないこと、デリダの挑発的な表現を借りれば、「全ての文化は最初から植民地的」だということを言いたいのである。

「国文学史＝日本文学史」の記憶を「国文学史＝朝鮮（民族）文学史」の記憶で代替するからといって、「国（文）学」に刻まれた植民地が消えるのではもちろんない。だが、「解放」以降、「国（文）学」研究の歴史は、「国（文）学」がその根源において抱えている外挿性、混種性、植民性の痕跡を消し、否認することにあらゆる情熱を傾けてきたものにほかならぬと言っても過言ではないだろう。自らのアイデンティティを歴史的時間の流れの内に求めながら、「植民地」と関連した特定の時期を記憶のなかから消そうとするこの欲求は、例えば一九五二年、避難先の釜山で結成された「国語国文学会」の学会誌『国語国文学』創刊号でも以下のように表現されている。

国語国文学が学的対象として科学的方法により研究され始めたのは最近のことに属する。新文明の発端となった甲午更張以後、国語国文学は多くの先覚者たちの愛国の心の余憤として愛族の情の発露として研究され、解放以後はこの方面の研究に心を尽くす幾人かの学者たちの真摯な努力の結果としてその学的業績はきわめて多いところがあり、国語国文学は日就月将し［後略］[23]

「国語国文学が学的対象として科学的方法により研究され始めたの」は「最近のこと」という曖昧な表現でもって隠蔽しつつ、一方では「甲午更張」と「解放以後」を結ぶ〈記憶の再配置〉を通じ「国語国文学」の歴史が誕生したのである。したがって、今や「民族（学）＝国家（学）」の任務は新たに想像されたこの「民族（学）＝国家（学）」の骨格のなかに、新たな「固有性」と「特殊性」の内容を満たすこと、例えば〈最も民族的なものが最も世界的なものであること〉を立証することになった。だが、それが「キムチ」を「ナショナルスピリット」と発話し、「刺身」

や「ローストチキン」の〈世界〉に「トーステッド・ハート」を提出する類いの繰り返しにすぎないことであることは、依然として意識されてはいなかった。そして、そうである限り、「民族（学）＝国家（学）」の「植民性」は永遠に継続するものだった。

第六章　愛国と売国——われわれの自画像

一　問題提起

A

李　泰俊：一寸秋田先生にお伺ひしますが先刻朝鮮語で書いても内地語で書いても結構だと云はれましたが、我々の身としては重大なことですから、本論とは違ひますが、質問致します。内地の先輩の方では吾々朝鮮の作家に朝鮮語で書くことを心より希望してゐますか、或は内地文で書くことをより以上に希望してゐますか？

秋田雨雀：吾々作家の要望、それから大衆の要望として、詰り対照《(ママ)》を大衆に置く作家としては内地語がよいと思います。

村山知義：朝鮮の文学を少しでも多く人に読んで貰ひ、反響を得るには朝鮮語で書いたのでは読者が少いから反響が少いと思ふ。矢張り朝鮮の方でも実際では国語が普及したから大勢に判らせようと思ふならば内地語で書いた方が広く読まれることになると思ふから、内地語の方がよいですね。

〔中略〕

李　泰俊：ものを表現する場合に内地語で的確にその内容を説明することが出来ないやうに考へられるからぢやないかと思ひます。それは吾々独自の文化を表現する場合の味は朝鮮語でなければ出来ないとこがあります。それを内地語でもつて表現するとその内容が内地化して終るやうな気がするのです。全くさうなるのです。さうすると朝鮮独自の文化がなくなると思ふのです。

林　房雄：それは翻訳をすればよいのです。

〔中略〕

林　房雄：英国がアイルランドに執つた政策はどうであつたか。しかもアイルランド文学はあるのです。もう吾々はかうして諸君と座談会をやつても意味が通ずるやうになり、吾々と同じやうに坐つて居られる今日、朝鮮語でなければならないとか、内地語に抗してゆくとかいふことは――今日の内地の影響から脱した芸術はなくなつてゐるでせうがね。

金　文輯：自然的傾向はさういふやうになります。

林　和：言葉の芸術がどうも……

林　房雄：アイルランド語を使つた文学があるやうに、決して朝鮮文学もなくなるものではないのだから、さう固執しなくとも宜しいのだ。ただ多くの人々に読んで貰ふために内地語がよいといふのです。

林　房雄：そこです。今から諸君が作品を内地語でどん〳〵書いて貰ひたいのは。その反響は必ずあります。

［中略］

李　泰俊：それが日本文化のため、朝鮮文化のためですか？

林　房雄：世界文化のためです。

兪　鎮午：それはよいと思ふが、朝鮮語でやらなければいかんと思ふ。そこに意見の相違があるのです。

林　房雄：もう朝鮮語は小学校でもなくなつたんでせう。

兪　鎮午：そうですが、朝鮮語は決してなくなりはしません。ただだん〳〵薄くなつて行くんですが……

林　房雄：それはそれでよいんです。ですから朝鮮の作家はどん〳〵内地語で書けばいいんです。そうでないといくら書いたんでも読者がなくなる。なかつたら飯が食へないんです。……(1)

B

だが、事態は諸君の望む通りにはなりません。朝鮮統治は日に日に革められてゆくだけなのだ。既に学校令が変り、警察令も変つた。次にくるものは、義務教育と徴兵令の実施である。

そこで、文人に直接問題になるのは、この義務教育である。今年これが実行されれば、三十年後には朝鮮語の勢力は今日の半分に減退する。更に三十年後には？　アイルランドは三百年にして英語になり、今日ではよほどの山間の住民の間でなければケルト語は聞けんやうになつたといふ。今日に於いては三百年間のことは百年もあれば足りる。

ここで、文人諸氏は益々朝鮮語にかぢりつくであらう。それを私は壮とする。けれども、それと同時に、内地語に進出することも、必ずしも排撃することはないと思ふが何うであらう。(2)

C

李　光　洙：［前略］国民教育が義務となつて、国語が普及され、朝鮮人全体に国語が読めるやうになるのは、早くても二十年、若しくは五十年後になると思ひます。だからと云つて諺文しか読めない人を放つたらかして置くわけには参りません。一時的でも皆国語のわかる朝鮮人が出来るまでは、諺文文学でなければならぬと思ひます。

塩原時三郎：勿論さうなんです。賛成だが、これは余程考へなければならぬ問題だ。一応は並行して進んでいくが、何処かで一本にしようといふときに、どういふ手段を取つたらいいか、といふのが問題だね。

李　光　洙：それは自然に決まるのではないでせうか。
塩原時三郎：さういふやうにも考えられるが、無理することはどんな場合にも考へられない。
李　光　洙：義務教育が設定されてから、少なくとも五十年は駄目です。
塩原時三郎：義務教育であるかどうかわからないが、朝鮮の子供全部が定年に達したら、学校に入れ得るといふ時代は、昭和二十五、六年になるだらうと思ふ。それが七つ八つに入つて仮に五十年として非常に長い。
李　光　洙：その時から計算して、四、五十年ぐらいは諺文ですね。(3)

D

一部の文学者からも、朝鮮の作家も内地語で書くべきではないかといふ意見が出たやうであるが、如上の現実的な理由からそれは実際上至難なことであるのだ。だがそれに対して朝鮮の作家達も、いろいろ誤解をしたり憶測したりする必要はないであらう。寧ろそれは内地の文学者が、朝鮮の作家をも迎え入れようとした雅量の現はれだと理解すべきである。そして又一方心を大局にそそいで考へれば、現実は遥かにわれわれの先を進んでゐることを認めぬ訳に行かない。内地語の徹底化方針も次第に強められてゐるし、近い中に義務教育まで実施されるならば、もっと広い範囲に内地語が普及されることにならう。［中略］その意味で私は朝鮮の作家の中で、内地語で充分書ける人は朝鮮語での述作のかたはら内地文壇にもどしどしいい作品を書き送るべき必要があると考へる。［中略］精神的な真の内鮮一体も文学を通じてのみよく行はれるのである。〔中略〕現在の所朝鮮の作家に出来ない相談をもちかけて、内地語で書けと云ふのは何と云つても無理である。そのかはり朝鮮文学を翻訳するやうな組織を作つて、朝鮮文学が真に朝鮮語で書かれねばならない所以を告示すべきであらう。(4)

一九三八年の第三次朝鮮教育令の改訂とともに植民地朝鮮ではいわゆる「内鮮共学」が実施され、「朝鮮語」は必須科目から外された。一方、日常生活での「国語(日本語)」使用の強要は一九四〇年と四一年にかけて朝鮮語で出された新聞と雑誌が廃刊されるとともにいっそう強化された。右の引用文は、多くの韓国人の記憶のなかで日本の統治の悪辣ぶりを肌に感じさせる最も悪名高い政策の一つとして数えられる朝鮮語への抑圧が、ひときわ進められていたその当時、植民地作家たちがこの事態にいかに反応していたかを見せてくれるいくつかの事例である。

引用文Aの座談会は徐々に強く押し寄せてくる抑圧から、朝鮮語による創作の最後の拠点を確保しようと努める朝鮮文人たちと、すぐにも消え去ってしまう朝鮮語の宿命と日本語による創作を当然なことと考える日本文人たちの高圧的で傲慢な姿勢をはっきりと見せている。この座談会に出席した張赫宙《チャンヒョクチュ》(1)は即刻「朝鮮の知識人に訴ふ」というエッセイを発表したのだが、引用文Bは多くの人々を激怒させた彼のそのエッセイの一部分である。朝鮮において義務教育が実施されれば(結果としては実施されなかった)、一〇〇年以内に朝鮮語は消えるだろうと彼は予想している。であるなら、日本語で書くのも「排撃することはない」というのが彼の考えである。

李光洙《イグァンス》と菊池寛、それに朝鮮総督府学務局長塩原時三郎が出席した引用文Cの座談会は、A

とBから約一年半後に開かれた。「朝鮮人全体に日本語を読めるやうになる」のは「五十年後になる」、それまでは「諺文文学でなければならぬ」という李光洙の主張の真意は、考え方によっては、朝鮮語の急速な廃止へと突っ走っている現実の状況へのある種の戦略と映る。植民地言語政策に関する最高の実権者である総督府学務局長は李光洙の意見に同調するだけでなく、「義務教育」の完全な実現は「昭和二十五、六年」頃と予想している。「その時から計算して、四、五十年ぐらいは諺文ですね」。すなわち、一九九〇年から二〇〇〇年までは朝鮮語を一緒にやらねばならぬ、というのが李光洙の主張だ。彼は本当にその頃には、朝鮮語が消滅するものと予想していたのか、あるいはそうなることを願っていたのか。

Dは張赫宙と共に東京で活動していた金史良《キムサリャン》[2]がCとほぼ同時に発表した、日本語で書かれた「朝鮮文化通信」という文章である。この文で金史良は、「民族語の存続についてとやかく悲観するのは当らない」と述べる。日本語で書けない朝鮮の作家に「内地語で書けと云ふのはなんと云つても無理」とし、朝鮮人作家たちもそのことに「神経質になる」必要はないというのだ。日本語で書ける人は日本語で書き、日本の文壇に作品を発表し、朝鮮語の作品は翻訳して日本に紹介するのが「真の内鮮一体」を達成する道だというのが金史良の主張である。彼のこうした楽観的な見解の根拠がどこにあるのかはよく分からないが、張赫宙と共に朝鮮語と日本語とで同時に創作を進めていた幾人もいない作家のうちの一人だった彼としては、ただ朝鮮語でだけ創作するしかなかった他の多くの作家たちに比べ、相対的に危機感をあまり感じなかったのではないだろうか。

　ともかく、右の事例は帝国の言語が強力な権力を行使する植民地の言語状況において、被植民者の言語で進められる文学が遭遇した苦境とその苦境が頂点に達する時点での朝鮮の作家たちの多様な反応を示している。朝鮮語の存立が危機に立たされる一九三八年以降の朝鮮の文壇の対応と作家たちの態度は詳細に考察する価値のある重要な主題ではあるが、だが今、本章で私が扱おうとするものではない。私は、自ら作家としての経歴を日本語で始め、朝鮮語でも同時に創作していた、右の引用文での二人の作家、すなわち張赫宙と金史良について扱おうと思うのだが、しかし、ここではきわめて制限された主題に焦点を合わせるしかない。本章で私は張赫宙と金史良についての作家論や作品論ではなく、まず〈韓国人[5]が張赫宙と金史良とをどのように読んできたか〉について論議を進めたいと思う。したがって本章は必然的にこの二人に対する研究の史的検討という方法をとることになるのだが、こうした検討を通して私は脱植民地社会の韓国人が張赫宙や金史良のような作家を媒介にして、自らのアイデンティティを形づくってきた特定の方法をあらわにしたいと思う。ある特定の読み方が二人の作家に適用され、その結果が再び韓国人のアイデンティティの確認、あるいは形成に作用したのである。この特定の方法とは「民族的な視角」、あるいは「民族解放的な視角」と言いうるものである。私はこうした観点に立脚した読み方が、われわれが二人の作家から得ることのできる、より豊かな意味を見えなくするだけでなく、帝国と植民地との間の複雑で多層的な文化変容の実態を隠すことにより、帝国主義支配の本質の理解に深刻な障害をもたらすものと考えている。

　したがって、本章では主に「解放」以後、南北韓および日本においてなされた張赫宙と金史良とに対する論議を検討しつつ、それらの論議の問題点を指摘する。そして、それを通じて植民地支配に対する記憶が取捨選択され、組織される方法を示し、最後に張赫宙や金史良という植民地期の二重言語創作作家たちの活動をいかなる文脈において意味づけするべきかを述べたいと思う。

二　朝鮮文学のアイデンティティ――植民地期の張赫宙と金史良

張赫宙、金史良について解放以後の論議を検討する前に、植民地期に彼らがいかに受容されていたかを簡単に見ておく必要がある。張赫宙と金史良の〈問題性〉はただ彼らが朝鮮語と日本語とで同時に創作したところにあるのではない。近代文学草創期の韓国の作家たちは日本留学を通して新しい文学ジャンルとしての「小説」に接し、日本語を通じて西欧文学に関する知識と情報とを摂取した。李光洙が最初の小説を日本語で書いたことや、金東仁《キムドンイン》〔3〕の有名な回顧（「構想は日本語で、執筆は朝鮮語でおこなった」）などは近代朝鮮語の文体形成に日本語がいかに深く関連していたかを示す一つの事例である。繰り返すが、植民地朝鮮の作家が日本語で文を書くことは例外的なことではなく、一九三八年以降、日本語創作が奨励され、または強要された状況においては、多くの作家が日本語で創作したため、張赫宙と金史良との日本語での小説創作がとくに問題となることはなかった。

一九三二年、張赫宙は「餓鬼道」という小説で、雑誌『改造』の懸賞公募に当選した。一部の研究者が指摘しているように、日本の文壇への張赫宙の登場は当時の日本プロレタリア文学の危機的状況と密接に関連していた。すなわち「地主階級と日本帝国主義の搾取に苦しむ朝鮮農民の悲惨な生を告発」した植民地出身作家の作品こそが、日本プロレタリア文学の危機を突破するのに適切なものとして選択されたのである。[6] その一方で張赫宙の小説は日本知識人のエキゾチシズムの産物と解釈されていた。張赫宙の小説が、その拙い日本語にもかかわらず、日本の文壇の注目を受けることができたのは、植民地朝鮮に対する日本の知識人たちのエキゾチシズムのためだという評価は日本と朝鮮において広く共有されていた。また、それは張赫宙についての論議、とくに「「餓鬼道」論の原点」[7]のようなものであった。もちろん張赫宙自身は自らをこのように規定することに強い反発を表していた。

かうして朝鮮といふと、直ちに熊を思ひ出し、琉球と言ふと泡盛と唐辛しか思ひ出さないやうなことと同じ単純さで以て、私の作品が誤り取り扱はれてゐることは、作家の身になつてみるとどんなに淋しいことか知れないのである。[8]

張赫宙のこうした発言は「朝鮮的なもの」=「地方的なもの」への日本の文人たちの強い好奇心が、日本の専門文芸誌に正式に登場した最初の植民地出身作家への関心の背景をなしていたことを示している。その後、張赫宙に次いで金史良（一九三九年）、李殷直《イウンジク》[4]（一九三九年）、金達寿《キムタルス》（一九四〇年）、洪鐘羽《ホンジョンウ》（青木洪《ひろし》）[5]（一九四一年）などの朝鮮人作家が日本の文壇に登場しているが、先に述べたように、これらの作家たちの問題性は、ただ日本語で創作したとか、あるいは二重言語で創作したということ自体にあるのではなく、彼らが植民地朝鮮の文学者をして「朝鮮文学」のアイデンティティに関する広範囲な（あるいは、初めてとも言える）自意識を引き起こしたところにある。『三千里』一九三六年八月号に掲載された「「朝鮮文学の定義」―このように規定したいと思う！」という題目の記事はそのことをよく示している一つの事例である。

朝鮮文学は「A、朝鮮「文」でB、朝鮮「人」がC、朝鮮の人に「読ませる」ために書いたもの」という朝鮮文学の「大体の定説」に対し、この記事は当時の代表的作家一二名の見解を尋ねている。右のCに関連した質問は「朝鮮人に「読ませる」ために書かねばならぬのなら、張赫宙氏が東京文壇に度々発表するあの作品」は「朝鮮文学ではないのか」というものだ。回答者一二名中の一〇名は「朝鮮文学は朝鮮文で書かれねばならぬ」というもので、したがって張赫宙の作品は朝鮮文学となりえないとしている。これらの回答者が朝鮮文学の絶対的な要件としての「朝鮮語」を力を込めて強調しているのは、ある危機感の反映と見られる。興味深いのは、このアンケートの回答者の一人である張赫宙自身も、自分の作品は朝鮮文学に属さないと答えていることである。

さらに興味深いことは、Cに関連した質問の事例として真っ先に張赫宙を挙げていることである。日本語で教育を受け、日本語で読んだり考えたりするのが自然な日常であり、だが、創作は朝鮮語で行っていた植民地朝鮮の作家たちにとって、張赫宙の存在が改めて問題となったのはどういう理由からか。張赫宙は彼ら自身の姿をあらわにする鏡ではなかったのか。繰り返すが、張赫宙の存在は朝鮮語と朝鮮文学をめぐる奇妙かつ困惑する現実、例えば日本文学の一方的な影響の下で成長してきた朝鮮文学の一つの条件、日本語と朝鮮語との間に存在する明らかな権力関係、中央（＝東京）文壇の一つの「支部」としての地方（朝鮮）文壇という位階の存在、そしてそのなかで創作している朝鮮人作家たちのアンビバレンスをそのまま映す鏡ではなかったのか。朝鮮語の存続が徐々に疑問視されていく一九三〇年代後半の現実において、朝鮮語による創作を進めていた朝鮮人の作家たちに、張赫宙という存在は自らの不確実な未来を照らす、ある不吉な表象のように見えたのではないか。張赫宙と朝鮮作家たちとの深刻な不和は彼の存在そのものが、こうした朝鮮文学のアイデンティティと現実について思い起こしたくないある側面を思い起こさせるところから生じたものではないのか。張赫宙の〈問題性〉はまさにここにあるのだろうと、私は考える。だから、張赫宙という存在が照らし出す〈問題性〉は、彼を「朝鮮文学」の範疇から追放することにより解決できるものではなかった。だが、これから考察するように、「解放」以降の韓国社会は張赫宙の存在を消すか、あるいは特定の文脈の下でのみ呼び出すことにより、彼が提起した重要な文学史的諸問題から目を逸らしてしまった。

三　屈辱と抵抗──民族言説の自画像描写

解放直後の金史良

金史良：私としては［中略］朝鮮の真相、われわれの生活感情、こうしたものをリアルに投げかけ訴えるという高い気概と情熱の下で筆を執ったのですが、今になって反省してみるとき、その内容はともかくやはり一つの誤謬を犯したのではないかと考えているのを正直に告白するものです。

李源朝：金史良氏が日本語で筆を執ったことは大きな誤謬を犯したものだと告白なさっていますが、それは非常に良心的で美しいことだと思います。

韓雪野：そうです。日本語で書いた小説の内容においては何ら良心の呵責とならないとしても。日本語で筆を執ったということについては自己反省をしなければならないだろうと考えます。

李泰俊：私は八・一五以前にもっとも脅威を感じたのは文学より文化です。そして文化よりも言語でした。作品とか内容とかは第二、第三のことでした。言葉がなくなる危機だったじゃありませんか。［中略］どこに朝鮮文化を論じる余地がありましたか。

ところでこの点に消極的ではあれ、関心を持たず、かえって朝鮮語抹殺政策に協力し、日本語による作品活動へと転向するというのは民族的に極めて重大な反動であったと思います。だから、私は同じ朝鮮の作家として、最近まで朝鮮語と運命を共にしようとせず、ああやって簡単に日本語に筆を染める人を密かに一番恨んでいました。

〔中略〕

李源朝：検閲を通過するにも日本語で書いたものが有利ではないかと思って書いた人もおり、日本語で書くんなら、いっそ書かないほうがましだと思って筆を持たなかった方もいるのですが、私としてはかえって筆を持たなかったほうが正しかったと思います。だからと言って金史良氏を攻撃しているのではありません。(9)

金南天《キムナムチョン》、李泰俊《イテジュン》、韓雪野《ハンソリャ》〔6〕、李箕永《イギヨン》〔7〕、金史良、李源朝《イウォンジョ》〔8〕、韓暁《ハンヒョ》〔9〕、林和《イムファ》〔10〕などの主に左派の作家と評論家が出席した「文学者の自己批判」という題のこの座談会は、日本帝国主義が韓半島から撤収していった直後の一九四五年一一月にソウルで開かれた。引用文からも分かるように、自己批判の核心は「日本語による創作」に集中した。李泰俊の強硬な発言によれば、日本語で文章を書くということは民族的に「重大な反動」であった。金史良への攻撃ではないという李源朝の言明にもかかわらず、それは実際金史良への攻撃であり、しかも露骨なものと映った。金史良が強く反発したのはもちろんだった。

金史良：絶望的な深みにはまっても希望は必ずあると考えた方々が筆を折った後、それで文化人の良心と作家的な情熱をどこにおいたのですか。ここから問題は展開されると考えます。簡単に分ければ、文化を愛して守る文学者と、またそれでも闘おうとした文学者、この二つの流れ、だが一言で言えば、文化人というのは最も低い抵抗線において二歩退却一歩前進しつつも闘うのが任務だと思います。何をどう書いたのかが論議される問題であって、ちょっと大変になったから、衣食が出てくる仕事でもないから、サッとひきこもり、腕組みして座っていたのがより高い文化人の精神だったと考えるのに私は反対です。誰もが将来の光明を信じた境遇で、もしも筆を表面では折ったが、それでも書斎のなかに机を持って入り、ひたすら創作の筆を執った人がいたなら、われわれはその前で脱帽するしかありません。(10)

この発言の意味ははっきりしている。「書斎のなかに机を持って入り、ひたすら創作の筆を執った」なら「彼の前で脱帽するしか」ない作家はこの場には存在しない。金史良を狙い日本語による創作を「民族的反動」と攻め立てる李泰俊でさえ、実は日本語で文章を書き、戦争協力行為をしたことがある。まして、金史良のように日本語で創作活動はしたが、日本帝国主義との闘争において直接行動に出た作家は誰もいなかった。(11) 金史良は一九四五年五月、北京から汽車に乗り日本軍の封鎖ラインを突破し太行山へと脱出し、朝鮮義勇軍の一員として活動し、「解放」とともに帰国し、この座談会が開かれた一九四五年一一月にはある種の「組織活動」の任務を帯びて平壌からソウルに派遣されてきていたのだ。日本帝国主義との直接闘争の側面においてなら、この場に出席している作家と評論家たちは事実上金史良の前で「脱帽するしか」ないのである。

にもかかわらず、日本語による創作の「誤謬」を真っ先に「告白」するのは金史良であり、他の作家たちはまるで金史良だけ日本語で文章を書いたかのように彼を攻撃する雰囲気を醸し出している。作家としての生涯のほとんど全てを日本語と朝鮮語との二重言語の世界のなかで生き、まさについさっきまで日本語で創作しなければならなかった作家たちの間で、日本語が問題となった瞬間、彼らは約束でもしていたかのように攻撃の矢を金史良に集中したのである。あるスケープゴートを求める性急な「清算」への苛立った欲求が、この場面を支配しているように見える。金史良の「闘争歴」への反応も興味深い。司会者である金南天は「最近ちょっと変わった経験をして延安方面から戻られた金史良氏」と彼を紹介し、金史良自らも自分の経歴を「一つのロマンチシズム」「一つの逃避」と述べている。金史良の言葉は謙遜から出てきたものだとしても、国内の作家たちにとって金史良がどう映っているかは、金南天のこの言葉から十分に推測できる。「戦争期に書斎のなかに机を持って入り、ひたすら創作の筆を執った人がいたなら、われわれはその前で脱帽するしかありません」という金史良の反発に対し、李源朝は「金史良氏のように延安に行った方もおり、商人あるいは鉱山に入っていった方もいるでしょ」という多分におちょくるような調子の発言さえしている。

要するに、金史良の日本語による創作はまた日本語で文章を書いた当時の他の作家たちから「過度に」批判されると同時に、彼の日本帝国主義との闘争歴は「過小」評価されているのである。この「過大評価」と「過小評価」にはそれなりの理由があるようだ。日本語は韓国社会が最も早急に洗い流さねばならない「植民地の残滓」のうちの一つであり、日本語への強烈な拒否感は脱植民地韓国の社会的一体感をなす重要な機制として一貫して機能していた。一方、金史良の三カ月余りの従軍歴は、海外から戻ってきた「独立闘士」が溢れていた当時の状況では「変わった経験」程度以上のものではなかったことは明らかである。金史良の「抵抗」には目を向けず、彼の「日本語」をクローズアップするこの場面こそ、そうした社会的機制が働き始める解放直後の韓国社会の姿をそのままあらわにしているものと見られる。

ところで、それから何十年後に金史良は韓国人にとっては全く反対の観点から脚光を浴び始めた。すなわち、彼の「日本語」は不問に付されると同時に、彼の「抵抗」が最大限クローズアップされ始めたのだ。これからそれを見てみよう。

在日朝鮮人社会における張赫宙と金史良

韓国戦争期に金史良は北韓軍に従軍し、一九五〇年、北韓への後退の途中病死した。張赫宙は日本に残り引き続き作家として活動していた。韓国戦争中、彼もまた韓国に来て戦争の惨状を目撃し、一九五二年『嗚呼朝鮮』という作品を発表している。同じ年に張赫宙は国籍を日本へ変え、「野口赫宙」と改名した。こうして一人は死により、もう一人は国籍変更により韓国社会から忘れられていった。

韓国人にとって張赫宙と金史良はいかに受容されたのか、という本章の主題と関連させて語るとき、まず挙げられる最も大きな特徴は、彼らが長い間忘却されていたということである。「解放」後に出た『親日派群像』（一九四八年）において、張赫宙は「親日派」として挙げられたのだが、彼の名前は他の多くの作家たちの名前のなかで、特に注意を引くほどのものではなかった。一方、金史良の名は、韓国戦争以後、南韓社会で触れることはできなかった。一九八三年に日本で出版された安宇植《アンウシク》の『評伝金史良』によれば、金史良は北韓でも一九五五年に『金史良選集』が出された後、一九八七年まで忘却されていた（政治的理由によるものと推定される）[12]。一九六六年に南韓では林鍾国《イムジョングク》の『親日文学論』が刊行されている。「解放」以降、初めて「親日作家」の名前とその行為を整理することにより、植民地時代の文学研究に大きな衝撃を与えたこの本で、張赫宙と金史良はどちらも「親日作家」として挙げられている。だが、林鍾国の本が出された以降も長い間、いわゆる「親日作家」や「親日文学」への南韓での研究や論議はほとんどなされなかった。韓国語で書いたものであれ、日本語で書いたものであれ、張赫宙と金史良の作品は読まれず、「親日作家」のほかに彼らを説明する言葉はなかった。

　張赫宙と金史良の研究は在日朝鮮人研究者により触発され、その結果が南韓と北韓に流入する形で進められた。在日研究者任展慧《イムジョネ》の「張赫宙論」（一九六五年）は以後の張赫宙と金史良の論議の原型をなす論文であり、この二人の作家に対する多くの韓国人の通念としてのイメージを代弁する論文である。この文の前提は「民族の視点から張赫宙を考え」ることである。この論文において、張赫宙は、「自国の抑圧者に膝を屈した」「植民地根性のみごとな露呈」「これ以上の恥ずべき堕落が、またとあろうか」という「人間性の恐ろしい破壊」を見せた作家として描写されている。張赫宙は「朝鮮農民をとりまく民族的・社会的矛盾を、たじろがずに真正面から追及しようと」した「初期の作品を生みだした文学的母胎を自ら否定」し、「日本文壇での立身出世」のために「民族的矜持を放棄した」作家なのだ。したがって、「在日朝鮮人文学者の戦争責任の追及は、まず、張赫宙から始められねばならない」。この論文は結論部分で張赫宙の作品と「好対照」の作品を書いた金史良に簡略に触れている。「金史良は最後まで、日本帝国主義の前に頭をたれなかった」し、彼の「愛国的姿勢が、一九四五年以後の在日朝鮮人作家のなかに正しくひきつがれ」たと。論文は次のような一文で結ばれている。

一九四五年以前の、張赫宙と金史良の姿は、植民地の文学者における二つの道——屈辱と反抗——を、くっきり浮彫にしたものである。金史良を考える時、自国の抑圧者に膝を屈した張赫宙の転落の軌跡は、よりあざやかにされていく。(13)

この論文の重要性は、張赫宙と金史良のこうした「好対照」、すなわち「屈辱と反抗」という「二つの道」のイメージが二人の作家を説明する方法として、文字通り「くっきり」と提示されているところにある。このように、張赫宙と金史良はいつも比較対象とされてきた。ほとんど例外なしに、金史良は張赫宙を通して示され、張赫宙もまた金史良を通して示される。そうして「変節者」「裏切者」としての張赫宙のイメージと「愛国者」「闘士」としての金史良のイメージは互いが互いを強化する形で固着していく。「変節者」としての張赫宙の姿は「闘士」としての金史良に照らして見るとき、いっそう「くっきり」とし、「闘士」としての金史良の姿は許されざる「変節者」である張赫宙に照らして見るとき、いっそう「くっきり」とする。任展慧の論文は張赫宙と金史良へのそうした理解の方法を最も典型的に見せている事例である。

植民地期を「屈辱／抵抗」の世界としてくっきり二分し、それぞれの領域に適当な人物と思想とを割り当てることで一貫する、大衆に訴える力の非常に大きなこうした説明の方法は在日朝鮮人社会だけでなく、南北韓のいずれにおいても植民地以降の社会的統合を達成するための効果的な言説の一方法として利用されてきた。だが、南北韓双方での民族的アイデンティティを形成するために、張赫宙と金史良が呼び出されるのはまだ遠い先のことであった。張赫宙は「日本の作家」として忘れ去られ、金史良は南韓での「越北作家」としてタブーとされ、北韓でも（たぶん延安派の粛清と関連して）やはりタブーの存在であった。

任展慧の論文以後、二人の作家への在日朝鮮人社会の関心を触発したのは、安宇植の『金史良——その抵抗の生涯』（一九七二年）だと言える。この評伝の出版とともに一九七三年から七四年にかけて全四巻の『金史良全集』が日本で刊行されている。金史良に関する最も忠実な伝記と言えるこの本をリードしている基本的な視角もまた任展慧のそれと大きく違わない。植民地下の朝鮮作家たちに開かれている道は「眉をあげて前へでるか、眼をつぶって絶望するか、へこへこと妥協し「降伏し裏切」るかの三つの道しか」なかったという前提から出発するこの評伝において金史良は「怯えてしまい、自ら恥ずかしげもなくその民族的節操を曲げてしまった」張赫宙、また李光洙《イグァンス》や林和とは異なり「たとえわずかの期間にせよ」「日本統治権力」の朝鮮支配に協力する「挫折の事実」はあったが、「「眉をあげて前」にすすみ、こころざしたる道をつらぬき通し」「「光の中に」でて行った」「数少ない」英雄として描写されている。(14)

張赫宙は一九五二年、自らの国籍変更のために在日朝鮮人たちから受けた暗殺脅迫事件の顛末を「脅迫」(一九五三年)という短篇小説で詳細に描写している。私小説形式のこの小説によれば、張赫宙は朝鮮語を捨てて日本に協力した行為のため、解放直後在日朝鮮人社会から「処断されるべき者」として名指しされ、「帰化申請」以後に暗殺通告状を受け、追われる身になった。小説は「民族から逃げ出し」、田舎の温泉地に身を隠す作家の姿を描写するところで終わっている。(15)「憎悪すべき変節者」としての張赫宙と「「光の中に」でて行った」英雄としての金史良という二つの〈民族的自画像〉の下絵はこうして描かれていた。

浄化vs.聖化――韓国での張赫宙と金史良

安宇植の説明によれば、一九七四年の日本での『金史良全集』刊行は北韓での金史良の「名誉回復」を可能とし、彼の作品集が刊行されることになった。一九八七年、平壌の文芸出版社が刊行した『金史良作品集』は北韓民族主義が金史良をいかなる文脈において呼び出しているかをきわめてよく示している。この選集には解放以後、北韓社会主義の建設と金日成部隊の英雄的な戦闘を描いた「七弦琴」「隊伍は太陽をめざす」「南から来た手紙」といった小説と、韓国戦争での「従軍記」が載せられており、植民地期の小説としては「土城廊」と「光の中に」の二篇が載せられている。この本の解説によれば、「民族的良心と志操を胸深く宿した」金史良は「金日成将軍の偉大なる風貌と不滅の業績、朝鮮人民革命軍の赫々たる勝利と、その世界史的意義を激動的に歌」った「革命的な作家」であり、「日本帝国主義に隷属している我が人民の悲惨な姿」を描き出した「愛国的作家」である。(16)

三〇年以上の忘却を超え、金史良は北韓民族主義の政治的要請により、このようにして呼び出された。この政治的要請が、一方では極度の反日感情と血縁的種族感情に支配されていることは、小説「光の中に」への次のような解説によく表れている。解説者は、この小説のなかに「朝鮮人民の悲惨な姿が描かれていることは否定できないが、朝鮮民族の悲痛な運命を見事に織り込んだ作品ではない」と批判している。

この作品の限界は混血児である春雄少年の問題を作品の主題として設定しているところに表れている。こうした主題設定によっては悲痛な朝鮮民族の運命をうまく織り込むことはできない。なぜなら悲痛な朝鮮民族の運命という問題は、日本帝国主義に抑圧され搾取される朝鮮の人々の問題であり、春雄のような混血児についての問題ではないからだ。(17)

この暴力的な人種主義は南韓の民族言説でもそのまま繰り返されていた。一九八九年に南韓のある出版社は、金史良の作品集を『駑馬万里』という書名で出版した。当時の南韓では〈北韓を正しく知ろう〉というキャンペーンが繰り広げられていた。北韓の書籍が輸入され普及し始めていたが、それらのほとんどは、通常の出版界の慣行によらず出版されたため、テクストの基本的な情報はまったく分からないものであった。金史良作品集の南韓での出版もまたそうであった。金史良の延安への脱出記録である「駑馬万里」をはじめ、朝鮮語で書かれた長篇小説「落照」、その他「土城廊」「光の中に」「留置場であった男」「チギミ」「七弦琴」などを収録したこの本もまた、原典や出典に関するいかなる情報も与えられていないが、「解説」での以下のような文から見て、この本が一九八七年に平壌で出版された『金史良作品集』を原本としていることが推察できる。

だが、今私たちはこの作品を読みながら、それほど切実な感動を受けることができない。それはこの「光の中に」が日本帝国の植民治下における朝鮮民族問題の核心から外れているからだ。悲痛な朝鮮民族の運命という問題は日本帝国主義に抑圧され搾取されている朝鮮の人々の問題であって、春雄のような混血児の問題ではない。(18)

原本が何であっても、おそらく「解放」以後南韓において初めて出版された金史良作品集であるこの本での基本的視角もまた、これまで見てきたものと少しも違わない。「愛国／売国」「屈従／抵抗」「民族／反民族」といった二分法が作家と作品とを評価する最終審級なのである。(19)

一方、金史良の作品集刊行の三年前の一九八六年に全二巻の『親日文学作品選集』がソウルで刊行された。(20) この選集は総計三六人の作家の「親日」小説、詩、戯曲、評論、随筆、紀行文など一一六篇を収録したもので、「解放」以後最も幅広く収集された「親日文学選集」であろうこの本の張赫宙の項には小説「新しい出発」一篇のみが掲載されている。李光洙、崔南善《チェナムソン》、金東仁、崔載瑞《チェジェソ》などよく知られた「親日」文人たちの名前と、平均四、五篇ずつ収録された彼らの「親日」作品のなかで、張赫宙はとくに読者の視線を引くことはなかったであろう。繰り返すが、張赫宙は依然として忘却された存在、あるいは「親日文学」を言挙げする場にチラッとその名前が出る程度のものとして記憶されていた。

屈従と抵抗という「鮮明な」二つの世界を基準として張赫宙と金史良とを説明する方法は二〇〇三年、ソウルで刊行されたもう一つの選集においていっそう「くっきり」と表現されていた。日帝末の戦争期に朝鮮人作家たちが書いた日本語小説を翻訳・編集したこの選集は『植民主義と協力』『植民主義と非協力の抵抗』というタイトルの二冊により構成されている。「協力」に属する作家は、李光洙、崔貞熙《チェジョンヒ》[11]、李石薫《イソッフン》[12]、鄭人澤《チョンインテク》[13]、張赫宙であり、「抵抗」に属する作家は韓雪野、任淳得《イムスントゥク》[14]、金南天、金史良である。だが、「協力」と「抵抗」という二つの世界が「くっきり」しているのに比べ、「協力」と「抵抗」の定義、それを分ける基準などは決して「くっきり」していない。これらの作家と作品との「協力」と「抵抗」とを分ける基準が何なのか、「協力」と「抵抗」をどう定義できるのかについて、この選集は何ら説明をしていない[21]。

ともかく、張赫宙と金史良は長い忘却の時を経て、そして限られた研究でのこうした同一形態の繰り返しを通じ、「民族叛逆者」と「民族解放の闘士」として固定されてきた。それは在日朝鮮人を含む脱植民地社会の韓国人が新しい民族的アイデンティティを形成し確認する過程において必然的に現れた方法であったのだろう。張赫宙があらわにした〈闇〉に目は向けられず、回避され、彼の名は韓国社会では完全に忘れ去られてしまった。と同時に金史良が表象する〈明るさ〉は大きくクローズアップされ、彼の実像は特定の目的に合わせて調整された。要するに、張赫宙を通して民族は〈浄化〉され、金史良を通して民族は〈聖化〉されるのであった。しかし、果たして民族は〈浄化〉、あるいは〈聖化〉されたのか。それは誰にもわからない。この動員と呼び出しが続く限り、彼らは、そして私たちはいまだ〈解放〉されていないということ、それだけははっきりしている。

四　新しい探索のために

安宇植の『評伝金史良』はきわめて興味深いある場面を紹介している。作家として最も活発に活動していた一九四一年五月、金史良は故郷である平壌にしばらく戻っていたのだが、そのとき満州旅行をしていた作家広津和郎と間宮茂輔と平壌で会い、もてなすことになった。広津和郎はこのときの出会いについて次のように書いている。

私たちは金史良君の友人たちとも一緒に街を散歩し、喫茶店に寄って話をした。その青年たちの日本語は完全な標準語で、テニヲハにも何の誤まりもなければ、ニゴリの発音も甚だ正確であった。

「あなた方はいつ東京に行かれたのですか」と私が訊くと、

「この人たちは一人も日本には行っていません」と金史良君は答えた。

「それにしては、余りに日本語の発音がみごとなので……」

「みんなここにいて覚えたのです」といって金史良君は笑いながら、

「この人たちの英語は日本語より尚うまいですよ。日本には失望しているので、できたらアメリカに渡って英語で小説を書きたいというのがこの人たちの希望です」[22]

よく知られているように、金史良は東京帝国大学でドイツ文学を学んだ。彼はドイツ文学に関する何篇かの論文を発表し、戦争期にドイツ視察団が平壌を訪問したとき、平安道庁からドイツ語通訳の依頼を受け、通訳活動をしたこともあり、そのときドイツ語よりは英語を話すことにこだわったという逸話がある。

一方、張赫宙は自分の日本語による創作の動機を「朝鮮の民族ほど悲惨な民族は世界にもすくないでせう。私はこの実情をどうかして世界に訴えたい」と述べている。一九三二年から一九三七年にかけてエスペラント語に翻訳された『追はれる人々』が単行本としてポーランドで出版され、短編集『少年』がチェコで、またもエスペラント語に翻訳・出版された。中国では『権《ごん》といふ男』、短編集『山霊』が中国語に翻訳・出版された。[23] 完璧な日本語を駆使したいという張赫宙の執念がどれほど強いものであったかは、小説「脅迫」や「異俗の夫」にもよく表れている。張赫宙の外国語への関心とこだわりは一九九一年、彼が八六歳のとき、インドの出版社を通じて『Forlorn Journey（孤独な旅）』という英語長篇小説を出版したことからも推察できる。

右の二つのエピソードは金史良と張赫宙という作家への新しい意味づけの方法を暗示している。例えば、被植民者にとって母国語とは何か。彼にとって植民地宗主国の言語とは何か。同時に彼にとって外国語とは何か。これらのエピソードは被植民者が持つこうした言語的アイデンティティの亀裂と複合的な心理を金史良と張赫宙とが豊かに示してくれるだろうという期待を持たせてくれる。この点に関する限り、この二人の作家を凌駕する他の作家はほとんどいない。植民地下の多くの朝鮮作家たちはつねに朝鮮語の劣等な地位と日本語の圧力に直面していたが、自らの文学的創作を朝鮮語で進めることに何の疑いも持っていなかった。朝鮮語は文学のような感性的な分野に適合したものとしてその位置が割り当てられており、知的で分析的な科学や学問の領域を朝鮮語が担うのは難しいという認識も広く共有されていた。

それに比べて、日本語と朝鮮語との二重言語により創作していた金史良と張赫宙といった作家たちにおいて、母国語の自明性はつねに疑わしいものであった。帝国の言語編成のなかに囚われている被植民地言語の動揺するアイデンティティを、二重言語使用者はその身体で示している。それだけでなく彼らは、帝国の言語もまたつねに揺らいでおり、絶え間なく亀裂の生じた状態に置かれていることを示している。被植民者が帝国の言語を使用するなかで生じる無数の異化と混淆は、帝国の言語的アイデンティティとその権力とを脅かす要因となる。要するに、帝国の支配下において帝国の言語で発言する被植民者は一種の腹話術師（ventriloquist）である。彼らは〈一つの口で二つの言葉を話す者〉なのだ。このきわどい綱渡りで彼ら自らも分裂、破滅してしまう。だが、同時に彼らの存在そのものが、母語の自然性、国語のアイデンティティ、国民文学の境界に対する鋭い匕首となる。ただ一つの言語だけを語る者、母語の自然性の世界のなかに囚われている者にとって、帝国は視野に入ってこない。帝国の言語を真似（mimicry）する者、自らの言語でない他の言語でもって異なる考えを試みる者において、初めて転覆の可能性が開かれる。植民地の二重言語使用者たちに、われわれはそうした可能性を見ることができるだろう。しかし長い間、韓国文学は、そして韓国人は彼らの二重言語の問題を理解しようとしなかった。彼らの腹話術が帝国の心臓を深く抉る鋭い匕首になる可能性についても考えなかった。ただ一つの言語、独自な国民文学の境界だけが帝国の秩序に抗う唯一の道だという信念は、一度として疑われることはなかった。

また、これらの作家は言語の実体と自明性への疑いを提起する存在であるだけでなく、植民地下での朝鮮文学における、より根本的な諸問題を絶えず考えさせる存在なのだ。例えば、植民地期を通じて、張赫宙と金史良ほど文学を介して〈世界〉と接触しようとする欲望を強く表現した作家はいなかった。ところで、被植民者にとって〈世界＝普遍〉とは何か。他の作家たちが「朝鮮語」に、「地方文学」としての「朝鮮文学」に安住しているとき、彼らは明らかに「世界へ出て行きたい」という欲望を表現していた。もちろん、彼らが〈世界〉を語った瞬間、それは〈世界〉に映った自らの「地方性」を確認することでもありえる。「世界へ出て行きたい」という植民地朝鮮人の叫びは、事実上、世界帝国主義の既存秩序、すなわちヨーロッパ（普遍、中央）を梯子の頂点とした世界各地の位階秩序をもう一度確認することにすぎなかったのかもしれない。張赫宙と金史良がそうした限界を抜け出したという証拠はない。しかし、植民地作家である二人がそうした欲望を表現したことにより、われわれは、世界のこうした構造そのものに考えを致すことができる。それだけでも彼らの存在と文学を意味づけする理由として十分であろう。(24)

第七章　日帝の清算――「私たちは安泰に過ごしている」

「排日は完璧だ」

一九六六年、詩人金《キム》洙《ス》暎《ヨン》〔1〕は次のような文を書いた。まず、その文の一節を見てみよう。

私が本当に企んでいるのは沈黙だ。この沈黙を守るためなら、いかなる犠牲を払ってもいい。あなたの迫害を甘受するのももちろんこのためだ。だがあなたは近視眼なので、私の真の志が沈黙であることが分からない。あなたは思う存分私が日本語で書くことを誹謗するだろう。親日派だと、ジャーナリズムの敵だと。しばらく前に、小山いと子が来たときも、韓国の雑誌は忌避した。与党の雑誌は野党と学生デモのことが恐くて、野党は党としての大義名分を守るために。〔中略〕こうして排日は完璧なのだ。無駄口はやめよう。私が日本語で書くのはそうした教訓的な名分もあることはある。あなたの誹謗を引き出すためでもある。だが、人気のためではない。どうだ。あなたの気勢を制したんじゃないか。今や、あなたは日本語を使えないだろう。私の後に使うことになるから。だが、あなたに多少の機会を残しておいてやるため、わざと私は下手な日本語を書くぐらいのところでやめておこう。ともかく、私は解放後二〇年ぶりに翻訳の労を省いた文章を書くことができた。読者よ、私の休息を許せ。(1)

金洙暎は自分の詩の創作過程とその意図を説明する「詩作ノート」をいくつか遺しているが、右の引用文は一九六六年二月、ある文学雑誌に発表された文の一部だ。二つの点においてこの文は衝撃的だ。一つは、この文全体が日本語で書かれているということ。「解放」以降、韓国の作家が韓国の雑誌に日本語で文を書き、寄稿したのはこれが唯一の事例であろう。金洙暎は韓国の戦後文学を代表する詩人であり、韓国の現代文学史において最も多く取り上げられている作家の一人だ。そうした作家が意図して日本語で文を書いて韓国の読者に向けて発表する。衝撃でないはずがない。二つ目は、それにもかかわらず、この文が実際雑誌に発表されるときには韓国語に翻訳されて掲載されたということだ。作家が意図して日本語で書いて送った原稿を、雑誌の編集者が著者の了解を得ずに韓国語に翻訳して出版したのだ。結局、日本語の原文は消失し、金洙暎の意図は実現されなかった。韓国文学史上、後にも先にもない(または、後にも先にもないものとなるところだった)この事件の〈事件性〉はこうして〈死産〉してしまった。何より衝撃的なのは、この〈死産された事件性〉そのものだ。

私には、植民地と「解放」以降を貫く韓国社会のある根深い精神構造、あるいは現代韓国人のある政治的無意識といったものが、この〈死産された事件性〉を通して、その典型的な姿を示しているように思える。その点でこの事件はより深く吟味される必要がある。一九四五年八月一五日、いわゆる「解放」の瞬間に動き始めた新しい民族単一体への欲望と執着とが到達したある地点を、この事件は凝縮して見せているのだ。この欲望と執着の正体は何なのか。そしてその結果は何であったのか。

意図的に日本語で原稿を書き、雑誌社に送った金洙暎の行動がなぜ衝撃的な〈事件〉なのかを理解するには、まず先の引用文における「解放後二〇年ぶりに翻訳の労を省いた文章を書くことができた」というくだりに注目する必要がある。日本語で書く行為を彼は「翻訳の労を省」くことだと語っている。しかも、それが「解放後二〇年ぶり」だと語っているのだ。文章の全体的な語調は、金洙暎のエッセイがほとんどそうであるように、シニカルでありつつ、自信に溢れている。〈日本語で書いた。翻訳しなくてもいいのでとても楽だ。批難する気なら批難してみろ〉という具合だ。ただ外国語で書いたということだけでは何の問題にもならない。だが、その外国語が日本語であったということ、そしてその日本語が金洙暎にとって外国語ではなかったということ、問題はここから始まるのだ。まず、次のような発言に注目してみよう。

A

私は国民学校に入ったその日から自分の国の母語を話しも書きもできない言語の囚人として育たねばならなかった。解放後に初めて「カナタ（가나다）[2]」を学んだ世代だった。[2]

B

その前年までは国民学校でも、いわゆる「朝鮮語」の時間が週二時間ほどは割り当てられていたが、一九四一年から全廃されてしまった。したがってハングルを初めて習得したのは解放後のことだ。はじめ千字文を覚え、続いて日本語教育を学校で受けたので、私の基礎的な言語教育は中国の文字、日本のかな、ハングルという順に進められたことになる。(3)

C

一学期から私たちは全ての科目を日本語で習った。二年生のとき、私たちは九九を日本語で暗記した。私たちは何度もシシジュウロク、シチシチシジュウクなどを繰り返した。私は掛け算をなるほどなと思った。それは品物の値段を計算するのに使い勝手がよかった。私は英語で考え、夢も見るが、数字の掛け算は今も日本語でする。(4)

D

私は自分の弱点を検証し、それを補完するやり方を研究せねばならなかった。最も大きな弱点は、私たちの言葉に拙いことだった。日本帝国統治下で、国民学校四年生まで「朝鮮語」を習っただけで、ほとんどが日本人の中学校で日本語で勉強をしていて「解放」を迎え、正確に私たちの言葉を身につけることが特になかった。軍隊生活の七年間は英語と韓国語を半々ずつ使用するなかで「書く韓国語」を練磨する機会がなかった。(5)

AとBは韓国の戦後文学を代表する評論家である李御寧《イオリョン》〔3〕（一九三四年生まれ）、柳宗鎬《ユジョンホ》〔4〕（一九三五年生まれ）の回顧、Cは慶應義塾大学を卒業し、四八年にアメリカに渡りハーバード大学などで経済学を専攻し、アメリカで教授として活動した崔基一《チェキイル》〔5〕（一九二二年生まれ）の回顧、Dは一九七〇年代、朴正熙政権への反対運動のリーダーの一人だった言論人の李泳禧《イヨンヒ》〔6〕（一九二九年生まれ）の回顧だ。一九二〇～三〇年代に生まれ、植民統治下で育ち、教育を受けたこれらの世代は「解放」になるまで、日本語と朝鮮語の二重言語状況の下で生きた。また、知識人としての高い知識と教養はほとんど全て日本語を通して習得した。

日本帝国が韓半島から退いていったとき、一〇代および二〇代の青年期に至っていたこれらの世代にとって襲いかかってきた最も大きな問題は、ほかでもない「ハングルでの読み書き」だった。日本語を「国語」として習い、教育を受けた彼らにとって、新たに登場した「韓国語」は外国語にほかならなかった。とくに中日戦争以降、いわゆる内鮮一体期の学校教育において「国語（＝日本語）常用化」を強要され、「夢も日本語で見ねばならぬと教えられていたとき」(6)に、小学校に通っていた世代にとってはいっそうそうであった。日本語の世界から韓国語の世界への唐突な移動がもたらした混乱と精神的なトラウマに関する回顧は、この時期を生きた韓国知識人らの文に容易に見出すことができる。

金洙暎にとってもこうした状況はもちろん例外ではない。彼は一九二一年にソウルで生まれ、一九六八年に不慮の交通事故で亡くなるまで、生涯の前半を「日本人」として生きた。彼は日本語と英語に堪能であった半面、新しい「国語」である韓国語に拙かった。一九四六年に発表され

た彼の処女詩「廟庭의 노래（廟庭の歌）」は彼にとって最も馴染みのない言語である韓国語で書かれた。彼は長い間、この処女詩を恥ずかしがっていた。彼は一九六〇年代まで日本語で日記や詩を書き、それを再び韓国語に翻訳する過程を繰り返していた。だが、自分にとって最も馴染みのない拙い言語で文学をしなければならなかった金洙暎と同世代の作家たちのこうした運命の複雑さは、脱植民地の韓国社会において長い間意識されることはなかった。またその複雑さが忘れられたということそれ自体が、現代韓国社会の集団的精神構造の問題をあらわにしているのである。

〈私はこれ以上知らんぷりはしない〉

一九四五年の「解放」直後、韓半島には数多くの政治－社会勢力が登場した。新たな民族国家建設という課題への社会的葛藤は、四八年に南と北にそれぞれ政治的理念を極端に異にする政権が樹立されるまで、熾烈かつ強力に展開されていった。ところで、和解と妥協が全く不可能なほど激烈だったこの時期の理念的混乱の下でも、「日本帝国主義の残滓の清算」というスローガンは全ての政治・社会勢力が共通して掲げた社会的目標だった。理念や目標を極端に異にする政治組織や社会勢力でも、「日本帝国主義の残滓の清算」を彼らが遂行すべき喫緊な課題として設定することにおいては全く差はなかった。要するに「日本帝国主義の残滓の清算」は解放以降、韓国社会における一種の定言命令だった。

また、その定言命令の実行において、最も優先された清算の対象は日本語だった。植民地時代を生きた全ての韓国人の生活と内面とに深く浸み込んだ日本語を洗い流すことこそが、新たな民族国家の「国民」となる必須条件であり、日本語により「汚染された」母国語を「浄化」し、その「純粋さ」を回復することこそが、民族文化建設の先決課題だった。そうして一九四五年八月一五日を起点として、日本語と朝鮮語の位置は正反対に変わった。すなわち、学校や官公署その他の公共領域を支配していた日本語と、家庭や個人生活といった私的領域へと閉じ込められた朝鮮語という韓半島での言語の分割は、八月一五日を起点として日本語と朝鮮語の位置を変えたのみでそのまま維持された。しばらく前まで帝国の「国民」となるための必須条件として強要された日本語は、一日も早く洗い流すべき「滓」であり、古くなった使いでのない廃棄物にすぎなかった朝鮮語は新しい国家建設の礎となった。

「国語」の習得を通じた「国民化プロセス」という観点からは、植民地時代と「解放」以降とが同一のメカニズムを持ったもののように見えるが、後者の場合、それは巨大で長期的な〈記憶の再編成〉を伴うものだったという点において、植民地時代の「国語常用化」政策とはまた違った意味の過酷さを持ったものだった。「日本帝国主義の残滓の清算」という「定言命令」は誰も否定できない絶対的なものであっただけに、自らの身体に奥深く刻まれたその「残滓」を「清算」するということは、当事者たちにとって深刻な精神のねじれを誘発する、また一つの抑圧でしかなかったからだ。要するに、「国語」に関する限り、「清算」の対象はまさに他でもない自分自身だったのだ。この抑圧の重みを最も強く受けていた世代が金洙暎をはじめとする一九二〇～三〇年代生まれだった。

金洙暎と彼の世代の不運は彼らが受けたこうした歴史の抑圧、そしてそこから発生したある精神的ねじれが彼ら自身にも他の人々にも全く認識されなかったところにある。日本語をはじめとする〈日本的なもの〉の痕跡と記憶をきれいに消し去ると同時に、その場を民族の純粋さという神話で代替する作業は、「解放」以降の国家的なプロジェクトとして仮借なしに進められた。自らの起源に刻まれた植民地的混種性と屈折とに正面から向き合う知的勇気は、こうした状況において生じることはなかった。金洙暎が例外的な人物である理由、彼の「詩作ノート」が特別な〈事件〉でありうるのはまさにそこにある。

要するに、金洙暎は当時の韓国社会の最も強烈な禁忌に正面から挑戦しているのだ。「解放」以降、南韓国家は二つの強力な禁忌によりその社会的統合を維持してきた。一つは「共産主義」、もう一つは「日本」だった。世界最大の反共国家韓国において「共産主義」およびそれと関連した一切のものは近づいてはならない絶対的な禁忌の領域だった。その領域は（明らかに「日本帝国主義の残滓」である）反共法や国家保安法といった法律により明示されたものだった。「共産主義」やそれと関連した記憶および言説のなかで許容されるのは、〈悪辣で非人間的な共産主義〉を憎悪し糾弾するときだけだった。したがって、逆説的だが、「反共主義」を通じてのみ「共産主義」は韓国において発話されえたのだった。そのため、強力な禁止命令にもかかわらず、「反共主義」は韓国の政治−社会運動などの公的領域においてしばしば挑戦を受け、揺らいでいた。

もう一つの禁忌、すなわち「日本」と関連したものは、政治や司法を越えた領域にも及んでいた。「日本」やそれと関連した記憶および言説のなかにおいて許容されるのは、〈悪辣で非人間的な日本帝国主義〉を憎悪し、糾弾するときだけであった。それゆえ、逆説的に「排日」や「反日」を通してのみ「日本」は発話されえた。それは法律で明示されたものではなかった。すなわち、〈日本的なもの〉を記憶し、発話することを禁止する法律はなかった。だが、「解放」以降、最初に刊行された趙潤済《チョユンジェ》の『国文学史』（一九四八年）が明らかに示しているように、[7]植民地の痕跡を民族的同一性という神話のなかできれいに削除しようとする集団的な欲望は、政治や法律の領域を越え、全ての社会的領域に網の目のように張りめぐらされている。いかなる法律的規制もないにもかかわらず、「反日」「排日」は「反共主義」をはるかに凌駕する威力を持っている。

禁忌の凶々しさは、守られることによってではなく、違反されることにより実現される。憎悪と糾弾のみが許容される公的領域とは異なり、私的領域において日常的に進められる禁忌の違反は、「反日」の場合とくにひどかった。金洙暎は日記と詩を日本語で書き韓国語に翻訳する過程を継続していたのだが、これは彼だけのことではなかった。私の父と母もまた、植民地期に小学校を卒業した人だったので、私は元旦《ソルナル》や秋夕《チュソク》のとき、わが家に集まった親戚たちが日本の流行歌を歌い楽しんでいたこと、彼らが日帝時代の創氏名で互いに呼び合っていたこと、父と母がときたま子供たちに聞かせたくない秘密めかした話を、あるいは互いに言い争うとき、日本語で対話を交わしていたことを鮮明に覚えている。だが、私は二人が家以外の空間では絶対にそうしないことをよく知っていた。

要するに、自らに血肉化された植民地の言語と記憶が公的な空間において発話されないように、〈知らんぷりをして生きねばならなかったこと〉が金洙暎と彼の世代が守らねばならぬ禁忌の内容だった。言い換えれば、それは〈夢も日本語で見ろ〉という命令の下で生きた人々がある日突然〈夢でも日本語を話すな〉という命令の下で生きる凶々しさを堪えねばならなかったことを意味している。この〈知らんぷり〉を二〇年以上持続してきたある日、金洙暎は突然〈私はこれ以上知らんぷりはしない〉と宣言したのだ。これは現代韓国の歴史において後にも先にもない宣言だ。「あなたは思う存分私が日本語で書くことを誹謗するだろう」と彼は語る。日本語で書いたということは彼にとって重要な問題ではないのだ。与党も野党も一致団結して「完璧」な状態に至った「排日」、その偽善と虚構、その〈知らんぷり〉をやめると語るために、彼は自らの身体に刻まれた起源としての日本語をあらわにして見せているのだ。

金洙暎と彼の世代に張りめぐらされた禁忌の凶々しさ、その抑圧の重さを理解できるだけの想像力は、当時も今も見出しがたい。雑誌の編集者は、その意図が何であったにせよ、日本語で書かれた原稿を韓国語に翻訳して掲載した。だからといって、もっぱら編集者を批難するのではない。彼の文が日本語で発表された場合に惹起される騒乱と物議を出版社側としては担いきれなかったことを考えれば、編集者の措置は十分理解できることでもある。だが、この事件こそが「植民地の記憶」を民族国家の純粋さという神話のなかに封印し、「民族主体」の起源に刻まれた「汚染」と「混種」の痕跡を急いで消し、粉飾する脱植民地社会の集団的自己欺瞞を一目で見せてくれる事例だ。

金洙暎の場合がいかに例外的であるかを説明するために、ここで同世代の異なる二人の文人の例を挙げてみるとしよう。ちょうど、金洙暎の文が発表された同じ年に「植民地の記憶」と関連した重要な著書である評論家林鍾国《イムジョングク》(一九二九年生まれ)の『親日文学論』が出版された(8)。この本は「解放」以降、韓国社会の長い禁忌であった「親日派」問題を正面から取り上げつつ、日本帝国の植民地統治に協力した文学者たちの履歴と活動を暴露することにより、大きな社会的衝撃を引き起こした。禁忌への挑戦という点から、この本は金洙暎の文と同じ文脈上にあるもののように見える。「解放」以降、二〇年以上韓国社会を支配している集団的自己欺瞞の虚偽を告発しつつ、「植民地の記憶」を公的言説空間へと引き出そうとしていることからも、金洙暎と林鍾国はどちらも同一の目標を持っていたかのように見える。

だが、実は金洙暎と林鍾国の挑戦は全く異なる方向に向かっていた。林鍾国の『親日文学論』は「汚染された民族精気の回復のために親日派の罪状を暴露し、断罪する」という観点の上に立っているものであった。「親日派」の「許されない罪悪」は「彼らが仕えた祖国が日本だった」ということだけにあり、彼らが「国家主義文学理論を主張したこと」そのものは「韓国の国民文学を樹立するために我々が注目すべき点」だというのが彼の主張であった。林鍾国の『親日文学論』は韓国社会の長い禁忌であった「親日派」問題の封印を解く一方、それを再び民族の純粋さ、国家の全体性という理念へと回収するものだった。言い換えれば、それは禁忌に挑戦しつつ禁忌をよりいっそう強化するべく作用したのだ。金洙暎の試みはそれとは全く異なる方向に向かっている。彼はまさに、(林鍾国の『親日文学論』も含め)その「完璧」な状態に至った「排日」を問題としているのだ。

もう一つの事例は、韓国の戦後文学を代表する小説家である李浩哲《イホチョル》[7](一九三二年生まれ)の場合だ。一九七七年のある文章で彼は次のように語っている。

わが世代で、国民学校教育を受け、中学校教育を受け、日本語を上手に駆使できるということそのものが、そうできない人々に比べ純粋な韓国人としての資格を欠くという事実の冷徹な確認であった。繰り返すが、われわれの世代で、あの当時国民学校も行けなかった人々より、国民学校、中学校に通った人々の方が根本的にすでに汚染に侵されている点があるだろうということだ。突き詰めていけば、間違いなくそうだ。もう少し具体的な例を挙げれば、あの頃の国民学校もない山間僻地で樵として農民として生きていった人々の方が、日本帝国の植民地教育を受けて育ったわれわれより純粋の韓国人ではないかということだ。日本語をよく知り上手なことは決して少しも自慢になりえないということだ。[9]〔傍点は引用者〕

李浩哲と金洙暎との違いは明らかだ。李浩哲にとって日本語を第一言語として会得しなければならなかった自分たちの世代は「純粋の韓国人」としての「資格を欠く」者と規定される運命にあった。彼は自分自身が「すでに」「汚染」されている存在だと宣言する。だが、これを李浩哲だけの特殊な事例だと考えてはならない。自らの起源に刻まれた植民地的混種と屈折をまともに直視し省察する代わりに、それを巨大な集団的自己欺瞞の言説、すなわち民族的純粋性という神話のなかへと解消し、縫合するのは李浩哲の場合に限らず、解放以降韓国社会を支配した最も強力なアイデンティティ形成の方法であったと言うのが正しい。ほとんど唯一、金洙暎だけがそうしたアイデンティティ形成のメカニズムに異議を提起していた。

植民地の〈植民化〉

一九二〇～三〇年代生まれの世代にとって「解放」が言語の突発的な交代による精神的ねじれと罪の意識を伴うものであったのに対し、「解放」以降に育ち教育を受けた世代にとっては事情が全く異なる。独立国家の国民として、初めから韓国語で教育を受けたこの新しい世代は「日本帝国主義の残滓の清算」というスローガンの前で、ある自己矛盾や自己分裂を経験する必要がなかった。彼らは「国語」へのある種のコンプレックスを抱く理由がなく、植民地の記憶からも自由だった。彼らに与えられた歴史的幸運はそれだけではなかった。「ハングル世代」という名称が与えられた彼らは二〇代になったとき、四・一九学生革命（一九六〇年）の主役となった。独裁と腐敗とで汚れきっていた上、「親日分子」からなる李承晩《イスンマン》政権は新しい「民族国家」で育ったこの新世代によって崩壊した。韓国の歴史においてこうした勝利と栄光を体験した世代は唯一「ハングル世代」だけだった。

韓国史への全面的な新しい認識が始まったのはこの「ハングル世代」の登場とともにであった。「アジア的停滞論」に立つ既存の韓国史の叙述は「植民史観」と規定され、徹底して否定された。韓国の近代は日本帝国主義の侵略以前の一八世紀にすでに始まっていたという「自生的近代化論」「資本主義萌芽論」などがその重要な理論的根拠として提出され、それはハングル世代により積極的に受容され再生産された。彼らの知的エネルギーは民族史の正統性、連続性、純粋性を構築しようという熱望により燃え上がった。例えば、一九七三年に出版され、長い間強力な影響力を及ぼした金《キム》ヒョン・金允植《キムユンシク》共著の『韓国文学史』は、日本により韓国に近代文学が始まったという「移植文化論」の観点を「克服」することが新しい韓国文学史理解のための最も重要な課題であることを宣言している。(10) 植民地の記憶を最小化し、あるいは否定し、民族史の連続性と純粋性を再構築しようというこの欲求は、結局「日本帝国主義の残滓の清算」という既存の社会的課題をよりいっそう強め、金洙暎の表現で言えば、「完璧」に進めるものにほかならなかった。

その結果、植民地の慣習と言語とで「汚染」された金洙暎と彼の世代の文学、すなわち戦後文学はハングル世代から「われわれの「側」に、あるいはわれわれの「なか」にある」(11) 文学ではないという「死亡宣告」(12) を与えられる。ハングル世代は金洙暎と彼の世代が持っていた最も大きなコンプレックス、すなわち完璧な母語を駆使することができないことを批判し、それを通して一九六〇~七〇年代の文化的ヘゲモニーを掌握することができた。そうしえたのはハングル世代が自分たちだけの固有の権力や能力を持っていたからというよりは、植民地の記憶を民族的純粋性という神話の下に封印しようとする脱植民地社会の欲求が、時間が経つにつれ徐々に拡大し、固着していったためだと見るべきだろう。

このように金洙暎が試みた「抵抗」は簡単に忘れ去られた。そして「解放」以降七〇年近い年月が流れた現在、民族史の連続性と純粋性という神話は韓国の社会において神聖不可侵の信仰となった。この信仰の下で日本帝国主義が韓半島を支配した二〇世紀前半の歴史は、民族的純粋性の一時的な「汚染」、民族史の軌道からの一時的な「逸脱」と規定される。この時期を生きた数多くの朝鮮人たちの生は帝国主義との「闘争」の程度によりその意味づけがなされる。独立した国民国家の建設という最終的な目標に向けられた民族的受難と抵抗の歴史が、すなわち韓国現代史の核心だという認識は政治的理念の左右を問わず、韓国史学を支配してきたし、現在も支配している。植民地の歴史はそうした目的論的民族史の観点から見るなら、つねに、何かの「欠如」「未完」「歪曲」という形象として再現されるしかない。その内での生もまた、十全な主体としての生ではありえず、民族解放闘争という祭壇の下に、あるいは新たな国民的主体の形成のために「清算」され「克服」されねばならない対象となる。

「解放」以降これまで、数多くの政治的激変と政権交代にもかかわらず、この信仰は挑戦を受けるどころかよりいっそう強化されてきた。植民地の体験を持たない世代が社会の中心へと進入すればするほど、植民地の記憶はよりいっそう〈他者化〉され、〈植民化〉された。例えば、「日帝強占期」という用語がそうである。この用語は現在韓国社会において最も普遍的であり、公式の用語として定着している。日常の会話や出版物ではもちろん、マスコミ、教科書、学術論文に至るまで、日本帝国の植民地期を「日帝強占期」と呼ぶ慣行は、二〇〇〇年代以降、全社会的に普遍化し、今この用語を使用しなければ、おかしい人だというまなざしさえ甘受せねばならないまでに至った。問題はこの用語のなかに込められた植民地の記憶の〈他者化〉である。

「日帝強占期」という用語は日本帝国主義による植民地支配を戦争、あるいは戦闘状態の歴史として理解するものだ。この観点から見れば、植民地期とは韓民族が日本帝国主義と交戦状態にある、すなわち「解放闘争」の、領土と住民が敵により占領されている時間なのである。戦争での占領期とは「一時的な非正常」あるいは「主権の一時的停止状態」、要するに正常な軌道からしばらく逸脱した「逸脱期」にすぎない。占領状態が消滅する瞬間、全てのものは元の位置へ戻っていく。残ったものは占領による被害を復旧し、敵により一時断絶した主権権力を再稼働することだ。占領の記憶は一時的な「逸脱」として民族的連続体の長久なる歴史の内にすんなりと解消され縫合される。

結局、日本帝国主義の植民地支配を交戦状態での敵による一時的な占領と理解する「日帝強占期」という用語は、植民地の記憶を民族的純粋性、連続性という神話の下に封印し、究極的には植民地の恥辱と屈従の記憶をきれいに「清算」、すなわち「忘却」しようとする韓国社会の長い欲望を反映する用語なのだ。何よりもそれは植民地を生きた数千万人の生を特定の目的に合わせ裁断する〈他者化〉の暴力という点で深刻な問題を持つものであり、自らの過去を直視したくないという欲望、過去の真実と向き合いたくないというみすぼらしい欲望の端的な表現なのだ。一九四五年八月一五日、もはや日本帝国の臣民ではないという現実をどう受け入れるべきかという難関に直面していた数多くの朝鮮人の複雑な内面を理解できるほどの知恵や想像力は、この大文字としての歴史認識の下では決して見出しえない。「完璧」に至った「排日」の虚偽意識を皮肉り、嘲弄する金洙暎の「抵抗」を無残に死産させた編集者の欲望も、この用語に浸み込んでいる。植民地はこうして〈植民化〉されたのだ。

もう一つの事例を挙げてみよう。「解放」以降、正確に五〇年過ぎた一九九五年の八月一五日、ソウル光化門にあった旧朝鮮総督府の建物が撤去された。半世紀にわたる「日本帝国主義の残滓の清算」はソウルのど真ん中に立っている朝鮮総督府の建物を撤去し、もともとその場にあった朝鮮王朝の王宮である景福宮《キョンボックン》を復元することでその絶頂に達した。自らの身体に刻まれた植民地の記憶と痕跡を、民族的連続性と純粋性の神話を通して「清算」しようとする長年の集団的欲望は、このパフォーマンスにおいて最大限に表現されたように見える。この象徴物の再編成は国家的事業として進められ今日もその場は数多くの観光客で賑わっている。世界一〇位圏の経済大国に成長した大韓民国の現在は、昔の朝鮮王朝の華麗な宮殿と一直線につながり観光客の目の前に顕示されている。植民地を想起させるような目に見えるいかなる痕跡もそこにはない。植民地は「清算」されたのか。

　朝鮮総督府は、ソウルから車で約一時間ほどの距離にある忠清南道の天安にある「独立記念館」に行けば見ることができる。撤去された朝鮮総督府の残骸は「朝鮮総督府撤去部材展示公園」という野外展示場に散在した状態で展示されている。そこの案内文は世界のどこにもその類例を見出すことのできない表現で溢れている。

> 日帝植民統治の象徴である朝鮮総督府は日帝の残滓の清算と民族精気回復の次元から光復五〇周年の一九九五年八月一五日から撤去が断行された。以後、各界の意見を集約し、撤去部材を独立記念館へと移転、歴史教育の材料として活用することに決定した。［中略］展示の基本的な考えは歴史教育の資料としての活用、展示はするが、冷遇するやり方で配置するところにある。これに従い尖塔を地面から五メートルほど掘り下げた所に展示する形で造成し、

忠清南道天安市所在の独立記念館の構内にある「朝鮮総督府撤去副材展示公園」での展示の様子

独立記念館主建物の西側（夕日を象徴）に位置させることで日帝の植民地期の真なる克服と清算という点を強調している。

［強調は引用者］

この展示公園の設計者は展示の基本的な考えを「展示はするが、冷遇するやり方」という奇想天外な言語で表現している。「民族気象の場」という題のもう一つの案内文は、この展示場を指して、「朝鮮総督府の撤去部材を廃墟の空間に展示し、わが民族の自尊心を感じられるように演出、展示した空間」と説明している。朝鮮総督府の建物の残骸を「冷遇するやり方」で、「地面から五メートル掘り下げた」「夕日を象徴」する「西側」の「廃墟の空間」に放り出したように展示することで「日本帝国主義の残滓」を「清算」し、「民族の自尊心」を感じるという、全くもって何とも言いようのない、あきれた発想の前で私は、「日本帝国主義の残滓の清算」は永遠に不可能だという絶望感、植民地は永遠に続くだろうという恐怖を感じる。

事情がこうしたものである限り、「自分の真の意志は沈黙にあり、日本語で書くところにあるのではない」と語った金洙暎の「真の意志」は理解されはしないだろう。「二〇年ぶりに翻訳の労を省くことができた。私の休息を許せ」と語った彼の願いも叶わないだろう。彼のよく知られた詩の一篇は、生涯を通し自らの時代と絶えず不和であった詩人の疲労感を次のように表現している。この詩を引用することで、私もまた私の疲労感を慰撫されたく思う。

私たちはどんな敵であれ、敵を持っている

敵には扱いやすい敵も手強い敵もない
今の敵がもっとも手強く恐そうだが
この敵がいなければ、また別の敵──明日
明日の敵は今日の敵より弱いかも知れないが
今日の敵も明日の敵のように考えればよく
今日の敵も明日の敵のように考えればよく

今日の敵で明日の敵を追い払えばいいし
明日の敵で今日の敵を追い払うこともできる
こうやって私たちは安泰に過ごしている

（「敵」、一九六五年）

終章　抵抗と絶望

はじめに

何カ月か前、韓国のあるテレビ局がいわゆる神風特攻隊員として戦死した朝鮮人の青年たちに関するドキュメンタリーを放送した。[1] その番組によると、植民地朝鮮のある地方出身の一九歳の青年が日本軍に志願し、新京に駐屯していた関東軍の航空部隊に配属された後、特攻隊員として指名されたという。出撃を前にし、彼は故郷の父母や兄弟への遺言を録音したのだが、何十年という歳月を経て、その肉声を伝えるLPが発見された。その古びたレコード盤のジージーと音を立てる雑音のなかから「天皇陛下への忠誠」と「両親の長寿」への願いを語る朝鮮出身の日本陸軍中尉の力強い声が流れ出してきたとき、ほとんどの韓国人の視聴者は必ずやひどく当惑せざるをえなかったであろう。

当惑はさらに続いた。その青年は彼が避けられなかった死を甘受し、結局靖国神社に「合祀」されたのだ。番組は靖国神社に数多くの朝鮮出身の日本軍兵士が合祀されていることを伝えた(二万一〇〇〇というその数は、おそらく韓国の大衆に初めて知らされた数字であろう)。と同時に、番組は神風特攻隊員として指名された何人かの朝鮮人の青年たちの軌跡を辿っていく。彼らがよく行った飲み屋、住んでいた下宿などを探し出した末、番組は彼らが決してそのような死を望んでいなかったことを伝える。「靖国で会おう」という特攻隊員たちの言葉の裏面には、飲み屋に集い「アリラン」を歌っていた青年たちの鬱屈した怒りと悲しみがあったことを伝えながら〈なぜ彼らが靖国に祀られなければならないのか〉という問いを投げかける。レコード盤の発見により身元が確認された青年将校の妹の証言によれば、彼の家族は彼が靖国に「合祀」されることについて何の通知も受けておらず、したがってその番組の制作の過程で取材を受けるまでそうした事実を知らずにいた、という。番組はそこで終わった。

驚くべきことは、韓国の社会がこのドキュメンタリー番組に対しいかなる反応も示さなかったことである。「日本」という言葉が発せられた瞬間、非常な興奮状態に陥るという古くからの韓国社会の習性に照らしてみるとき、その沈黙と無関心は非常に例外的であり、驚くべきことに違いない。思うに、その沈黙はこのドキュメンタリーが韓国の社会と大衆に引き起こした、ある種奇妙な当惑に起因しているのではないかと思う。その当惑とは何なのだろうか。

私が考えるに、そのドキュメンタリーはこれまでの韓国の社会において馴染みのある発話形式に何らかの混線をもたらしたのであった。何よりも、そのドキュメンタリーの対象となった神風特攻隊員たちは、二〇〇五年に韓国の国会を通過した「日帝強占下親日反民族行為真相究明に関する特別法」（以下、「親日真相究明法」とする）の規定によると「日本軍の少尉以上の階級」にあった者として全て調査を受けなければならない「親日派」である。だが、そのドキュメンタリーからは彼らを「親日派」として断罪するいかなる視線も感じられない。その番組はむしろ彼らが強要された死の不当性に対し強い鬱屈した怒りを表していたという証言を伝える。また、はっきりと述べてはいないが、彼ら神風特攻隊員たちがとくに意識的な「親日派」であるというよりは、よりよい生のために軍隊に志願し、最後には戦場で散っていった、当時の植民地のどこでも見られた平凡な青年たちにすぎないことを伝えている。

日本帝国主義による戦争への動員で犠牲となった「同胞」の青年の死に対する解説者の同情に満ちた声を耳にする一方で、視聴者は「天皇陛下万歳」を叫ぶ「同胞」の青年の最後の肉声を同時に聞かなければならない。奇妙な錯綜の上にさらに「親日(派)清算」の視線が重なるとき、そのドキュメンタリー視聴者の意識は混乱するしかない。だが、混乱はそれで終わるのではない。ドキュメンタリーはそうした青年たちが〈なぜ靖国に合祀されなければならないのか〉と問う。合祀が不当であることは言うまでもない。彼らがそこにいるべき理由はない。彼らは「帰ってこなければならない」。ところで、どこへ?

その問いが提起された瞬間に感じる当惑こそが、そのドキュメンタリーに対しなぜ韓国社会と大衆があれほどまでに徹底して沈黙を守ったのかを説明してくれる。要するに、何十年もの間馴染んできた「親日(派)」言説では彼らのアイデンティティ、彼らの死を説明する術がないのである。彼らは誰なのか。彼らはどのように死に、どのようにして記憶されるべきなのか。より単純に言うなら、彼らは一つの民族なのか、「反民族行為者」なのか、彼らは加害者なのか、被害者なのか。靖国と日本国家が彼らの死を記憶、発話する主体でありえないことは明らかである。

では、誰が？　大韓民国、または朝鮮民主主義人民共和国と呼ばれる国家なのか。靖国でないのなら、まさかそんなことはないだろうが、南韓の「国立墓地」、でなければ北韓の「革命烈士の稜」。

こうして、彼らの存在は「親日（派）」、または韓日問題に関連した韓国社会での支配的な言説、すなわちナショナリズム的な思考にきわめて深刻な亀裂をもたらすものであった。もう一度言うが、一世紀以上にわたり韓国人の社会化の過程を支配してきたナショナリズムという認識の枠組みでは二万人を超えるこの死を説明したり処理したりするいかなる方法もないのである。「親日真相究明法」を支えている「民族精気回復論」などの感情面から見るなら、彼らこそ一日も早く除去、清算されるべき存在であることは間違いないからである。だが、番組は彼らが帝国主義の暴力により犠牲となった哀れむべき被害者にすぎなかったことを暗示している。また、死んでからも彼らは故郷に帰ることができず、靖国神社にからめ取られているのである（もちろん、番組は彼らが神風特攻隊員としてどのような行動をとったのかについては語らない）。

全てのナショナリズムは必然的に被害者のナショナリズムである。だが、彼らの存在と死は被害者のナショナリズムに一つの大混乱を誘発するものでしかない。彼らは「被害者」でありながら「加害者」であり、「親日派」でありながら「同胞」であり、「清算」される対象でありながら「戻ってこなければならない」存在である。要するに、「ネーション（民族・国家）」という名で彼らの存在と死を語る瞬間、「ネーション」は制御できない自己矛盾と混乱に陥ってしまうのである。そして、その混乱に対する韓国社会の反応は、対処しがたい複雑な問題の前でつねにそうであったように、沈黙であった。

したがって、問題は発話の位置と主体に関するものである。日本帝国主義の植民地支配と関連して提起される韓日間の全ての懸案において、誰が、どこで、どのように語るのかという問題の複雑さを考慮しない限り、帝国主義の支配を「清算」し、平和と協力の未来を構想するという作業は、無駄な努力に終わる可能性が大きい。そこで、以上のことを念頭に置き、私は「韓国-日本の相互理解を塞いでいる壁」について論議するこの場で、以下のような問題を検討してみたいと思う。

一、脱植民地社会の韓国において「日本」はどのように機能しているのか。さらに、日本帝国主義と関連した〈過去における死〉は韓国の社会においていかなる方法で専有(=横領)されているのか。〈未来における生〉を企画するために私たちは当然〈過去における死〉について語らねばならない。だが、誰が、どのようにその死を専有しているのか。死者の〈代わりに〉語っているのは誰なのか。死者をして〈自ら〉語らせる方法はないのか(1)。

二、帝国主義と戦争という暴力に抵抗する新たな主体の形成を、どこからどのようにして始めるべきか。国民という主体の枠を抜け出した異なる主体の形成はいかにして可能なのか。

「親密なる敵」、日本

一九四五年のいわゆる「解放」以降の韓国社会において、「日本」は新たな国民的統合の上でなくてはならない存在である(あった)。「日本」という〈絶対悪〉の存在に反射し浮かび上がる

〈純潔で善良な私〉の姿。こうした自画像こそが戦争と独裁と腐敗にまみれた韓国人の疲弊しきった生を耐えさせてくれる強力な慰めである（あった）。その自画像がたとえ幻想にすぎないことはおぼろげに分かっていたとしても、その幻想から覚めるよりは、むしろ、そのなかでの甘美さにひたる方がはるかに楽な状態——「解放」六〇年を迎える韓国社会の姿はそういったものであるかもしれない。そのような意味において「日帝」は消え去りはしなかった。

極度に否定的な対象を設定することで、自らのアイデンティティをその反射として確立しようとする欲求は、実際韓国社会の古くからのアイデンティティ形成の基本構造である（あった）。今日、年齢、身分、職業、地域、政治的立場などに伴う全ての差異と葛藤を一瞬にして解消してしまい、「韓国人」としての同一性を確立するのに「日本」ほど大きな役割を果たすものはない。韓国ナショナリズムの永遠の敵であり、永遠のパートナーとしての「日本」、「親密なる敵（intimate enemy）」という概念をこれほど見事に実証している例もまれであろう。

それゆえ、近代韓国人のアイデンティティ形成に日本国家が介入したという事実とは全く異なる意味において、「日本」は再び脱植民地社会である韓国人のアイデンティティ形成に介入している。すなわち、韓国ナショナリズムにおいて「日本」は「韓国人」をつくり出す最も重要な道具として機能しているのだ。「（韓）国史」をはじめ、全ての民族に関する語りおよび言説において集団的主体としての「韓国人」（または「朝鮮民主主義人民共和国人民」）の集団的記憶（であると同時に集団的忘却）をつくり出し維持するのに「日帝」の威力は依然として大きい。

ナショナリズムまたはナショナルヒストリーは自らの起源にまとわりつく屈従と変節といった

汚点を消し去り、人間としての尊厳と格式のある来歴を新たに構成しようする欲望〈それ自体はきわめて人間的なものでありえる〉に基づいている。言うまでもなく、そうした欲望は集団的な記憶の場において、つねに最も大きな訴える力を持っている。迫害と受難とで綴られた自己像が強ければ強いほど、その欲望もまた強まるのは自明なことである。

だが、ありうべき人間的な欲求が一つの強迫となるとき、そこから奇妙な盲目と転倒が生じる。事実と記憶は、理想的な自己像構築のために新たな調整、配置、解釈、縮小、拡大、動員、排除、抑圧の過程を経る。自らの起源と来し方に対する絶え間ない浄化への欲望、鮮明で安定した自己同一性への執着が支配するところでは、「歴史」という鏡は真の〈私〉の姿を映し出してはくれない。(2) 映し出されるのは道徳と当為の要求とに囲われ燦然と輝く〈私たち〉の姿だけだ。それは〈私が見たい私〉にすぎず、実際の私であるはずがないことは言うまでもない。まさにこの地点において、「日本」は〈私が見たい私〉を見せてくれる鏡として機能するのだ。(3)

この欲望と執着のもう一方に、剝奪と欠損とで汚された植民地という記憶、汚染と分裂とで溢れかえる文化的雑種としての自画像が位置している。それらの記憶は、身体にこびりついて消すことのできないネバネバとした汚物であり、そこから逃げ出した瞬間再び辿り着いてしまう悪夢である。安定した自己同一性の基礎を揺るがす、この汚染された記憶から抜け出すための手軽で簡単な方法は、それを〈私ではないもの〉と命名すること、換言すれば、それを私の起源から削除または断絶してしまうことである。どのような汚染と分裂があったとしても、それは一時的な逸脱であり歪曲であるにすぎず、純潔で永遠な〈私〉――その名が何であれ、例えば「民族」

「民衆」「キョレ（겨레）」[2]「祖国」「プロレタリアート」「人民」等々――が存在する限り〈私〉は分裂しないであろう。このように〈私〉の連続性を保証するための名が呼び出される一方で、〈私〉との断絶を宣言するための〈私ではないもの〉たちが同時に呼び出され、出現する。[4]

しかし、〈私ではないもの〉として命名されたものたちは、果たして私ではない異なるものだったのだろうか。ナショナリズムの集団の記憶において、こうした質問は許されない。その世界は鮮明であるだけ単純であり、単純であるため強力な二分法、すなわち、抵抗／屈従、自主／事大、民族／外勢（外部勢力）、統合／分裂、忠節／変節、純潔／汚染……などへと分けられた世界だ。前者は道徳の、後者は非道徳の表象である。異なる世界などはない。異なる世界を創造する可能性は根底において遮断されているので、そこでは世界のそうした構造に対する問いそのものがすでに後者の項目に属すものとなる。

だが、〈これ〉でなければ〈あれ〉だけが存在する、もしくは存在すると仮定される世界において事実上〈これ〉と〈あれ〉の差異は思ったほど大きくはない。ひどいときは、それらは同じものでありさえする。しかし、二分法の世界においてこのことは認識されない。〈私〉から削除、排除された〈私ではないもの〉こそ、実は動かすことのできない〈私〉の一部だということは、この平面的な世界においては認識もされず許されもしないのだ。ただ、純潔な〈私〉を構成するために絶えず〈私ではないもの〉が生産され、その境界が確定されるだけである（また、この〈私ではないもの〉の生産に「日本」がどれほど大きな機能を果たしているかはこれ以上説明の必要はないであろう）。だが、実際は何も生産しておらず、何も確定しておらず、何も語っておらず、何も乗り越えていないこの単純無限運動の終わりなき反復こそが真の「差異」を無化し、そうすることでいかなる変化も不可能としている。だから、ナショナリズムのこの二分法的世界こそ、帝国主義の最も強力な守り手であり、一日も早く「清算」されるべき「植民地的な残滓」なのだ。「日本」に全面的に依存している韓国ナショナリズムの自己同一化の機制における最も大きな問題は、それが実際にはいかなる主体もつくり出せないだけでなく、かえって主体を消去してしまうということだ。ナショナリズムは過去の記憶を単に「民族(国民)主体の抵抗」という構図の内においてのみ語っている。要するに、その記憶の内では単に「民族としての抵抗の主体」だけが存在している。事実の誇張の是非は別にして、何よりもそれは異なる複数の主体の可能性を抑圧することで、結局主体を消し去るか、萎縮させるという結果を生んでしまう。

これは当然なことであるが、人間は「国民的(民族的)主体」としてだけ生きていくのではない。そのことは植民地期においても同様であった。にもかかわらず、ナショナリズムの記憶は全ての個別的な生と死を単一の「民族(国民)主体」へと還元してしまい、その「民族(国民)主体」とは異なる位置における発話は副次的なものと見られたり、無視されてしまうのである。だが、本章において事例として挙げた朝鮮出身の神風特攻隊員の場合に見られるように、ナショナリズムは二万人を超える彼ら「同胞」たちの死をどのような形であれ語ることができない。大部分の朝鮮人たちが「民族としての抵抗の主体」としてよりは「日本国民としての主体」(またはその二つがない交ぜとなった主体)として生きたという歴史的な事実と正面から向かい合って思考する可能性、さらにそうした事実から植民地主義と帝国主義を乗り越える、ある歴史的なビジョンを引き出す可能性はナショナリズムの世界認識の内には全くない。

　こうした思考の不可能性から「日本」と関連した集団的な記憶と忘却の弁証法、すなわち自らが見たいものだけを見、聞きたいものだけを聞くという集団催眠、判断停止という事態が生じる。[5]「民族（国民）主体」へと還元されない主体の生と死は、韓国社会において記憶されたり発話されたりすることはない。記憶されるためには誰でも「民族（国民）主体」へと生まれ変わらなければならない。発話の位置と主体を「民族（国民）」以外には許さない構造、それは言うまでもなく、暴力の構造であり、何よりも帝国主義の構造である。「民族文学作家会議」といういわゆる「進歩的」団体が「親日派当人が謝らなかったのなら、その子孫が謝るようにするべきだ」という声明書を発表し（二〇〇二年三月）、親日真相究明法（二〇〇五年）の国会通過以降「先祖の罪」を「代わって謝罪」する人々の「謝罪文」が列をなすといった暴力が「民族の名」で行われている社会において「日本帝国主義」が「清算」される可能性は断言してもいい、〇パーセントだ。「独島（竹島）問題」をめぐり、社会全体が再び狂的な興奮状態に陥っているとき、韓国を代表するという小説家（自称、他称）が「独島にミサイルを設置し」、「日本との戦争も辞さない」と叫ぶ社会において植民地主義の問題に真摯に悩む知識人の居場所は、これも断言しても言い、どこにもない。

忘れよう、しかし許すまい

　要するに、「日本」は最も確実な〈公共の敵〉なのだ。ジョージ・オーウェルの小説『一九八四年』で、人々は「憎悪週間」となると一定の場所に集まり国家の敵に向かって憎悪をぶちまける儀式を行う。この定期的な義務的な行事を通して『一九八四年』の社会は統合され維持されていく。その〈敵〉が誰であるのかは重要ではない。実際、昨日まで「同志」であった存在が今日は〈敵〉へと変わっても、誰もそのことを問題にはしない。大事なのは敵が存在するということであり、その敵に向かって全ての憎悪をぶちまけることで社会的な同質性が維持されるということである。

冷戦時代にはこの〈公共の敵〉の役割を「パルゲンイ」[3]が担っていた。それがわずか一〇年余り前までのことだったというのは驚きである。世界最大の反共国家韓国において「パルゲンイ」というシニフィアンの社会的統合（恐怖によるものであれ、自発性によるものであれ）への寄与度はオーウェルの小説的想像力を軽く凌駕してしまっていた。現在の韓国社会において冷戦的思考と行動が完全に消え去ったとは言えないが、それが以前ほどの威力を発揮できなくなっていることだけは確かなようだ。

しかし、反共主義やマッカーシズムは、事実上〈敵〉の顔を「パルゲンイ」から「親日派」へと代えることで甦ったものと思われる。[6] 新たに登場した〈公共の敵〉は「親日派」であり、全ての韓国人は一年中「憎悪週間」を過ごしている。以前と変わったものがあるとしたら、旧マッカーシズムが主に国家の公権力を基にして行っていたのが、新マッカーシズムは巨大なポピュリズムという暴力として立ち現れるということだ。[7]「親日（派）」の概念、範疇、「親日（派）清算」の目的と方法等に関し、いかなる真摯で理性的な議論をも韓国社会は解放以降六〇年もの間、一度として行ってこなかった。しかし、それにもかかわらず、全ての韓国人は「親日（派）」は何ら疑問の余地のない概念であり、その「清算」の実践は法律と国家権力の威力でいつでも可能だと思っている。

だが、「清算」を通じて「浄化」されたり「回復」される「民族精神」が虚構であるように、「親日派」を除去することによって訪れる「正しい社会」もまた存在しない。韓国社会の否定面は「親日派」のせいで生じたのでもなく、その「残滓」を清算できなかったから生じたのでもない。スラヴォイ・ジジェクの言葉を借りれば、社会というのは本来抗争的なものである。「社会がその十全なる同一性を達成することを阻んでいる」のは、特定の否定的対象のせいでなく、「社会自体の抗争性としての本性、社会自体に内在する妨害によって、十全なる同一性を妨げられている」(8)のであり、その社会に内在する否定性をある特定の対象、例えば「パルゲンイ」や「親日派」、またはある異なる〈公共の敵〉という形象として投射するだけなのだ。

こうしたオーウェル的な世界において存在するのは、ただ「憎悪」だけである。過去に対する「省察」や「反省」はこうした世界には決して存在しない。だが、憎悪だけが〈敵〉を形容する唯一の言葉となるとき、〈敵〉の姿は決して現れはしない。植民者に対する被植民者の憎悪は植民地主義の終息のためのいかなる機能も果たさない。憎悪は被植民者をして何が真なる敵なのか、何が意味のある抵抗なのかについての一切の思考を遮断してしまう。また、それだけではなく、憎悪はある対象への深い憎悪は必ずやその対象への深い依存を生んでしまうという点において、憎悪は植民地主義の優れた栄養分である。憎悪すればするほど憎悪の対象は〈私〉の存在理由となるしかないからだ。結局、被植民者は植民者に対する憎悪を通じてそれに依存することとなる。そうである以上、被植民者は決して〈敵〉の正体を見出すことができず、したがっていかなる抵抗も不可能である。植民者の手から逃れるために被植民者はまず憎悪を乗り越える術を知らねばならない。だが、憎悪を語り憎悪を教えることのほかに、脱植民地社会の韓国ナショナリズムがしてきたことは果たして何だったのか。

こうしたオーウェル的な世界のなかで韓国人たちは植民地支配がどのように機能したのか、帝国主義の本質は何なのかについての全ての記憶を忘却してしまい、憎悪だけを残してきた。彼らは過去を「記憶」するのだが、人を「許す」という知恵の代わりに過去を「忘れ」、人を「許さない」という道を選んだように思われる。その道が植民地の遺産を清算し帝国主義の支配を終息させる道にならないことははっきりしている。どうやって憎悪を乗り越え、植民地主義を終息させる道を見つけ出すのか。

「解放」以降、半世紀が過ぎるのに南北韓の社会は植民地主義の痕跡から依然自由ではない。痕跡を消し去り、「民族」の「純潔」を回復するために数多くの政治的、文化的、社会的な試みが多様な層において進められてきた。だが、植民地はすでに「民族」という名そのものに深く刻み込まれていることを凝視し、苦悩しながら植民地主義を乗り超える道を模索する努力が、それらの試みのなかにどれほどあったのかを考えると、植民地主義の克服はいまだ始められていないという暗澹とした疲労感に襲われる。

韓日間の理解を妨げている政治的無意識を考察し、真の和解の糸口を模索しようとするこの場で私たちが語ることができることは、私たちは私たち自身を形づくっている植民地を「清算」と「断罪」の視線をもってしては決して「清算」できず、いかなる「精気」も回復できないということだ。「民族」はその起源に照らしてみるとき、本来「植民地」であり、その混種性に照らしてみるとき、もともと「外国」なのだ。アイデンティティがそうであるのなら、そうした自分を抱きしめ、同時にそれを乗り越えていく以外に植民地以降を生きていく他の道はない。言い換えれば、それは「幻想」を捨てて「絶望」と向き合うことである。竹内好は魯迅について語りながら、「救わないことが奴隷には救い」だと述べたことがある。この驚くべき反語は奴隷の「抵抗」と「解放」についての深い省察の糸口を提供してくれている。

呼び醒まさないこと、夢をみさせること、いいかえれば救わないことがドレイには救いである。［中略］だから、このようなドレイが呼び醒まされたとしたら、かれは「行くべき道がない」「人生でいちばん苦痛な」状態、つまり自分がドレイであるという自覚の状態を体験しなければならない。そしてその恐怖に堪えなければならない。もし恐怖に堪えきれずに救いを求めれば、かれは自分がドレイであるという自覚さえ失わなければならない。いいかえれば「行くべき道がない」のが夢からさめた状態なので、道があるのは夢がまだつづいている証拠である。ドレイが、ドレイであることを拒否し、同時に解放の幻想を拒否すること、自分がドレイであるという自覚を抱いてドレイであること、それが「人生でいちばん苦痛な」夢からさめたときの状態である。行く道がないが行かなければならぬ、むしろ、行く道がないからこそ行かなければならぬという状態である。かれは自己であることを拒否し、同時に自己以外のものであることを拒否する。それが魯迅においてある、そして魯迅そのものを成立せしめる、絶望の意味である。絶望は、道のない道を行く抵抗においてあらわれ、抵抗は絶望の行動化としてあらわれる。それは状態としてみれば絶望であり、運動としてみれば抵抗である。そこにはヒュウマニズムのはいりこむ余地はない。(9)

奴隷からの目覚めは、奴隷に「行く道がないが行かなければならぬ」「人生でいちばん苦痛な」恐怖を抱かせるであろう。その恐怖に耐え抜くことができなければ、彼は自らが奴隷だという自覚を捨てて「解放」という幻想、道があるのだという夢のなかで生きていかなければならない。その夢から覚めた瞬間、彼には道が消え去り、絶望だけが現れる。その絶望を行動に移すこと、それが奴隷の真の抵抗である。

脱植民地社会の〈国民化〉こそが被植民者(=奴隷)に解放の幻想を与えるもの、彼をして引き続き夢を見させるものであった。全ての生と死を「国民」「民族」「国家」の名で発話し還元してしまうナショナリズムの主体化(=奴隷化)戦略に対する抵抗は、今や「道なき道」を歩んでいかねばならない絶望に面と向かわなければならない。数多くの異なる多様な主体形成の可能性を無視、抑圧しながら、ただ「国民(民族)的主体」だけを強要する暴力に抵抗すること、憎悪を増幅し、それを通じて自らを維持していく社会体制を拒否すること、他者への否定を唯一の自己のアイデンティティの基盤とする「非主体的」な「主体の形成」を拒否すること、「国家」ではない他の世界に対する想像力を組織すること――これらの行動のどこかに「道なき道を歩んでいく」「抵抗の主体」が現れるであろう。そのとき、私たちはおそらく「韓国」と「日本」という単一の「国民主体」としてでなく、他者をその多様で複雑な存在の可能性として受け入れる平等な連帯、帝国主義の「清算」への道を見つけ出すことができるであろう。「私が私に向かって差し出す初めての握手」(尹東柱)、韓国人たちはいまだそれを始めていない。それがいつのことか、その道がどこにあるかは誰にも分からない。ただもう一度魯迅を借りて言うならば、「思うに希望とは、もともとあるものとも言えぬし、ないものとも言えない。それは地上の道のようなものである。もともと地上に道はない。歩く人が多ければ、それは道になるのだ」。

原注

序章　喉に刺さったとげ

（1）서울특별시사편찬위원회（ソウル特別市史編纂委員会）編『사진으로 보는 서울――일제 침략 아래서의 서울（写真で見るソウル2――日帝侵略下でのソウル（一九一〇～一九四五））』、二〇〇二年。

（2）『한겨레신문（ハンギョレ新聞）』二〇〇二年三月二五日。

（3）一九九二年一二月一一日、韓国の大統領選挙投票日の直前、釜山のあるフグ料理専門店で法務部長官、釜山市長、釜山地検検事長、警察庁長といった高級官僚たちが集まり、当時の与党候補金泳三を応援するために釜山および慶尚道地域有権者の「地域感情」を刺激する方策を秘密裏に論議していたことが暴露された。この席で彼らは「ウリがナミか」という言葉を慶尚道特有のアクセントで交わしながら、互いの結束を確認したと報道された。この事件は公務員の選挙介入という違法性の他にも韓国政治の根深い病的偏見である「地域感情」を助長・利用しようとしたことで世論の集中的な批難を受け、金泳三候補は投票日を間近に控え、最大の危機に陥った。だが選挙結果は正反対のものとなって現れた。金泳三候補の危機は、かえって釜山および慶尚道地域の有権者の警戒心を呼び起こし、彼らの「地域感情」を刺激し、金泳三が大統領に当選するのに決定的な働きをした。この事件以後、ある集団の団結と同一性を鼓舞・強調するとき、「ウリがナミか」というこの韓国語の慣用的表現が特別な政治的文脈における意味を持つものとなった。ちなみに、この事件の責任を取り、辞任した当時の法務部長官（日本で言う法務大臣）は二〇一五年現在、朴槿恵大統領の秘書室長として権力の中枢に回帰している。

第一章　「国民」という奴隷

（1）김기진（金基鎮）「우리가 걸어온 길（われわれが歩んで来た道）」『동아일보（東亜日報）』一九五八年八月一五日―一九日。本章での引用は、홍정선（洪廷善）編『김팔봉 문학전집（金八峯文学全集）』Ⅱ、문학

과 지성사（文学と知性社）、一九八八年、一一七頁。

（2）他の回顧文でもこの場面を何度も叙述しているのを見ると、この経験は彼にとってきわめて印象的なものだったようだ。金基鎮「나의 회고록（私の回顧録）」、前掲書、二九四頁。

（3）従軍作家団結成の経緯と構成員、活動などについては、拙稿を参照。「한국 보수우익 문예조직의 형성과 전개（韓国保守右翼文芸組織の形成と展開）」『구체성의 시학（具体性の詩学）』실천문학사（実践文学社）、一九九三年。

（4）임종국（林鍾国）『친일문학론（親日文学論）』평화출판사（平和出版社）、一九六六年、四六八頁。［大村益夫訳『親日文学論』高麗出版、一九七六年］。

（5）同前、四六八―四七〇頁。

（6）戸坂潤「ニッポン・イデオロギー――日本精神主義・日本農本主義・日本アジア主義」吉田傑俊編『戸坂潤の哲学』こぶし書房、二〇〇一年、二五二頁。

第二章「民族」が語られるとき

（1）Takashi Fujitani, *Splendid Monarchy: Power and Pageantry in Modern Japan*, University of California, 1996.［한석정（韓錫政）訳『화려한 군주（華麗な君主）』이산（移山）、二〇〇三年］

（2）Prasenjit Duara, *Rescuing History from the Nation*, University of Chicago, 1995.［문명기（文明基）・손승회（孫承会）訳『민족으로부터 역사를 구출하기（民族からの歴史の救出）』삼인（三人）、二〇〇四年］

（3）『朝鮮民族更生の道（조선민족갱생의 도）』の原テクストは、『東亜日報』に連載されたものである。単行本としては一九三〇年の東光堂書店（동광당서점）発行のものが初版である。この初版は「一九三〇年版翻刻本（復刻本）」の形で、一九六二年に正音社（정음사）から再発行された。連載と初版本、そして翻刻本は、小見出しの追加、いくつかの文節の削除や追加、現代表記法への修正などを除くと、内容上の大きな差異はない。本章では、六二年正音社版翻刻本を使用する。

（4）この点と関連し、『更生』と李光洙の『民族改造論（민족개조론）』（一九二二年）は興味深い比較の材料を提供してくれる。広く知られているように、李光洙の『民族改造論』は、発表と同時に大きな反発を引き起こした。李光洙の文に激昂した青年たちが、その文章が発表された雑誌『開闢（개벽）』の発売元を襲撃

して、暴力を行使し、李光洙はこの文のために一時絶筆状態にまで至った。崔鉉培の『更生』は、これからわずか四年後に発表された。『更生』の内容や論理構造は、『民族改造論』と大きく異ならない。それにもかかわらず、崔鉉培自身の回顧やその他の記録によれば、『更生』は多くの読者の好評を得、崔鉉培は一躍その名を轟かせた。この差異が何に起因するものであるのかを究明することは、今後の課題である。

(5) この事実は、一九六二年の翻刻版序文における崔鉉培自身の回顧によるものである。『更生』は、最初の単行本が発刊された一九三〇年以後、日本語にも翻訳され、広く読まれる一方、朝鮮の学校の教科書に掲載されもしたと崔鉉培は述べている。とくに全国各地の刑務所に配布され、崔鉉培が朝鮮語学会事件で収監される一九四二年まで、監獄内で囚人たちの教化用図書として読まれていたことは、李熙昇の回顧にも出てくる(이희승(李熙昇)「악수할 길 막연함을 생각하면서(握手する道の漠然さを思いながら)」『조선일보(朝鮮日報)』一九七〇年三月二五日)。崔鉉培自身はこの点について、「民族生活に真理を示したため、悪魔のような彼らも是認せざるをえなかったようである」と述べている。『更生』が「日帝の植民政策に直接挑戦した」抵抗精神の標本であり、「民族独立の指針」であるとともに、「反植民地的闘争」の先駆的な業績であったという評価(홍이섭(洪以燮)「조선민족 갱생의 도——그 정신사적 추구(朝鮮民族更生の道——その精神史的追求)」『나라사랑(ナラサラン)』創刊号、정음사(正音社)、一九七一年)は、最も広く知られているものである。このような評価こそ、脱植民地国家における民族言説が崔鉉培をどのように専有してきたかを示す一つの事例である。この点については後述する。

(6) 이혜령(李恵鈴)「한글운동과 근대 미디어(ハングル運動と近代メディア)」『대동문화연구(大東文化研究)』성균관대학교 대동문화연구원(成均館大学校大東文化研究院)、二〇〇四年。

(7) 崔鉉培は、この点を敏感に意識していたようである。ハングル運動の難しさについて、彼は『更生』で次のように書いている。「この事業の進行に一つの大きな欠陥として感じることは、我々の手に教育行政権がないことである。文字と言語に対する努力は教育の力によらなければならないのに、いまだ我々は我々の理想通りに成長していく児童を教育する権力を持つことができなかった」。

(8) 李恵鈴、前掲論文。総督府の諺文綴字法改正と朝鮮語学会との関連については、以下を参照。조태린(趙兌麟)『일제시대의 언어 정책과 언어 운동에 관한 연구——언어관 및 이데올로기를 중심으로(日帝時代の言語政策と言語運動に関する研究——言語観およびイデオロギーを中心に)』연세대학교 석사 논문(延世大

学校修士論文）、一九九七年。미쓰이 다카시（三ッ井崇）「식민지하 조선에서의 언어지배（植民地下朝鮮における言語支配）」『한일민족문제연구（韓日民族問題研究）』四、한일민족문제학회（韓日民族問題学会）、二〇〇三年（『植民地下朝鮮における言語支配』、明石書店、二〇一〇年）。安田敏郎『「言語」の構築――小倉新平と植民地朝鮮』三元社、一九九九年。

（9）李恵鈴「이태준『문장강화』의 해방전／후（李泰俊『文章講話』の解放前／後）」상허학회 발표문（尚虚学会発表文）、二〇〇四年一〇月。

（10）同前。

（11）「「朝鮮文学」の定義―このように規定したいと思う！」『三千里』一九三六年八月。

（12）「朝鮮語学会事件日帝最終判決文」『東亜日報』一九八二年九月六日。韓国の国家記録院のホームページ（http://www.archives.go.kr/）の「독립운동관련판결문（独立運動関連判決文）」より引用。

（13）김예림（金艾琳）『1930년대 후반 근대인식의 틀과 미의식（一九三〇年代後半近代認識の枠と美意識）』소명（ソミョン）、二〇〇四年、三二一―三三三頁。

（14）Peter Osborne, "Modernity: A Different Time" *The Politics of Time*, Verso, 1995, p.13.

（15）Harry Harootunian, *History's Disquiet*, Columbia University Press, 2000.

（16）この点についてのより詳細な説明は、以下を参照。拙稿「김동리와 파시즘（金東里とファシズム）」および「민족－민중문학과 파시즘（民族－民衆文学とファシズム）」『국문학을 넘어서（国文学を超えて）』국학자료원（国学資料院）、二〇〇〇年。また、Andrew Hewitt, *Fascist Modernism*, Stanford University Press, 1993.

（17）신형기（辛炯基）「최명익과 쇄신의 꿈（崔明翊と刷新の夢）」한국문학연구회 제64회 학술발표대회 발표문（韓国文学研究学会第六四回学術発表大会発表文）、二〇〇〇年。

（18）Harry Harootunian, *Overcome by Modernity*, Princeton University Press, 2000.［梅森直之訳『近代による超克――戦間期日本の歴史・文化・共同体』上下、岩波書店、二〇〇七年］「近代の超克」論に関するその他の参考文献は以下の通り。金艾琳、前掲書。이경훈（李京塤）「「근대의 초극」론――친일문학의 한 시각（「近代の超克」論――親日文学の一視角）」『다시 읽는 역사문학（歴史文学の読みなおし）』평민사（平民社）、一九九五年。河上徹太郎ほか『近代の超克』冨山房百科文庫、一九七九年。廣松渉『〈近代の超克〉論

——昭和思想史への一視角』講談社学術文庫、一九八九年。拙稿「「근대의 초극」、『낭비』、그리고 베네치아（「近代の超克」、『浪費』、そしてベネチア）」『민족문학사연구（民族文学史研究）』第一八号、二〇〇〇年。

（19） この点についての詳細な説明は、Chong-Myong Im, *The Making of Korea As a Modern Nation State, August 1948–May 1950*, Ph.D. dissertation, University of Chicago, 2004. 北朝鮮の刷新の語りと国家建設に関しては、辛炯基、前掲論文、参照。

（20） 崔鉉培は一九六二年には「国家再建最高会議議長賞」を、一九六七年には第二回「五・一六民族賞」を受けている。崔鉉培の政治的履歴とその性格についての論議は、ここでは省略する。

（21） 崔鉉培の論争相手に対する過酷で執拗な攻撃、とくにハングル運動の過程における徹底した非妥協的な言行は、広く知られている。民族の状況を「膿んだデキモノ」に喩えながら、「鋭利な「メス」できれいに切り取り、消毒しなければならない」とする『更生』においても、全般にわたり、言葉はたいへん過激で、極端である。感情的な興奮と確信に満ちた主張が、読者を圧倒する。否定的なものに対する極端な貶めと、肯定的なものに対する極端な称揚、現実に対する極度の絶望的な描写と、更生に対する極度の楽観などが、何の媒介もなしに一つの文章のなかに共存していることも、『更生』が論理的な思考よりは衝動的な感情に多く基づいていることを示している。清算と浄化を通じた民族の更生を夢見る『更生』の論理構造は、次のような排除と粛清の欲望を何のためらいもなく、きわめて露骨に表しもする。「私の文章をここまで読んでも、少しも自己の内的反省を行う余裕を持ちえない者には、私の言葉をもう一度繰り返しても、その麻痺した聴覚神経を動かすことはできない。そのように頑固な衰弱症患者は、その病毒が健全な人々の間に伝播する前に、一日も早く我が民族社会から立ち去ることを望む」。

（22） Prasenjit Duara, "Local Worlds, Harvin and Manchuria: Place, Space, and Identity", *The South Atlantic Quarterly*, Winter 2000, Duke University Press, 2001, p.40.

（23） Prasenjit Duara, *Rescuing History from the Nation*. ［文明基・孫承会訳『民族からの歴史の救出』、五九—六〇頁］

（24） 鈴木登美『語られた自己——日本近代の私小説言説』大内和子・雲和子訳、岩波書店、二〇〇〇年、一八八頁。

（25） Andre Schmid, *Korea between Empires, 1895-1919*, California University Press, 2002, pp. 13-17.

（26） 다카기 히로시（高木博志）「일본 미술사와 조선미술사의 성립（日本美術史と朝鮮美術史の成立）」임지현（林志弦）・이성시（李成市）編『국사의 신화를 넘어（国史の神話を超えて）』휴머니스트（ヒューマニスト）、二〇〇四年、一八六頁。［「日本美術史／朝鮮美術史の成立」『世界遺産時代の民俗学』風響社、二〇一三年］

（27） 関野貞『朝鮮の建築と芸術』岩波書店、一九四一年、二二五―二二六頁。

（28） 高木博志、前掲論文、一八六頁。［「日本美術史／朝鮮美術史の成立」一二四―一二五頁］

（29） 同前。

（30） 김윤식（金允植）『일제 말기 한국 작가의 일본어 글쓰기론（日帝末期韓国作家の日本語作文論）』서울대학교 출판부（ソウル大学校出版部）、二〇〇三年、七四頁。

（31） 洪以燮、前掲論文、四四―四五頁。

（32） 趙兌麟、前掲論文、一一六頁。

（33） 同前。

（34） 『한글（ハングル）』第六巻第一号（通巻第五二号、一九三八年一月）の見開きには、日本語の「国民誓詞」が載せられている。一方、第七巻第一号（通巻第六三号、一九三九年一月）一頁には「新年をお迎えになられた天皇・皇后陛下」、「皇太子殿下」、「照宮成子内親王殿下」、「義宮正仁親王殿下」、「孝宮和子内親王殿下」、「順宮厚子内親王殿下」の写真が載せられており、二頁には、「新春を迎える朝鮮神宮」、「漢口陥落を祝賀する京城市街」の写真が載せられている。三頁には、「瑞気溢れる新春をお迎えあそばされ天皇、皇后両陛下にあらせられては御機嫌麗しくあらせられ」と始まる「謹奉賀新年」の挨拶と「皇国臣民誓詞」が載せられている。ハングル学会は一九七二年に『ハングル』誌全体を復刻本として再発刊したが、このとき問題の部分はきれいに削除されて発刊された。第五二号の場合は、このような事実を知っていても、注意して見ないと、これといった痕跡を発見するのは難しい。第六三号の場合は、写真が載せられている一、二頁を初めから削除しているが、三頁は頁表示がある上、四頁から本文が始まっているので、痕跡を消すことができなくなっている。したがって頁表示はあるが、三頁全体が白紙という、おかしな形になっている。

（35） 한글학회（ハングル学会）『한글학회50년사（ハングル学会五〇年史）』一九七一年、一頁。

(36) 조선어학회（朝鮮語学会）「근봉하신년（謹奉賀新年）」『한글（ハングル）』第七巻第一号、一九三九年一月、三頁。

(37) 三ツ井崇、前掲論文、二二一頁。

(38) 朝鮮語学会のハングル運動を一般的な社会通念から距離をおいて分析した研究は少なく、それさえも最近になって行われたものがほとんどである。ここではそのなかのいくつかを紹介することで、この問題に関する叙述に代える。先に挙げた趙兌麟の研究は、朝鮮語学会の言語運動を総督府の言語政策との関連のなかで捉えている点にその斬新さがある。趙兌麟は、朝鮮語学会の言語運動を「民族文化運動」と規定しつつ、「積極的な民族独立運動と評価することはできない」という結論を下している。「民族独立運動」への達成値をその評価の究極的な基準としている点において、この論文は以前マイケル・ロビンソン（Michael Robinson）が「崔鉉培と韓国の民族主義」（一九七五年。韓国語訳は『ナラサラン』第三五集、一九八〇年［原文タイトル不明。初出は *Occasional Papers of Korea*, No. 3, 1975. 6］）で、崔鉉培のハングル運動を「文化的民族主義」と定義したのと軌を一にしている。ロビンソンはこの論文で、崔鉉培の思想が持っている矛盾もあわせて指摘しているが、これは当時としてはきわめて先駆的なものであるということができる。박정우（パク・チョンウ）「일제하 언어민족주의――식민지 시기 문맹퇴치／한글보급운동을 중심으로（日帝下の言語民族主義――植民地時期の文盲退治／ハングル普及運動を中心に）」（서울대학교석사논문（ソウル大学校修士論文）、二〇〇一年）は、ハングルが民族的抵抗の手段でもあったが、他方で啓蒙の手段でもあったという点で、ハングル運動が抱えざるをえなかった二重性を分析している。パク・チョンウもまた、「文化的民族主義は国民国家を目標としたものではなく、したがって政治的独立」を志向したものではなかった、という評価を下している。以上の諸論文は、抵抗的な民族言説という一方的な評価から抜け出して、朝鮮語学会を中心とした植民地時期の言語運動を、最大限客観的に評価しようとしている点で、きわめて重要な意味を持っている。しかし一方で、「民族独立運動」を決定的な評価の基準とみなしている点で、これらの研究は程度の差があるだけで、基本的な視角においては依然として抵抗史的観点が維持されていると言うことができる。以上の諸論文とは大きく視点を異にしながら、植民地における言語の近代化が、帝国権力とどのように拮抗しつつ行われたのかを探索した研究としては、先の三ツ井崇の論文と、박광현（朴光賢）「언어적민족주의형성에관한재고――「국문」과「조선어」의 사이（言語的民族主義形成に関する再考――「国文」と

「朝鮮語」の間)」(『한국문학연구(韓国文学研究)』第二三集、동국대학교한국문학연구소(東国大学校韓国文学研究所)、二〇〇〇年)、李恵鈴「ハングル運動と近代メディア」(『大東文化研究』成均館大学校大東文化研究院、二〇〇四年)がある。とくに李恵鈴の論文は、「ハングル運動史の構成において植民地時期の朝鮮語学会に限ってみても隠蔽されていなかった「ハングル運動の遂行」主体の異質性が、以後、ハングル運動史の叙述において隠蔽された」ことを明らかにしながら、「朝鮮語学会の実践的な権威は、総督府学務局の第三回諺文綴字法改訂を契機に植民地権力に介入し、自分たちの意見を成功裡に貫徹させることによって得られた」ものであったことを分析している。この論文の主眼は、もちろん暴露にあるのではない。「ハングル運動は、言語は均質化された媒体であるという認識の下で、その流通と普及のためのメディアとして学校・教会・新聞社、さらに近代国民国家のようなシステムを要求した」というのが、この論文の前提である。こうした前提の下でのみ、私たちは「独立運動の欠如態としての文化運動」という視角から抜け出して、植民地における民族運動が植民地権力と結び合う、複雑な諸関係を分析することができるであろう。

(39) この問題も、稿を改めて議論せざるをえない。ここでは、この問題を扱ったいくつかの本と論文を紹介する。고영근(高永根)『최현배의 학문과 사상(崔鉉培の学問と思想)』집문당(集文堂)、一九九五年。熊谷明泰「朝鮮語ナショナリズムと日本語」『言語・国家そして権力』新世社、一九九七年。安田敏郎『「言語」の構築』三元社、一九九九年。安田の著書では、山田をはじめとする日本人の学者たちの崔鉉培に対する影響が簡略に紹介されている程度である。そのほかに、この問題が本格的に深く探求された論著はほとんど見られない。崔鉉培のみを論じたものではないが、植民地における朝鮮語研究と日本人学者を扱っているのは、安田敏郎『植民地のなかの「国語学」』新装版、三元社、一九九八年、朴光賢「「경성제국대학」의 문예사적연구를 위한 시론(「京城帝国大学」の文芸史的研究のための試論)」『한국문학연구(韓国文学研究)』第二二集、동국대학교 한국문학연구소(東国大学校韓国文学研究所)、一九九九年。

(40) 李恵鈴、前掲論文。

(41) 同前、二五〇頁。

(42) 同前、二五一―二五二頁。

第三章　植民地的無意識とは何か

（1）「満州」という地名は日本帝国主義による呼称なので、中国現地において使用されていた「東北三省」という名称を用いるのが妥当だという指摘があり、ほとんどの批判的研究書はこの見解に従ってもいる。だが「東北三省」という名称もまた漢民族中心の中国国家権力により使用された呼称だということを考えれば、少数民族としての「満州族」のアイデンティティの回復という次元での「満州」という呼称はそれなりの意味を持っているものでもある。「満州」という地名は清の太祖（ヌルハチ：努爾哈赤）への尊称「マンチウ（満住）」に由来するとも言い、またチベットのダライラマが太祖に捧げた仏号「曼殊師利（文殊菩薩）」に由来するとも言う。以後、満住、曼殊、満殊、満州などが部族名、国家名として使われてきたのだ（満州事情案内書編『満州地名考』満州事情案内所、一九三八年、一二〇―一二二頁）。本章ではこの問題への判断を留保し便宜上「満州」と呼ぶことにする。

（2）김재용（金在湧）「친일문학의 성격규명을 위한 시론（親日文学の性格究明のための試論）」『실천문학（実践文学）』二〇〇二年春号、一七六頁。

（3）최원식（崔元植）「한국문학의 근대성을 다시 생각한다（韓国文学の近代性を再考する）」『생산적 대화를 위하여（生産的対話のために）』창작과 비평（創作と批評）、一九九七年、三三―三四頁。

（4）似たような事例がもう一つある。『国民文学』一九四二年二月号「大東亜戦争特集号」に掲載された安寿吉の短編「円覚村」にも、次のような作家の言葉が付記されている。「建国前、満州においての半島人の先駆的開拓民の生活を発掘する一連の作品のなかの一篇であることを断っておく――作者」。ここでの「建国前」とは「満州国」建国（一九三二年）前のことである。

（5）閔忠煥の「「農軍」論」（『이태준문학연구（李泰俊研究）』깊은샘（キプンセム）、一九八八年）は「万宝山事件」が「農軍」の題材となっていることを詳細に明らかにしている。だが、この論文は万宝山事件に関するきわめて一方的で主観的な主張、および「民族文学と親日文学」という単純な二分法を基にしており、立体的な作品解釈には程遠いものとなっている。

（6）小森陽一『ポストコロニアル』岩波書店、二〇〇一年、一五頁。

（7）박영석（朴永錫）『만보산사건연구（万宝山事件研究）』亜細亜文化社、一九七八年、八六頁。

（8）中国農民のこうした事情は朝鮮農民自身も認めていたことであった。のちほど李泰俊の「移民部落見聞記」に触れるとき、明らかにしようと思う。
（9）朴永錫、前掲書、九六頁。
（10）同前、九七頁。
（11）Louise Young, *Japan's Total Empire*, University of California Press, 1998, p. 39［加藤陽子ほか訳『総動員帝国——満州と戦時帝国主義』岩波書店、二〇〇一年］
（12）『朝鮮日報』一九三一年七月三日。
（13）『朝鮮日報』一九三一年七月四日。
（14）同前。
（15）朴永錫、前掲書、一〇一頁。
（16）社説「정치적인 시련기다。失策을 거듭하면 断然코 불가다（政治的な試練の時だ。失策を繰り返すことは断固許されず）」『朝鮮日報』一九三一年七月六日。
（17）ただ、朴永錫の『万宝山事件研究』がこの事件を徹底して日帝の陰謀論と規定していることについては疑問が多い。『朝鮮日報』の誤報の当事者である金利三が日本領事館に唆され、韓中間の流血衝突を引き起こしたとか、金利三が殺される直前、脅迫され書いたとされる「謝罪文」の信憑性などはこの本の著者自身も信を置いていない（一一三—一一四頁）。関東軍がこの事件を九月一八日の軍事行動、すなわち満州事変の一つの契機としていたということは、多くの研究者が同意しているところであるが、この事件がなくとも、満州事変が引き起こされたであろうこともまた事実だ。すなわち、この事件が最初から関東軍、あるいは朝鮮総督府の計画と幇助によりなされたものだったと見るのは、先走った解釈だ。朴永錫は「誤報→国内での華僑弾圧→中国での朝鮮人弾圧→日本軍介入」という図式を堅持しているが、誤報が華僑弾圧に直につながると予想することそのものがあまりに結果論的飛躍である。万宝山事件は当時の満州一円においてしばしば発生した些細な紛争であり、それが国内へ誤って誇張されて報道されることにより、全く予想しなかった事態を醸し出したと見るのが妥当ではないだろうか。
（18）事件発生前、日本領事館側と中国領事館側の共同調査でも、朝鮮農民が借地許可を得ていないことが確認されている。一方、事件以後、中国東北地方の朝鮮独立運動家たちにより構成された「吉林韓僑万宝山事件討究委員会」が自ら真相調査を通じて発表した資料によれば、万宝山の農民たちは「土地に関する契約はあったが、いまだ商租について中国官庁の許可を受けていない状態であり、水路工事も中国人の了解なしに進められたことにより紛争が生じることとなった」。朴永錫、前掲書、一一七―一一八頁。

(19) 満州に移民した朝鮮農民の国籍は日本だ。したがって中国当局は朝鮮の農民との日常的な紛争を解決する最も重要な問題として、在満朝鮮人の中国への「帰化」をたびたび主張している。

(20) こうした点から金允植がつとに崔曙海の「紅焰」を挙げ「観念的」と批判しつつ、「清国人の立場から見ればどうなのか。土地を貸してやり、営農資金まで貸してやったことへの契約上の履行を果たしただけなのに、家に火をつけられ、殺されることは実に意外な事である。万一、崔曙海がもう少し深みのある作家なら、その点を最小限念頭におくべきだった。そうせずに、一方的に文書房［主人公］の側に立ち、作品を書いたということは、この作品が十全なものだとは言えない。彼の経験が観念的な水準に過ぎないということは、こうした理由からだ」と指摘したのは満州移民文学に関する限り、自民族中心主義の観点が絶対的な韓国文学研究の風土において、実に希少で先駆的な洞察である。金允植、前掲書、六二七頁。

(21) 放送作家であり青少年小説を多く書いた趙欣坡に『満州国』という著書がある。一九七〇年代に育民社という出版社から出された五〇〇頁を超えるこの本は、満州国の形成から没落までを外史の形で編んだものだ。たまに虚構的なくだりもあるが、重要な歴史的事実と流れを容易に把握できるという長所がある。そのなかで、万宝山事件への言及がある。この作家もまたこの事件を関東軍の意図的な陰謀の結果と見ているが、次のような発言は、おそらくこの事件に関する限り、韓国人の発言としてはあまり見られないものではないかと思う。「騒動は中国人が多く住む仁川から始まった。一日、二日の間にソウル、元山、新義州へと広がり、五日目には平壌で最高潮に達した。日本人はこの事件を大仰に「排華騒動」と呼んだが、これは名実ともに「中国居留民大量虐殺事件」だ。［中略］中国人労働者を殺し、投げ込んだ死体がシンジョン・コル（谷）の穴のなかに所々積み重なり、纏足のため普通に歩けない妊婦を鳶口で腹を割くなど、酸鼻な惨状は到底想像できるものではなかった。道路に軒を並べる絹物商の倉庫は襲撃を受け、運び出された反物が市電の送電線に隙間なくかかり、交通が遮断され、そこで手に入れたものを暴徒たちは袋に入れてそれぞれ家へと散っていった。［中略］こうなってしまっては公認された殺人であり、黙認された強盗行為だ。それでも上辺では万宝山事件の報復だと、同胞の復讐を代行する民族の命令だと……名分はしっかりしているが、内容は卑屈と愚劣に通じている。一見すると労働現場の仕事口を彼らに奪われた意趣返しのようでもあるが、実際は強

者の公認を受けた客気の所産だ」。조은파（趙欣坡）『만주국（満州国）』육민사（育民社）、一九七〇年、一四三―一四五頁。
(22) 小森陽一、前掲書、一五頁。
(23) 夏目漱石「満韓ところぐ」『漱石全集』第一二巻、岩波書店、一九九四年、二三四頁。
(24) 朴裕河「「インデペンデント」の陥穽――漱石における戦争・文明・帝国主義」『日本近代文学』第五八集、一九九八年五月、八九頁。
(25) この紀行文は一九四一年に出た李泰俊の随筆集『無序録』に「満州紀行」という題目で若干修正されて収録されている。大きな違いがないので、同じテクストとして読んでも支障はない。また『無序録』に載せられた「満州紀行」の原テクストが「移民部落見聞記」であるという事実については、三枝寿勝「李泰俊作品論」(『史淵』第一一七号、九州大学、一九八〇年）を参照。
(26) 李泰俊「移民部落見聞記（二）」『朝鮮日報』一九三八年四月九日。
(27) 同前（一〇）、一九三八年四月二〇日。
(28) 同前（十一）、一九三八年四月二一日。
(29) 同前。
(30) 同前。
(31) 李泰俊「満州紀行」『無序録』깊은샘（キプンセム）、一九九四年、一八〇頁。
(32) 한석정（韓錫政）『만주국 건국의 재해석（満州国建国の再解釈）』동아대학교 출판부（東亜大学校出版部）、一九九九年、六六頁。
(33) 同前、一二六頁。こうした現象は満州だけで起きたことではない。日本では（当然朝鮮でも）馬賊が横行する危険で荒涼とした満州平原という一般的なイメージが満州事変以降、「豊かさ」と「福地」の楽園というものへと変わった。これについての詳しい説明は、Louise Young, "Colonizing Manchuria: The Making of an Imperial Myth", Stephen Vlastos ed., *Mirror of Modernity-Invented Tradition of Modern Japan*, University of California Press, 1998.
(34) 長與善郎『満洲の見学』新潮社、一九四一年、六―七頁。
(35) 長與善郎（一八八八―一九六一）は日本の上流階層出身で武者小路実篤、志賀直哉などとともに白樺派の同人として出発。白樺派の人道主義の論客として活躍し、小説と戯曲を書いた。作品としては『陸奥直次郎』（一九一八年）『春の訪問』（一九二一年）、戯曲としては『孔子の帰国』（一九二〇年）『青銅の基督』（一九二三年）などがあり、白樺派の最も戦闘的な存在として名声を博した。晩年には東洋思想に傾き多くの作品を残した（日本近代文学館編『日本近代文学大辞典』第二巻、一九七七年、五四九―五五〇頁）。長與善郎は四四年、中国南京で開かれた「第三回大東亜文学者大会」に武者小路に代わって日本代表団の団長として出席した。この大会に李光洙とともに参加した八峯・金基鎮は「この大会に集まった七、八十名の文学者のなかで言語、行動、姿勢、主題その他全ての点で人間らしい人間、文学者らしい文学者と思われた人は三人ほどだった」と回顧しているのだが、そのうちの一人がまさに長與善郎だったとしている。残りの一人は北京大学教授銭陶孫、もう一人は李光洙だったという。この三人以外の日本・中国の文学者たちは文学者にも人間にも見えなかったと述べている（川村湊『満州崩壊――「大東亜文学」と作家たち』文藝春秋、一九九七年、三一頁）。

（36）『みだれ髪』（一九〇一年）で名を挙げた日本近代文学初期の詩人であり歌人である与謝野晶子（一八七八―一九四二）は一九〇四年、日露戦争に参加した弟に送った手紙形式の反戦詩「君死にたまふことなかれ」を発表した。しかし、一九三二年に発表した「日本国民　朝の歌」のなかで、晶子は日本軍を「妥協、惰弱の夢破る」「百の苦難に突撃す」「花より清く身を散らし、武士の栄誉を生かせたり」と歌っている。ルイーズ・ヤング、前掲論文、三三―三四頁。

（37）ここでの叙述はルイーズ・ヤングの前掲論文を参照して要約したものである。満州へのイメージが一九三一年の満州事変を起点にして画期的に変化することについては、Louise Young, "Colonizing Manchuria: The Making of an Imperial Myth" を参照。

（38）満州事変から満州国建設に至る「満蒙領有案」の立案者である関東軍参謀石原莞爾は日蓮宗の篤実な信者として人類の未来を最終的に決定する日本と米国との「世界最終戦争」を予言していた。

（39）国際連盟の満州国不承認の決定にもかかわらず、満州国を国家として承認したのは日本、ドイツ、イタリアなどの枢軸国を除けば、カトリック法王庁とカトリック教国エルサルバドルなどだった。川村湊、前掲書、八八頁。

（40）橘樸が主導した『満州評論』グループはいわゆる「合作社事件」を通じて投獄され、彼らのうちの一部は

獄死した。石原莞爾も関東軍内部で東条英機などの統制派主流との権力闘争で敗北し去勢された。橘の「合作社事件」を中心とした農本主義的社会主義の企画、石原莞爾の「世界最終戦論」に立脚した東亜連盟論、そして彼らの満州国内部での路線闘争と敗北の過程については、임성모（任城模）『만주국 협화회의 총력전체제 구상 연구――「국민운동」노선의 모색과 그 성격（満州国協和会の総力戦体制構想研究――「国民運動」路線の模索とその性格）』（연세대학교박사논문（延世大学校博士論文）、一九九七年）が最も詳細で要領よく説明している。韓錫政の『満州国建国の再解釈』は一九三二年から一九三六年までの満州国初期の政策と国家効果についての卓越した分析だ。満州国イデオロギーの複雑さとその混在性については川村湊の前掲書がよい参考となる。満州事変の企画者としての石原莞爾の生涯と思想については、Mark R. Peattie, *Ishiwara Kanji and Japan's Confrontation with the West*, Princeton University Press, 1975［大塚健洋ほか訳『「日米対決」と石原莞爾』たまいらぼ、一九九三年］を参照。満州を重化学工業の基地とし、それを基に強力な軍事帝国の構築を夢見た石原の構想については、小林英夫「満州国の形成と崩壊」（浅田喬二・小林英夫編『日本帝国主義の満州支配――十五年戦争期を中心に』時潮社、一九八六年）を参照。

（41）おびただしい数の大衆娯楽ものとメロドラマ、大衆歌謡曲などが戦争の惨状を隠し、糊塗することに寄与し、映画社は俳優と監督を派遣し、記録映画を制作しながら歴史を大衆娯楽用の見世物とした。操作された戦争・英雄映画が制作され、娯楽産業は帝国の神話づくりの遂行者となった。Louise Young, *Japan's Total Empire*, pp. 70, 74-75 を参照。

（42）「満州国」で「国民」は満州国そのものがそうであったように、創出されなければならない課題として存在しただけで、「現実」として存在したことはなかった」。任城模、前掲論文、一九六頁。

（43）石原莞爾は満州国建国後、今後二〇年以内に満州国を人口五〇〇〇万の国家とし、日本人の人口をその一〇％とする構想を持っていたとされる。石原を中心とした関東軍参謀部のいわゆる「満蒙領有計画」に伴う満州国建設の企画は満鉄調査部の協力を得て、すでに一九二九年に相当な程度まで準備されており、一九三一年六月、すなわち満州事変勃発直前には満州国の一年間の予算案まで作成されているほどだった。こうした事実に照らしてみると、「万宝山事件」のような些細な紛争が満州事変の一つのきっかけとなったという主張は歴史的因果関係をあまりにも恣意的に解釈したものだろう。これについては、山室信一『キメラ――満州国の肖像』中公新書、一九九三年、二七―二九頁。

（44）浅田喬二「満州農業移民政策の立案過程」満州移民史研究会編『日本帝国主義下の満州移民』龍渓書舎、一九七六年、三頁。
（45）Louise Young, *Ibid.*, p. 14.
（46）*Ibid.*, p. 46.
（47）依田憙家「満州における朝鮮移民」前掲『日本帝国主義下の満州移民』、四九七―四九九頁。
（48）板谷英生『満州農村記（鮮農篇）』大同印書館、一九四三年、二九―三二頁。
（49）板谷英生の本名は板谷暲。一九〇三年生まれで父に連れられ全羅南道栄山浦に移住したが、朝鮮総督府の移民政策に反発し日本に渡り、明治大学中退。以後東京で写真館を営みつつ朝鮮での居住経験と総督府政策への反発で農村調査事業に従事する。『東北農村記』『満州農村記（鮮農篇）』を出したが、出版と同時に発売禁止処分を受ける。終戦後農場経営などをして暮らし、一九七八年に死亡。川村湊、前掲書、一〇六頁。
（50）板谷英生、前掲書、九一頁。
（51）山室信一、前掲書、三八頁。
（52）板谷英生、前掲書、二八七―二八八頁。
（53）同前、二七三―二七四頁。
（54）韓錫政、前掲書、参照。

第四章 「朝鮮人」から「東洋人」へ

（1）임영빈（林英彬）「어느聖誕祭（ある聖誕祭）」『문장（文章）』一九四一年二月。林英彬は一九〇〇年生まれで韓国の開城出身。米国テキサス州ダラスのサザンメソジスト大学にて文学士と神学士の学位を受け監理教（メソジスト）の牧師をしていた。植民地朝鮮の最も有力な文学月刊誌の一つであった『文章』は一九四一年二月号を「創作三四人集」として出したのだが、この小説はそのうちの一つ。
（2）「おうりょくこうぶし」は「鴨緑江節」で、鴨緑江で日本人筏師が歌っていたもの。日本では一九一九年から流行。
（3）南次郎総督の赴任（一九三六年）とともに展開された「内鮮一体」政策は「朝鮮半島の同胞の皇国臣民化を最大先決の目標」とした。中日戦争の勃発以降「国民精神総動員朝鮮連盟」（一九三八年）、「国民総力朝鮮連盟」（一九四〇年）が結成され、各社会組織および教育機関において宮城遥拝、神社参拝、「皇国臣民ノ誓詞」朗誦などが強制された。と同時に公的領域において朝鮮語の使用を禁止し、日本語を常用させる第三次教育令の改定（一九三八年）、朝鮮人の名前を日本式の名前に変えさせる「創氏改名」（一九四〇年）などとともに朝鮮人と日本人の結婚を奨励する「内鮮通婚政策」も施行された。だが内鮮一体政策の基本的な意図と目標は、朝鮮人に日本国民と同じ兵役義務を課す一連の措置に最もよく表れている。朝鮮人が日本の軍人に志願できるようにする「朝鮮特別志願兵令」（一九三八年）が公布され、引き続き兵役法改定（一九四三年）を通じ一九四四年からは朝鮮人にも徴兵制が実施された。

(4)「近代の超克」に関する『文學界』の座談会と『中央公論』の座談会はどちらも韓国語に翻訳されている。이경훈（李京塤）ほか訳『태평양전쟁의 사상（太平洋戦争の思想）』이매진（イメジン）、二〇〇七年、三四〇―三四一頁。

(5) いわゆる「日鮮同祖論」に立脚し徹底した同化政策を唱えた人物としては、朝鮮総督府の外務部長を務めた小松緑や一九二〇年代朝鮮総督府情報委員会の委員だった大垣丈夫などを挙げることができる。これに反し同化政策および朝鮮人に対する参政権の付与を激しく批判し反対した人物として、京畿道の警察部長を務めた千葉了や有名な植民政策学者である矢内原忠雄などを挙げることができる。この問題についてのより詳細な説明は、보판유이（保坂祐二）『일본제국주의의민족동화정책분석——조선과만주、대만을중심으로（日本帝国主義の民族同化政策分析——朝鮮と満州、台湾を中心に）』（제이엔시（ジェイエンドシー）、二〇〇二年）を参照。

(6)「創氏改名」政策は朝鮮人からも強い反発を呼び起こしたのだが、朝鮮人と日本人を区別するほぼ唯一の可視的表示が名前であったため、この差異をなくすということは日本人としても受け入れがたいことだった。とくに治安当局の者たちは朝鮮人に対する犯罪取り締まりに支障をきたすという理由から最も強く反発した。より詳細な説明は、以下を参照。미즈노 나오키（水野直樹）『창씨개명——일본의 조선재배의 이름의 정치학（創氏改名——日本の朝鮮支配と名前の政治学）』산처럼（サンチョロン）、二〇〇八年［『創氏改名——日本の朝鮮支配の中で』岩波新書、二〇〇八年］。미야타세쓰코（宮田節子）監修、정재정（鄭在貞）訳『식민통치의 허상과 실상（植民統治の虚像と実像）』혜안（ヘアン）、二〇〇二年。

(7) 이경훈（李京塤）「노란 피부、노란 가면（黄色い皮膚、黄色い仮面）」문학동네（文学トンネ）、二〇〇

七年。

(8) 南総督が掲げた施政目標は「内鮮一体」および「大陸への兵站基地」であり、中日戦争以降日本ではそれまでになかった〈朝鮮ブーム〉がつくり出され朝鮮文学と文化に対する熱気が高まった。朝鮮文学作品が日本語へ翻訳・紹介され日本の代表的文学者たちがソウル(京城)を訪問し朝鮮の作家たちと「朝鮮文学の将来」について発言している。

(9) 조관자(趙寛子)『植民地朝鮮/帝国日本の文化連環——ナショナリズムと反復する植民地主義』有志舎、二〇〇七年、一一九頁。

(10) 植民地期の抵抗民族主義の最高峰と評価される「朝鮮語学会」の「ハングル運動」とその運動を率いたハングル学者崔鉉培の持つ「分節化のメカニズム」については、本書第二章を参照。

(11) 一九四〇年八月、朝鮮語で発行されていた日刊新聞『朝鮮日報』と『東亜日報』が廃刊され、続いて一九四一年に文芸誌『文章』と『人文評論』も廃刊されて以降、月刊文芸誌『国民文学』が一九四一年一一月に創刊された。この雑誌は朝鮮語と日本語を混用し発行された第三号と第四号を除き日本語だけで発行された。解放直前の一九四五年の五月まで発行され、朝鮮文壇の最も影響力のある文芸誌として機能した。著名な英文学者で評論家である崔載瑞が発行人兼主幹を担当した。

(12) 「国民文学の一年を語る」『国民文学』一九四二年一一月、九三頁。

(13) 石田耕造「古丁氏に」『国民文学』一九四五年一月、三〇頁(石田耕造は崔載瑞の創氏名)。

(14) 同前。

(15) 李光洙の「三京印象記」もまたそうした観点から読むことができるだろう。第一次大東亜文学者大会(一九四二年一一月)に日本代表として参加した李光洙は菊池寛、河上徹太郎、林房雄、久米正雄などの日本の作家たち、銭稲孫、周化人、古丁などの中国および満州国作家たちと共に東京、奈良、京都を訪問しその紀行文を『文學界』に載せた。李光洙はいわゆる「日鮮同祖論」に立脚した視線で奈良と京都の旧跡を見て回ったのだが、そのとき「日本」は、はるか古代からの時間のなかで、また聖徳太子の偉業の下で「朝鮮」と同等、または劣等な地位にあるものとして描写される。内鮮一体の言説を積極的に受容することで被植民者としての主体の位置を転倒しようとする精神的曲芸の一つの現場を「三京印象記」は豊かに見せている。李光洙「三京印象記」『文學界』一九四三年一月(この韓国語訳は金允植『日帝末期韓国作家の日本語作文論』

を参照)。

(16) 李京塤、前掲書、二九七頁。

(17) 『国民文学』の編集方針はそれをよく示している。『国民文学』以前に朝鮮で発行された雑誌において日本や満州に関する記事はあくまでも「消息」を伝える以上のものではなかった。だが『国民文学』の紙面の上で「朝鮮」「日本」「満州」などは境界のない一つの空間となる。例えば、文学月評欄は京城で出版された朝鮮語・日本語作品と東京で出された作品を何の区別もなく扱っているのだが、朝鮮文壇と東京文壇を一つの評論のなかで一緒に扱うそうした事例は『国民文学』以前には決して見られないものだった。さらに興味深い一つの象徴的な事件は一九四四年の芥川賞を受賞した小尾十三のケースだ。満州に居住していたこの日本人作家は「登攀」という小説を京城の『国民文学』に投稿し、その作品でその年の芥川賞を受けた。

(18) 座談会「総力運動の新構想」『国民文学』一九四四年一二月、一〇頁。

(19) 同前。

(20) 차승기(車承棋)「추상과 과잉(抽象と過剰)」『상허학보(尚虚学報)』二一輯、二〇〇七年一〇月、二八三―二八四頁。

(21) 十分論議する余裕がないが、李光洙もやはりそうだった。内鮮一体および皇民化政策の完全な実現を鼓吹するこの時期の彼のエッセイと小説はほとんど全て、朝鮮人だけでなく日本人側の徹底した自己の更新と反省を求める形態で構成されている。

(22) 李京塤、前掲書、二九七頁。

(23) この点に関するより詳細な説明は、拙稿「우울한 형/명랑한 동생――중일전쟁기「신세대논쟁」의 재독(憂鬱な兄/明朗な弟――中日戦争期「新世代論争」の再読)」(『尚虚学報』二五輯、二〇〇九年二月)を参照。

(24) 金南天と近代の超克論に関し、私はすでに他の論稿で詳細に論じている。ここでは仔細な議論は避け、簡略に叙述することとする。仔細な説明は、拙稿「「近代の超克」、『浪費』、そしてベネチア」を参照。

(25) 金南天「전환기와 작가(転換期と作家)」『조광(朝光)』一九四一年一月。

(26) 金南天「경영(経営)」(一九四〇年)『한국근대장편소설대계(韓国近代長篇小説大系)』三、태학사(太学社)、七〇一頁。

(27) 金南天「맥(麦)」(一九四一年)『韓国近代長篇小説大系』三、太学社、七九〇頁。
(28) 金南天「낭비(浪費)」(一九四〇年)『韓国近代長篇小説大系』二、太学社、一八三頁。
(29) 河上徹太郎ほか『近代の超克』(冨山房百科文庫、一九九九年、一七一頁)より再引用。
(30) 서인식(徐寅植)「東洋主義의反省(東洋主義の反省)」『朝鮮日報』一九三九年四月。
(31) 三木清「構想力の論理」『三木清全集』第八巻、岩波書店、一九六七年、六一頁。
(32) 解放直後、兪鎮午をはじめとする南韓建国のイデオローグたちから個人主義、自由主義は「近代」と同一なものとして批判された。それは新たな「現代」国家建設のためには止揚されねばならないものだった。そうした論理がわずか数年前に彼らが学習した「近代の超克」論の延長であることを見て取るのは難しくない。この点に関するより仔細な叙述は、Chong-Myong Im, *The Making of the Republic of Korea as a Modern Nation-State*, Ph. D. dissertation, Chicago University, 2004 を参照。一方、解放以降越北した作家李泰俊はソ連の訪問記録である『소련기행(蘇聯紀行)』(朝蘇文化協会朝鮮文学家同盟、一九四七年)において、ソ連社会を「近代を超克した現代社会」と描写している。
(33) Terry Eagleton, "Nationalism: Irony and Commitment", Terry Eagleton et al., *Nationalism, Colonialism, and Literature*, Minneapolis, University of Minnesota Press, 1996, p. 24.[増渕正史ほか訳『民族主義・植民地主義と文学』法政大学出版局、一九九六年]

第五章 「欠如」としての国(文)学

(1) 이광수(李光洙)『흙(土)』문학과 지성사(文学と知性社)、二〇〇五年、三六頁。以下、この小説からの引用部については注を省略する。
(2) 登場人物の金相哲が京城帝大朝鮮語文学科の卒業生であるところから、『朝鮮演劇史(조선연극사)』の著者金在喆(김재철)を指しているのははっきりしている。『土』のアンタゴニスト(敵対者)である金甲鎮が金相哲に向かって次のように語るとき、それはいっそうはっきりしてくる。「いい大学に入って、朝鮮文学を学ぶだなんて。おかしなやつらだ。あの相哲にしてからがなんだかんだ――春香伝がどうのこうの、山台都監がどうのこうのと言っちゃいるけど。まったくくだらん。ばかなやつら」。
(3) Naoki Sakai, *Translation and Subjectivity*, University of Minnesota Press, 1997. 本章では、후지이 다케시(藤

井たけし）訳『번역과 주체（翻訳と主体）』（이산（移山）、二〇〇五年）を参照。引用文は原書『日本思想という問題――翻訳と主体』岩波書店、一九九七年、一八九頁。

（4）安廓の論著の統計は研究者により若干の違いがある。本章では、김창규（金倉圭）「안자산의 국문학 연구에 대한 고찰（安自山の国文学研究に関する考察）」최원식（崔元植）ほか『자산안확국학논저집（自山安廓国学論著集）』六、여강출판사（麗江出版社）、一九九三年、一九三頁を参照。

（5）前掲『自山安廓国学論著集』六を参照。

（6）이태진（李泰鎮）「안확의 생애와 국학 세계（安廓の生涯と国学世界）」、前掲『自山安廓国学論著集』六、五五頁。

（7）「日本が西洋とどんなに違っているかに固執するのは、西洋の視座によって日本の同一性を定立することであり、そうすることによって普遍的対照項としての西洋の中心性を確立することになるのである」。酒井直樹『死産される日本語・日本人――「日本」の歴史－地政的配置』新曜社、一九九六年、二三頁。

（8）안확（安廓）『조선문명사（朝鮮文明史）』、『自山安廓国学論著集』二、二七一頁。

（9）安廓は周時経、金科奉などの国文研究者グループと尖鋭に対立していただけでなく、李光洙、崔南善などの民族改良主義、ないしいわゆる民族右派ともはっきりと一線を画した。その一方、京城帝大朝鮮文学科の朝鮮研究とも一定の差異を見せていた。こうしたことが、おそらく彼の存在を忘却することになった原因の一つかもしれない。本章での焦点はこれらの差異を究明することではないので、この問題に関する詳しい議論は稿を改めたい。ただ、彼が朝鮮総督府の機関紙『朝鮮』に日本語の原稿を寄稿していることや、李王職の雅楽部に勤務したことをもって、「親日」云々することはきわめて単純な偏見であることを指摘しておきたいと思う。

（10）박광현（朴光賢）『京城帝国大学と「朝鮮学」』名古屋大学博士論文、二〇〇二年、四五頁。

（11）同前。

（12）こうした点から見ると趙潤済などの学問がしばしば「新民族主義」と呼ばれているのは意味深長だ。

（13）李光洙「朝鮮文学의概念（朝鮮文学の概念）」『四海公論』一九三五年五月。本章では『李光洙全集』一六、三中堂、一七五頁。一方、京城帝国大学開校当時、李光洙が三〇代中頃の歳で、朝鮮語文学科の聴講生として登録し、出席していたことはあまり知られておらず、深い論議がなされていない。

(14) 民族の「分節化」と朝鮮語学界のハングル運動に関するより詳細な説明は、本書第二章で既述した通り。分節化と関連しパルタ・チャタジーも似たような説明をしている。「反植民地民族主義は帝国主義との政治闘争を始める前に、まず植民地社会内の自らの主権の領域を設定する。それは社会機構を二つの領域、すなわち、物質的なものと精神的なものに分けることにより進められる。物質的領域は「外部」の領域として経済、国家工学、科学技術といった西洋が優位を占めている領域であり、一方、精神的領域は「内部」の領域として文化的アイデンティティの「精粋」を含んでいる領域である。そうして物質的領域において西洋の技術を模倣することに成功するほど、自らの精神文化の独自性を保存する必要がいっそう強まるのだ。この図式こそが、アジア・アフリカ反植民地民族主義の特徴である」(Partha Chatterjee, *The Nation and Its Fragments*, Oxford University Press, 1999, p.6)。「東道西器論」をはじめとし、植民地下において民族の領域を政治や科学から分節し、そうやって分節された領域に「精神」や「文化」の「特殊」な性格を与えた民族文化運動は、パルタ・チャタジーのこうした説明によく符合する場合だろう。

(15) 이경훈(李京塤)「『흙』 민족과 국가와의 경합(『土』民族と国家との競合)」、前掲『土』、八〇五頁。

(16) 同前。

(17) 趙潤済以外の京城帝大の卒業生、すなわち方鐘鉉、具滋均などが結成した「ウリ文学会」もまた、一九四八年に『国文学史』を刊行した。大学の教材としての『国文学史』の執筆に彼らがこのようにすばやく対応できたのは、「国文学」の制度化の重要性と必要性とを彼らが誰よりもよく知っていたからだ。朴光賢「식민지 조선에 대한「국문학」이식과 다카기 이치노스케 高木市之助(植民地朝鮮への「国文学」移植と高木市之助)」『일본학보(日本学報)』五九輯、二〇〇四年、二五七頁。

(18) 民族の語り、とくに北韓のそれに関しては、辛炯基『민족이야기를넘어서(民族の語りを超えて)』(삼인(三人)、二〇〇三年)を参照。

(19) 조윤제(趙潤済)『국문학사(国文学史)』동국문화사(東国文化社)、一九四九年、二頁。

(20) 車承棋「민족주의、문학사、그리고 강요된 화해(民族主義、文学史、そして強いられた和解)」金哲・辛炯基ほか『문학 속의 파시즘(文学のなかのファシズム)』三人、二〇〇一年、四一頁。

(21) 趙潤済、前掲書、四一六頁。

(22) 現在、韓国社会の「通俗民族主義」の極端な傾向の一つを代表すると言える「親日人名事典」企画委員会

が提示した「親日派・民族叛逆者の部類」の第三四項は、「朝鮮史編修会、京城帝国大学ないし、それに類似した研究機関など植民地統治方案と民族意識を歪曲・抹殺するための機関に勤めた者」（親日人名事典企画委員会「친일파의범위와형태（親日派の範囲と形態）」민족문제연구소（民族問題研究所）編『친일파란무언인가（親日派とは何か）』아세아문화사（亜細亜文化社）、一九七七年）を「親日派」と規定している。その他の日本の大学出身者についてのこうした規定はなく、とくに京城帝大出身者だけに特定するというのも問題だが（朴光賢、前掲博士論文、一三頁）、より大きな問題はこうした「親日派」の分類が趙潤済の『国文学史』に見られるような、強力な民族主義的熱情に対処する術がないことだ。京城帝大出身者を「親日派・民族叛逆者」と規定するのであれば、実際彼らが持っていた民族主義的熱情と諸実践を民族の名により断罪する結果が生じてしまう。

(23)「序詞」『国語国文学』第一号、一九五二年、一頁。

第六章　愛国と売国

(1) 座談会「朝鮮文化の将来」『文學界』一九三九年一月。出席者：秋田雨雀、林房雄、村山知義、張赫宙、辛島驍（京城大講師）、古川兼秀（総督府図書課長）、鄭芝鎔（詩人）、林和（評論家）、兪鎮午（普成専門学校教授）、金文輯（評論家）、李泰俊（小説家）、柳致真（劇作家）。

(2) 張赫宙「朝鮮の知識人に訴ふ」『文藝』一九三九年二月、二三九頁。

(3)「半島の文芸を語る座談会、文人の立場から——菊池寛氏等を中心として」『京城日報』一九四〇年八月一三日—二〇日。

(4) 金史良「朝鮮文化通信」『現地報告』文藝春秋社、一九四〇年（『金史良全集Ⅳ』河出書房新社、一九七三—七四年、二二三—三〇頁）。

(5) 本章での「韓国人」は南韓人、北韓人、「在日」を包括する言葉として使用する。

(6) 任展慧『日本における朝鮮人の文学の歴史——1945年まで』法政大学出版局、一九九四年、二〇四頁。

(7) 白川豊『張赫宙研究』東国大学校博士論文、一九八〇年、三九頁。

(8) 張赫宙「正確なる理解」『知性』一九四〇年一〇月、一五五頁。

(9)「문학자의 자기비판（文学者の自己批判）」『인민예술（人民芸術）』一九四六年一〇月（辛炯基編『해방

3년의 비평문학（解放3年の批評文学）』세계（世界）、一九八八年、八一―八三頁からの再引用）。

（10）同前、八四頁。

（11）李泰俊を除けば残りの人々は全てカップの同盟員であり、そのなかには逮捕されたり投獄された者もいる。と同時に彼らは一九三八年以降、全員転向した。金史良が延安へと脱出を敢行した四五年五月現在、彼らはみな戦時体制に協力していた。

（12）안우식（安宇植）・심원섭（沈元燮）訳『김사량 평전（金史良評伝）』문학과 지성사（文学と知性社）、二〇〇〇年、一一頁（原書は『評伝金史良』草風館、一九八三年）。

（13）任展慧「張赫宙論」『文学』岩波書店、一九六五年一一月、九二頁。

（14）金史良の生涯をこれほど忠実に再構成したものはない。にもかかわらず、私はこの評伝が持つ偏向を指摘しないわけにはいかない。民族中心的な視覚が持つ「抵抗／協力」「民族／反民族」といった二分法に私は同意しないが、たとえこの分類を適用するとしても、この評伝は金史良のいわゆる「協力行為」を（明らかに意図的と見えるほど）縮小している。安宇植は金史良の時局協力的創作が「一九四三年に始」まり、「一九四四年にはいるや金史良は突然作品活動を中止」、それ以後「一年半というもの、彼はまったく沈黙」し、延安に脱出したと主張するが、これは事実に反している。安宇植が自ら作成した年譜によっても、金史良は彼の「協力的」作品の代表である「海への歌（바다에의 노래）」を一九四四年一〇月まで『毎日申報』に連載していた。彼が「沈黙」したのであれば、それは一年半ではなく、半年ほどだ。その上、金史良の「時局協力的」創作は一九四三年に始まったのではなく、すでに一九四一年の評論「朝鮮文学通信」などと同年の小説、例えば「留置場であった男（유치장에서 만난 사내）」「郷愁」などにも否定できないほど表れている。安宇植はこうした事実を巧妙に回避している。例えば、彼は「朝鮮文化通信」での金史良の発言を次のように引用している。「又久米正雄氏や林房雄氏は朝鮮文学がアイルランド文学にも比すべきものとなれば、これ以上いいことはないといふ意味のことを云つてゐる。［中略］だが今まで朝鮮文学は狭い領域に立籠つて自己の肉体を築き上げるのに急な余り、イギリス文学における、アイルランド文学のそれのやうに、日本文壇とそれ程密接な距離は持つてはゐなかつた」。安宇植はこうした金史良の発言を引用した後、金史良が朝鮮文壇をアイルランドに擬することを「がえんじないであろうことは火をみるより明らかである」と解釈している。問題は右の引用文において［中略］の部分にある。この部分は次のとおりだ。「それは畢竟イギリ

ス文学がアイルランド文学を一翼に抱へてゐるからこそ、一層輝しさを増してゐる事実をわれわれが知っているからである。朝鮮文学の存在も確かに日本文学の一翼を飾るものであると私は信じて疑はない」。安宇植『金史良――その抵抗の生涯』岩波新書、一九七二年、『金史良全集』全四巻、河出書房新社、一九七三―七四年。

(15) 張赫宙「脅迫」『新潮』一九五三年三月。

(16) 장형준（チャン・ヒョンジュン）「작가 김사량과 그의 문학（作家金史良とその文学）」『김사량 작품집（金史良作品集）』문예출판사（文芸出版社）一九八七年、一〇頁。

(17) 同前、七頁。

(18) 이상경（李相瓊）「암흑기를 뚫는 민족해방의 문학（暗黒期を貫く民族解放の文学）」『노마만리（駑馬万里）』동광출판사（東廣出版社）、一九八九年、四〇三頁。

(19)「落照（낙조）」や「留置場であった男」のような小説の限界は売国奴と民衆の葛藤をきちんと描けないところにあるとこの本の解説者は説明している。「問題の核心は売国奴と売国奴に抑圧される朝鮮民衆の葛藤とならねばならないのに、「落照」や「留置場であった男」は敵対的な葛藤関係を避けて展開され、売国奴の賢い子供と言う中途半端な人物の彷徨を作家がただ追跡していった容疑が強い作品だ」。同前、四〇六頁。

(20) 김병걸（金炳傑）・김규동（金奎東）編『친일 문학 작품선집（親日文学作品選集）』全二巻、실천문학사（実践文学社）、一九八六年。

(21) 金在湧ほか『식민주의와 협력（植民主義と協力）』『식민주의와 비협력의 저항（植民主義と非協力の抵抗）』역락（亦楽）、二〇〇三年。民族主義的解釈がいつもそうであるように、論証や検証が不可能な「民族意識」「闘争精神」などが「協力」と「抵抗」とを分ける基準であるなら、事実上鮮明に見える「協力」と「抵抗」の世界は語りえぬほど不透明で模糊とした世界だ。そのことはこの選集に選択された作品を見ても明らかだ。例えば、韓雪野の『大陸』や金南天の「或る朝」がなぜ「抵抗」に属するのか私は全く分からない。私は「抵抗／協力」という分類は全くのナンセンスだと考えるが、あえてこの分類に従うのなら、これらの小説は明らかな「親日協力小説」だ。万一、「協力／抵抗」が「程度」の問題であるのなら、その「程度」を決定し判断するのは誰なのか。誰がいかなる基準でそれを判断するのか。そしてそうした判断の妥当性は、また誰がいかに保証するのか。こうした疑問に対しこの本の編者は答えない。「協力」と「抵抗」を

分けるいかなる基準や根拠も提示しない状態で読者が推量できる唯一の根拠は「協力」に属した作家たちが政治的右派に属し、「抵抗」に属した作家たちが左派に属すということだけだ。「親日協力」の問題にこのように政治的イデオロギーや法廷での検察官の視角から接近する限り、植民地は理解できない。だが、この本の編者がしていることはまさにそれなのだ。張赫宙や金史良の「親日」行為に関することもほとんどの研究が公平さを失っている。張赫宙と金史良の活動期間と作品生産量は比較ができないほどだ。白川豊が綿密な調査から明らかにしているように、張赫宙の「親日」は当時の他の作家たちに比べとくに目立つものではない。一方、金史良の協力的創作はその短い作家の経歴に比べればすでに初期から現れている。それにもかかわらず、張赫宙は「人間性が破壊された」「変節者」として罵られ、金史良は「光の中へと歩んだ英雄」として賞賛される、この言説の構造には、作家自身の意思とは関係なく、ある目的に合わせて事実を合わせようとする欲望が存在している。誤解を避けるために付け加えるならば、本章の目的は「金史良であれ張赫宙であれ親日行為においてそれほど違いがない」と主張したり、「金史良も親日行為をした」ことを暴露することにあるのではない。「抵抗／協力」、「愛国／売国」「民族／反民族」という分類法、さらに「親日」という概念ならざる概念を堅持する限り、真正な「差異」はあらわにならないということが、本章が強調しようとする点である。

(22) 広津和郎「平壌——金史良のことども」（安宇植・沈元燮訳『金史良評伝』から再引用）。

(23) 任展慧、前掲「張赫宙論」、八六頁。

(24) 「協力／抵抗」という頑固な二分法的民族主義の観点から捉えることのできない、植民地での限りなく多様で複雑な生の実像を捉えるためには、何よりもある特定の理念的・道徳的基準は留保されねばならない。本章において見てきたように、張赫宙と金史良を比較－対照する従来の論議は全てそうした理念に支配されていた。だが、私は本稿でいくつかの重要で例外的な研究成果に触れることができなかった。金允植の『韓日文学의（の）関連様相』（一九七四年）［大村益夫訳『傷痕と克服——韓国の文学者と日本』朝日新聞社、一九七五年］および『일제말기한국작가의일본어글쓰기론（日帝末期韓国作家の日本語作文論）』（二〇〇三年）などは民族主義的二分法の観点から遠く離れた先駆的な成果だ。白川豊の博士論文『張赫宙研究』はすべてのイデオロギー的前提から抜け出した、最も誠実で完璧な成果である。また彼と南富鎮が編集した『張赫宙日本語作品集』（勉誠出版、二〇〇三年）、それに布袋敏弘が編集し、白川豊が解説を書いた韓国語版

『장혁주소설선집（張赫宙小説選集）』は（韓国語翻訳の問題点はしばしおいて）張赫宙への新しい研究を触発する優れた資料である。정백수（鄭白秀）の『한국 근대의식민지 체험과 이중언어 문학（韓国近代の植民地体験と二重言語文学）』（아세아문화사（亜細亜文化社）、二〇〇〇年）もまた外すことのできない重要な成果だ。黄鎬徳の論文「변비와설사、전향의생정치（便秘と下痢、転向の生政治）」『상허학보（尚虚学報）』一六輯、二〇〇六年［『思想』岩波書店、二〇〇七年二月号、九四―一一九頁］は被植民者の言語的運命への洞察力溢れる力作である。これらの成果は張赫宙や金史良といった作家への新たな探索の有用な指標となるであろう。

第七章　日帝の清算

（1）김수명（金洙鳴）編『김수영전집（金洙暎全集）』二、민음사（民音社）、一九八一年、三〇二頁。

（2）이어령（李御寧）『축소지향의일본인（縮み志向の日本人）』기린원（麒麟院）、一九八六年、序文。

（3）유종호（柳宗鎬）『나의 해방 전후（私の解放前後）』民音社、二〇〇四年、三九頁。

（4）최기일（崔基一）『자존심을 지킨 한 조선인의 회상（自尊心を守った一人の朝鮮人の回想）』생각의 나무（センガクウィナム）、二〇〇二年、一九五頁。

（5）이영희（李泳禧）『歴程――나의청년시대（歴程――私の青年時代）』창작과 비평사（創作と批評社）、一九八八年、二五一頁。

（6）박완서（朴婉緒）『두부（豆腐）』創作と批評社、二〇〇二年、一七七頁。

（7）趙潤済の『国文学史』に関する説明は、本書第五章を参照。

（8）林鍾国の『親日文学論』に関する説明は、本書第一章を参照。

（9）이호철（李浩哲）「우리세대（わが世代）」『작가수첩（作家手帖）』진문출판사（真文出版社）、一九七七年、一一一―一一二頁。

（10）김현（金ヒョン）・김윤식（金允植）『한국문학사（韓国文学史）』민음사（民音社）、一九七三年。金允植（一九三七年生まれ）はその年齢とは関係なく学問的にはハングル世代に属すと見られる。金ヒョン（本名金光南、一九四三年生まれ）はハングル世代を論じるとき、欠かすことのできない最も代表的な評論家だ。

（11）金ヒョン「테러리즘의　문학（テロリズムの文学）」『문학과 지성（文学と知性）』一九七一年夏号、일조

각（一潮閣）。

(12) 한수영（韓寿永）「전후세대의 문학과 언어적 정체성（戦後世代の文学と言語的アイデンティティ）」『사상과 성찰──한국 근대문학의 언어／주체／이데올로기（思想と省察──韓国近代文学の言語／主体／イデオロギー）』소명출판（ソミョン）、二〇一一年。

終章　抵抗と絶望

(1) 「死者の〈代わりに語〉るのでなく「死者をして〈自ら〉語らせる」という部分は冨山一郎の『전장의기억（戦場の記憶）』（임성모（任城模）訳、이산（移山）、二〇〇二年〔『戦場の記憶』日本経済評論社、一九九五年〕）から多くの示唆を受けた。この問題についてのより詳細な言及は拙著『「국민」이라는노예（「国民」という奴隷）』（삼인（三人）、二〇〇五年）を参照。

(2) 二〇〇三年、平壌で解放以降初めて南北韓の歴史学者たちが集まり会議を持ち、共同声明を発表した。この歴史的な会議の結果、南北韓の歴史学者たちは彼らが力を合わせて行なわねばならぬことの一つとして「日本帝国主義の韓半島支配と同時に」〈Korea〉に変えたことで「消滅したわれわれ本来の国名英語表記〈Corea〉を再び復元しなければならない」と決議した（『헤럴드경제신문（ヘラルド経済新聞）』二〇〇三年八月二二日）。こうした人々を歴史学者と呼ばなければならないのか疑わしいが、こうした例は「日本」という〈絶対悪〉が韓国ナショナリストたちの見方と思考にどのように働いているかを示す好例である。

(3) 植民地時代の民族抵抗運動の絶頂として広く知られている「朝鮮語学会」の「ハングル運動」が総督府権力との緊密な協調の下で行われていたということ、一九三八年以来、朝鮮語の存立の危機に立たされるという状況のなかで朝鮮語学会が沈黙を守ったということ、朝鮮語学会の機関誌『ハングル』が戦時体制下において戦争協力行為をしたことは、記憶から消されてしまった。解放後のハングル学会は『ハングル』誌の天皇を称揚する記事などはきれいに削除した復刻本を発刊し、自分たちの履歴を「悪魔の魔手から民族の魂を守り抜いた武器なき戦争」であったと描いている。こうした事例こそ「日本」という存在が〈実際の私〉を忘却し〈私が見たい私〉をつくり出すのにどれほど効果的に機能したかを示す典型的な事例である。より詳細な説明は、本書第二章を参照のこと。

(4) 「親日派」こそ〈私ではないもの〉の代表的な存在である。「親日清算」への終わりなき欲望は韓国人たちが〈汚染された過去〉の記憶をいかに単純に手軽なやり方で消し去ろうとしているかをよく示している。だが、自らの混種性を正面から見据えるなら、「清算」は理論的にも実際的にも不可能だということが分かるだろう。解放直後における「親日清算」の失敗こそが、その後の韓国社会のあらゆる否定性のコアをなすものであるかのように語る、その歴史性を見ない無責任極まりない議論や、民族／反民族を境にして「民族精気の回復」のために「親日清算」を叫ぶといった、途方もない諸矛盾が「清算」されない限り、「清算」という言説でもって「日帝」に依存する韓国ナショナリズムの横暴は続くであろう。

（5）最も代表的な事例は、二〇〇四年に起きたソウル大学校李栄勲教授事件であろう。日本軍「慰安婦」問題に関連するテレビ局の公開討論会において李教授は、それが国家暴力の最も残忍な形であることを指摘し、その犯罪が最後まで追及され究明されねばならないことを強調した。さらに、彼は「慰安婦」の募集と「慰安所」の運営に関わった朝鮮人たちの存在に言及し、国家機構や軍による女性の性的奴隷化が解放以降も行われている現実に言及した。彼の発言に対する同意の是非は本章の主題ではない。討論が終わるやあるインターネットサイトが「挺身隊は公娼であった」と李教授が発言したと報道した。すると全てのマスコミがその後に続いた。「挺身隊は公娼であり、強制動員されたのではなく自発的なものだった」と李教授が発言したという報道とともに、多くの人身攻撃と罵倒が続き、国会議員たちが彼の教授職辞退を学校当局に要求するという事態にまで至った。ところで、驚くべきことは彼がそうした発言やそのように解釈されるいかなる種類の発言もしていなかったということだ。挺身隊と「慰安婦」を区別できない記者の無知ぶりは彼一人のことではないので論外としても、少なくとも数百万の人が視聴した内容が、このようにとてつもなく曲げられて提示されたにもかかわらず、それが「日本」とくに「慰安婦」問題と関連する限り、社会全体が完全な思考不能、すなわち聞きたいように聞き、見たいように見るという一種の催眠状態に陥っていたということにこの事態の本質がある。私はこの事件が一九三一年の「万宝山事件」の報道以来、韓国マスコミが犯した最も悪意に満ちた歪曲報道および人権蹂躙事件だと考える。

（6）そうした意味で私は「民族精気回復」のために「親日（派）清算」を叫んでいる人々が自らを「進歩的」と称していることほど、残酷な冗談はないと思う。

（7）こうして書いていても私ははっきりと恐怖を感じる。それは、私が一九八〇年代に社会主義や民衆主義について何かを書くたびに、情報機関の目を意識し、感じていた恐怖とは全く違う恐怖である。八〇年代の恐怖は一種の英雄的悲壮感を伴う恐怖であった。たとえ、誤って逮捕されたり監獄に行くことがあっても、何らかの「正義」は我にありという自負心と前向きな希望がその恐怖と常時結びついていたのが八〇年代の状況であった。「親日（派）清算」言説の持つ虚構性を批判する言葉を口にしたり、文を書くときに起きる恐怖は英雄的な悲壮感さえすっかり消えてしまった完全な恐怖である。李栄勲教授の事件がよく示しているように、今や韓国の社会で日帝について何か異なる声を出そうとする人々は、公権力の弾圧ではなくナショナリズムを教理とする一種の神政国家になってしまった韓国社会の大衆から、ありとあらゆる嘲りを受け、辱められることを覚悟しなければならない。「親日（派）」に関する限り二一世紀現在の韓国社会には数百万人のマッカーシーがいるのだ。

（8） *Slavoj Žižek, The Sublime Object of Ideology*（酒井直樹『번역과 주체（翻訳と主体）』후지이 다케시（藤井たけし）訳、이산（移山）、二〇〇五年［『日本思想という問題――翻訳と主体』岩波書店、一九九七年］二四四頁から再引用）。

（9） 竹内好「近代とは何か」『竹内好全集』第四巻、筑摩書房、一九八〇年、一五六―一五七頁。

訳注

序章　喉に刺さったとげ

〔1〕地域組織、学校、職場、官庁などで集まりを行うとき、参加者一同が皇居（宮城）の方に向いて礼をすること。朝鮮では南次郎が一九三六年の総督就任後に実施。次いで、台湾、日本国内でも実施されるようになり、日本の敗戦まで続けられた。また、第二次大戦中、占領したインドネシアでも実施し、イスラム教徒の反発を買った。

〔2〕一九三七年一〇月、朝鮮総督府学務局が教学刷新・国民精神涵養を目的につくり、学校をはじめ各機関に配布した文章。隣組からあらゆるレベルでの集まりを始めるに前にこれを奉読しなければならなかった。全三項目からなり、児童用と一般用の二種類がある。

〔3〕精気という言葉は日本の読者には馴染みのない言葉であろう。近代化以降、日韓併合以前は、例えば魂という語は国魂、大韓魂、韓国魂、精神という語は自国精神、独立精神、一団精神、国民精神、韓国精神、愛国精神、祖国精神などの形で使われたが、精気という言葉は使われていない。しかし、解放後は精気が主に使われている。魂、精神などがさかんに日本で使われたことへの意識も働いていると思われる。

〔4〕一八九〇―一九五七。文学者、歴史学者、出版人。一九〇四年一〇月、韓国皇室留学生として東京府立第一中学校に入学するが同年一二月に帰国。〇六年、官費留学生として早稲田大学に留学。早大生による朝鮮侮辱事件（模擬国会事件）に憤激して帰国。以後、出版社を経営しつつ『少年』をはじめとする各種児童雑誌を発行。〇九年三月の三・一独立宣言を起草し逮捕される。出獄後、雑誌や新聞を発行する傍ら、朝鮮史研究を進め、総督府の朝鮮史編修委員会員、中枢院参議、満州国建国大学教授を務める。解放後の四九年一月、親日行為により収監されるが、翌年二月病気のため仮釈放。

〔5〕李舜臣（一五四五―一五九八）は文禄・慶長の朝鮮侵略時、最終的に日本水軍を背走させたとされる朝鮮水軍の大将の一人。正式の役職名はそれぞれ全羅左道水軍節度使、三道水軍統制師。海戦中に死亡。徐熙

（九四二―九八）は高麗時代初の政治家。九九三年、契丹が侵入してきたとき、敵将と談判して講和を有利に進め、翌年には女真族を撃退した。

〔6〕日韓併合から九年目の年、前大韓民国皇帝高宗の葬儀を二日後に控えた一九一九年三月一日、民族代表三三人が独立宣言書を読み上げた後、その事実を日本官憲に連絡した。官憲は発表会場に出動、三三人を拘束した。これを契機に朝鮮各地で約三カ月間にわたって独立万歳を叫ぶ運動が起きた。官憲は武力鎮圧に出、この事件による朝鮮人の死亡者だけでも七五〇九人に上るとされる。現在、三月一日は韓国の祝日。

〔7〕一九一七―一九七九。軍人、元大統領。一九三七年、慶尚北道大邱師範学校卒業。その後、教師生活を三年。次いで、満州国軍官学校入学。四二年の卒業後、日本陸軍士官学校編入。卒業後、満州国陸軍第八師団の将校として勤務。日本敗戦と同時に帰国し、四八年、大韓民国国軍の発足後将校となる。南朝鮮労働党に入党、粛軍時、逮捕され死刑宣告を受ける。満州軍当時の同僚の助けと南朝鮮労働党に関する情報を提供により予備役編入、朝鮮戦争勃発と同時に大韓民国国軍将校として参戦。六〇年、李承晩大統領の自由党の不正選挙に端を発した四・一九革命後の翌年五月一六日、軍事クーデターを起こす。国家再建最高会議の副議長、次いで議長を務め、一九六三年一二月、大統領就任。長期執権を図るが、七九年一〇月二六日夜、宴会の席で中央情報部長金載圭に射殺される。現大統領の朴槿恵の父。

〔8〕ここでの親日派名簿とは、二〇〇二年二月二八日に「民族精気を確立する国会議員の会」が発表したもので、親日派として七〇八人の名が挙げられた。

〔9〕一九一七―一九四五。詩人。中国東北部間島省和龍県明東村（現中国吉林省延辺朝鮮族自治州龍井市知新鎮明東村）に生まれる。間島移住民三世。小学校は地元の明東小学校、中学校は中国と平壌にて通う。一九三八年、京城（現ソウル市）にある延禧専門学校（現延世大学校）文科に入学、四一年一二月に卒業。四二年三月、日本に渡り、立教大学英文科入学。同年一二月、同志社大学英文学科に編入。四三年七月、帰省前、思想犯として逮捕、鴨川署に拘置される。翌四四年懲役二年を言い渡され、福岡刑務所に収監。四五年二月一六日に獄死。同じ容疑で逮捕された友人宋夢奎（一九一七―一九四五）も同じ刑務所で獄死。幼いときから文学に関心を持ち、小学時代は従兄弟と文芸誌を出した。平壌の崇実中学校の学友誌に詩を発表。専門学校時代は雑誌『少年』に詩を発表。同時に詩集発表も目指したが、実現せずに終わる。彼の詩が日の目を見たのは、四五年の解放後であり、四七年二月に詩人鄭芝溶が『京郷新聞』に遺稿を発表したのが最初。その

後四八年一月、鄭芝溶が序文を書いた彼の代表的な詩集『空と風と星と詩（하늘과 바람과 별과 시）』が出版された。また、「懺悔録」は日本の大学入学のため、創氏改名をした後の四二年一月二四日に書かれた作品。彼に与えられる民族詩人という評価は、韓国、北朝鮮、中国、日本、いずれでも共通している。

〔10〕一九〇一—？　編集者、詩人。一九二一年、日本の東洋大学英文科に入学、二三年の関東大地震を機に帰国。はじめは新聞記者。二九年六月に発行人兼編集者として総合雑誌『三千里』（四二年三月に『大東亜』と改題）、三八年一月に『三千里文学』を発行。出版活動の傍ら、詩人としての活動も続けた。四五年の解放後、親日行為が問題となり、反民族行為特別調査委員会に召喚される。朝鮮戦争時、北に拉致される。号は巴人。

〔11〕一九三三—。金東煥の三男。彼は一九九四年に刊行した『父巴人金東煥——彼の生涯と文学（아버지파인 김동환——그의생애와문학）』（国学資料院（국학자료원））の「刊行に際して」で次のように述べている。「父が日帝末期に一時、犯した恥辱的な親日行為を反省し、その変節について告白し、「叛逆の罪人」であることを自認していたことを噛みしめながら、私は家族に代わって国家と民族の前に深く頭を垂れて謝罪します」。彼はまた、自ら公開謝罪した会の主催団体である民族問題研究所の会員でもある。

〔12〕尹東柱が立教大学留学のため出さざるをえなかった創氏改名届提出の数日前に書いた詩「懺悔録」を、単純に彼の親日行為に対する「懺悔」と見ていることに対する指摘。創氏改名が親日行為であるなら、当時植民地下で生きていた多くの人々が親日派になってしまうであろうし、詩「懺悔録」をそうした基準で評価してしまうこの発言者の短見に対する著者の評価。

〔13〕金大監とトルスェは、特定の実在した人物の呼称ではない。朝鮮時代と近代初期にかけて支配階層である両班を金大監が、被支配階層を下僕のトルスェが代表している。韓国人なら、この名前を聞けばそうした人物像が自然に浮かんでくる名である。ちなみに大監とは朝鮮時代の正二品以上の役職の総称。

第一章　「国民」という奴隷

〔1〕一九〇三—一九八五。評論家、小説家、詩人。一九二一年、立教大学英文学科に留学。二三年、他の朝鮮人留学生とともに劇団土月会を結成。同年七月の劇団ソウル公演を最後に脱退。その後文芸団体「パスキュラ」を結成。二五年にカップ（朝鮮プロレタリア芸術同盟）を結成。三一年、三四年の二度にわたるカップ

の一斉検挙時には二度とも警察に検挙される。また毎日申報社、時代日報社、中外日報社、朝鮮日報社にも所属していた。朝鮮戦争時、大韓民国陸軍従軍作家団に加わる。休戦後は主にエッセイと植民地期の朝鮮の文壇に関する回顧文を多く書いた。

〔2〕軍人の教養、宣伝、報道などを扱う部署である政訓監室の長。

〔3〕一八九二―一九五〇。文学者。三度にわたる日本留学経験がある。最初は一九〇五年、天道教と一進会の留学生として東京の大成尋常中学校に入るが、学費が届かず九月に帰国。翌年三月、大成中学に復学し、〇七年明治学院三学年編入。一〇年に卒業した後、帰国し私立中学校・五山学校の教師となる。一六年九月、早稲田大学哲学科入学。しかし、結核療養のため、翌年末に帰国。中学時代から留学生仲間と同人誌を出したり、朝鮮の新聞・雑誌に寄稿したりするなど、活発な文筆活動を行っていた。作家としての地位を確固とした作品は、一七年一月から約五カ月間『毎日申報』に連載された「無情」。一方、独立運動にも深く関わる。朝鮮で三・一万歳運動に先立つほぼ一カ月前の一九年二月八日に当時の在日本朝鮮YMCA（現在日本韓国YMCA）で発表される独立宣言文を起草し、その足で上海に渡る。一九年四月の亡命臨時政府設立に関与し、臨時政府が出す『独立新聞』を主宰する。しかし、朝鮮内では三・一運動以降も変化は見られず、臨時政府の活動も資金不足により十分でなく、独立への展望が見えなかった上、健康状態もすぐれず、二一年四月、ついに帰国を決意。帰国した彼への人々の評価には厳しいものがあった。彼は新聞・雑誌への投稿、教師をして生活を維持していたが、二三年五月、東亜日報社に入社。一時退社していた期間もあるが、結局三三年八月まで勤める。その後、朝鮮日報社に移り、副社長に就任する。四三年五月に副社長は辞めたが、五〇年までは役員職にあった。文学活動とともに社会運動にも引き続き関わった。三七年六月には修養同友会事件のため、病気保釈まで六カ月間西大門刑務所に収監され、健康を害す。三八年一一月の予審で、転向を表明し、執行猶予となってまもなく、総督府関係者に勧められても拒否してきた神社参拝をする。これ以降親日的行動が加速されていった。解放後の四九年、彼は反民族行為特別調査委員会により二月七日拘束。三月四日、病を理由に保釈。そして朝鮮戦争時、五〇年七月六日、ソウルを一時支配した北朝鮮軍により連行。一二日、結局北へ拉致。同年一〇月二五日、持病のため死去。

〔4〕一八七五―一九六五。政治家。日韓併合前に渡米。併合後、ハワイや米本土で上海の臨時政府にも関与しつつ、韓国独立運動に従事。解放後帰国し、一九四八年八月大韓民国の初代大統領になる。朝鮮戦争勃発時、

北朝鮮軍が進撃してくるやソウルを脱出。六〇年三月の選挙で大統領四選を果たすが、そのときの不正選挙のため、結局は四・一九革命が起こる。大統領職を辞任し、ハワイに渡る。ハワイで死去。

〔5〕 中国、朝鮮で古くから日本の称として使われてきた言葉は「日本」ではなく「倭」である。日本も古くは中国との外交文書に自らを「倭」と称している。「ウェジョンテ（倭政の時）」とは日本統治期という意味だ。この言葉に込められているニュアンスには複雑なものがある。良くも悪くも自分たちが生きてきた一つの時代を指す言葉である。そのため、この言葉を使う年齢層も限られており、今の若者たちでこの言葉を知っているものはほとんどいない。

〔6〕 一九二九—一九八九。評論家。一九六六年、『親日文学論（친일문학론）』を出版。韓国の文学研究における本格的な「親日文学」研究の嚆矢であり、その後の「親日文学」研究に大きな影響を与えている。

〔7〕 一九八〇年代に学生・社会運動圏で起きた韓国社会をどう見るかをめぐる論争。民族解放（NL；National Liberation）派は、外国勢力による南北分断が財閥の独占、軍部独裁を惹起したと見て、まずは外国勢力を追い出し、自主的統一を目指すべきだとし、一方民衆民主（PD；People's Democratic）派は現在の韓国社会の問題、財閥の独占、労働者の犠牲、南北分断などは資本主義体制の矛盾から発生したと見て、まずは資本主義を撤廃すべきだとした。

〔8〕 二〇〇三年二月の盧武鉉大統領就任のこと。本章は二〇〇一年に初めて発表し、二〇〇三年三月、コーネル大学で開かれたワークショップでの発表のために修正したものである。

第二章　「民族」が語られるとき

〔1〕 一八九四—一九七〇。韓国語学者。一九一五年、官費留学生として広島高等師範学校に留学。帰国後、二〇年から高等普通学校の教師を務める。二二年から二五年まで京都大学文学部哲学科に留学。帰国後、延禧専門学校の教師となる。その後、朝鮮語学会の会員となり本格的に朝鮮語研究を始める。四二年朝鮮語学会事件で逮捕。解放とともに釈放。同年九月、米軍政庁文教部編修局長に任命される。以後、国語教材の編纂と教員養成に従事。ハングル「大辞典」編纂に努める。ハングル学会（旧朝鮮語学会）の中枢人物として活動。延世大学校教授、同文科大学長、同副総長を歴任する。

〔2〕 「ウェーソル（외솔）」は崔鉉培の号、一本松の謂い。

〔3〕「ナラサラン（나라사랑）」のナラは国、サランは愛。「ハングルカル（한글갈）」はハングルの歴史に関する研究書、カルは枝・系統。「ウリマルボン（우리말본）」はハングル文法書、ウリは私たち、マルは言葉、ボンは本。ハングルという名称が一般化する前は、漢文を真文、ハングルを諺文と呼んだ。

〔4〕一九四二年から四三年にかけて朝鮮語学会のメンバー三三人が治安維持法違反で検挙された事件。この時期朝鮮語学会は大型辞典の発行を企画していたとされる。事件の発端は、警察が別件で押収した咸興（現在北韓）の永生女子高等普通学校の一生徒の日記の「国語（日本語）を使って先生に叱られた」という記述だった。この生徒を取り調べたところ、朝鮮語学会の一員で彼女の担任だった丁泰鎮が呼び出され拘束された。そして結局治安維持法の内乱罪により三三人のメンバーを逮捕した。三三人のうち、一六人を起訴、一七人は起訴猶予となる。収監中二名が死亡。最終的に裁判に回された一二人に四五年一月判決が下される。実刑となった五人のうちの四人は控訴するが、八月一三日、全員棄却される。同一五日、日本の敗戦に伴い全員釈放される。

〔5〕一九一五―二〇〇〇。詩人。一九三六年に詩人・作家などの登竜門である『東亜日報』の「新春文芸」に応募した詩が当選。同年、ほかの詩人たちとともに詩専門誌『詩人部落』を創刊。解放後、純粋芸術を標榜する文学者団体「朝鮮青年文学家協会」を結成。号は未堂。

〔6〕一九〇三―一九八二。時調詩人、歴史学者。時調とは韓国の伝統詩のうちの一形式。一九二五年、早稲田大学史学科に留学。帰国後、二〇年代後半に起きた時調復興運動に参加。時調の現代化に努めた。朝鮮語学会事件で拘束された一人。号は鷺山。

〔7〕両班とは、文班と武班または東班と西班のこと。高麗、朝鮮時代の支配身分層。制度として高麗時代に始まり朝鮮時代に完成したとされる。文班と東班は文官、武班と西班は武官である。

〔8〕規則・礼節・手続きなどが厳しく繁雑で身動きがとれないこと。

〔9〕地方に土着した両班を指す言葉。

〔10〕一八三七―一九〇〇。韓医学者。「四象医学」とは李済馬が主張した韓医学説。人間の体質は太陽、少陽、太陰、少陰の四つに分かれ、それぞれの体質に合わせて薬を使わねばならないという説。

〔11〕「民に教える正しい音」という意味であり、世宗大王がつくったとされているハングル解説書のタイトルでもある。

〔12〕 檀君は韓国の建国神話に出てくる人物。古朝鮮(紀元前二三三三―紀元前一〇八)の初代の王とされ、一五〇〇年間も古朝鮮を治めたと言われている。

〔13〕 朝鮮の上古期の名称。漢字は固有語に同じ音を持つ漢字を当てたもの。近代になって使われだした言葉。

〔14〕 一九三一―。軍人、元大統領。一九六五年、陸軍士官学校を卒業。七九年一〇月、朴正煕大統領暗殺後、戒厳司令部合同捜査本部長として、同年一二月一二日、陸軍本部を襲撃し、当時の陸軍参謀総長を強制連行、軍の実権を掌握する。八〇年五月、光州での民衆虐殺も彼をはじめとする軍部の命令によるもの。同年八月二七日、大統領に選出。金泳三政権期、内乱罪などで無期懲役刑を宣告される。同政権末期の特別恩赦により釈放。

〔15〕 金泳三は一九五四年、国会議員に当選。以後野党政治家として活動。全斗煥、盧太愚と続いた軍出身大統領の後を継ぎ、保守と合同した党の候補者として九三年、大統領に当選。金泳三政権は「文民政府」と呼ばれた。

〔16〕 一九四六―二〇〇九。弁護士、政治家、元大統領。盧武鉉は一九六六年、釜山商業高校卒業した後、七五年に独学で司法試験に合格し、判事を一年務めた後、弁護士に転向し人権弁護士として活躍。八八年の国会議員選挙で当選し、金泳三系の議員となる。金泳三の保守合同に反対し、金大中が率いる政党に入党。金大中政権時、海洋水産部長官を務める。金大中政権を引き継ぐ大統領選挙で大統領に当選。任期が終わった後、盧武鉉政権を継いだ李明博政権下で検察の執拗な捜査を受け、二〇〇九年五月、自殺する。盧武鉉政権は国民が国政に参加するという意味の「参与政府」と呼ばれた。ちなみに、金大中政権は「国民の政府」。

〔17〕 一八七六―一九一四。韓国語学者。大韓帝国期(一八九七―一九一〇)からハングル学確立のため旺盛な活動を行った。独立新聞社の校正員、帝国新聞社の記者をしながら、ハングルの普及に尽力する。教育者として多くのハングル研究者を育てた。ハングル関連書籍だけでなく、一九〇七年に潘佩珠の『越南亡国史』をハングルに翻訳している。

〔18〕 一八五六―一九一四。政治家、思想家。李氏朝鮮が海外に派遣した最初の留学生の一人。一八八一年、慶應義塾大学に留学した後、八三年に帰国。同年七月に渡米留学。八五年末に帰国。国の改革に努めるが失敗に終わり、身辺に危険を感じ、九六年二月、日本に亡命。一九〇七年になって完全帰国。その後、啓蒙・教育運動に献身。日韓併合後、日本政府からの爵位授与を固辞。代表的著書は『西遊見聞』(一八九五年)。

第三章　植民地的無意識とは何か

〔1〕一九〇一―一九三二。小説家。一九一八年から一年間、間島を放浪する。二四年、文芸雑誌『朝鮮文壇』に「故国」、翌年「脱出記」を発表し、作家として認められる。自らの体験を基に、生きる場を奪われた植民地朝鮮の人々の生を描いた。カップ同盟員。

〔2〕間島地方は旧満州東南部に位置し、面積は四国に広島を合わせたものよりも広い。東はロシア沿海州のウスリー地方、西と北は白頭山（韓国名。中国名は長白山）、南は豆満江（中国名は図們江）を挟んで北朝鮮の咸鏡北道に接する。

〔3〕一九〇四―？　小説家。一九二一年、徽文高等普通学校に入学するが中退し渡日。上智大学の予科に入学。帰国後、専門学校の講師、新聞記者などを務めた。三三年、文学同人会「九人会」に参加。文芸雑誌『文章』の編集委員として活動する傍ら、自身も作品を発表した。小説としては「五夢女」「不遇先生」「福徳房」、文章作法に関する『文章論』『文章講話』などがある。解放後は朝鮮文学建設本部を組織したりしたが、越北。北朝鮮でも文学活動をしたが、粛清される。詳しいことは不明。

〔4〕韓国の里は日本の里（約三・九三キロメートル）の一〇分の一、すなわち韓国の三〇里は日本の三里。

〔5〕一八九七―一九六三。作家。一九一二年に渡日。翌年、東京の麻布中学二年に編入。一三年、聖学院中学三年に編入。一五年、京都府立第二中学校三年に編入。一八年、同校を卒業、慶應義塾大学文学部予科に入学するが、同年一〇月、病のため中退。一九年三月一九日、大阪の天王寺公園で独立運動の檄文を撒き、逮捕される。一審禁固一〇カ月、二審は無罪。二〇年に帰国。その後、教師、雑誌編集、記者などを経て三六年、満州の『満鮮日報』の主筆兼編集長を務める。解放後、ソウルに戻り、四六年、『京郷新聞』編集長。朝鮮戦争時は一時海軍小領として服務。作品としてはデビュー作「標本室の青ガエル」「暗夜」「除夜」、長篇には三・一運動前の朝鮮の姿を描いた「墓地」（のちに「万歳前」と改題）や三代にわたる世代間の葛藤を描いた『三代』などがある。

〔6〕一九〇五―一九八八。詩人、評論家。一九二〇年、友人たちと同人誌『揺籃』を出す。二四年『朝鮮日報』の記者となり、二五年、カップの同盟員となる。『満鮮日報』の社会部長、学芸部長を務め、満州で解放を迎える。北朝鮮では朝鮮作家同盟副委員長を務める。作品としては詩選集『麗水詩抄』（一九四〇年）『朴八陽詩選集』（一九四九年）などがある。

〔7〕韓国式床暖房をオンドルという。オンドル部屋の床にはそのため、昔は油紙が貼られていた。ここでのオンドル部屋の床みたいというのは平らであることの謂い。

〔8〕チョンチョニは韓国語、マンマンディーは中国語。どちらも「ゆっくり」という意味の言葉。

〔9〕ホオジロのこと。

〔10〕manna はヘブライ語。旧約聖書「出エジプト記」にその名が登場する。イスラエルの民が飢えていたとき、神が天から与えた食料の名。ここでは絶好の機会の謂い。

第四章 「朝鮮人」から「東洋人」へ

〔1〕一九〇六―？ 内鮮一体論者。一九三一年、京城帝国大学卒業。大学時代そして卒業後も上海、東京などの無政府主義系列の団体で活動。三五年一二月、東京警視庁に上海の無政府主義団体「南華韓人青年同盟」員として逮捕されるも、翌三六年、容疑なしとして釈放。同年一二月、京城帝国大学の教職員など日蓮宗系列の在朝日本人の団体「緑旗連盟」の職員となる。「緑旗連盟」に彼が加わることで、連盟は朝鮮人の皇民化、内鮮一体運動に着手。こうした流れのなかで、彼は内鮮一体主義に立った著作・論文を発表する傍ら、総動員体制の傘下機関で活動。主な著作に『朝鮮人の進むべき道』（一九三八年）や『新生朝鮮の出発』（一九三九年）などがある。解放後、渡日。

〔2〕一九〇六―一九八七。小説家、法学者、教育者、政治家。一九二六年、京城帝大予科を卒業し、京城帝大法文学部法科に入学。在学中、二七年に短編小説「スリ（掏摸）」を『朝鮮之光』に発表。また左翼系の経済研究会に参加する。二九年、京城帝大法文学部法科を首席で卒業。以後、法文学部の助手、京城帝大予科の講師を務める。三二年、普成専門学校（現高麗大学校）の教授、法学科長となる。三九年、『三千里』七月号に日中戦争支持文を寄稿。以後、日本の国策に沿った活動をする。解放後、京城大（現ソウル大学校）の法文学部教授も兼職するがすぐに辞退。また、文学活動から離れる。以後、憲法起草委員、法典編纂委員会委員、国会議員として活躍。五二―六五年まで高麗大学校総長を歴任。

〔3〕一九〇八―一九八五。評論家。一九二七年、渡日。東京高等師範文科に留学。この時期『地上楽園』『前衛詩人』の同人。三〇年、ナップ加盟。三一年、卒業して帰国。同年、カップ中央委員になり、プロレタリア文学擁護の評論文を数多く発表。三四年のカップ第二次検挙で一年半収監。執行猶予で保釈後、「転向」

宣言。三九年、総督府機関紙『毎日申報』の文化部長などを務める。解放後はソウル大学校師範大学教授。著書として『朝鮮新文学思潮史』(一九四八年)などがある。

〔4〕一九一四―一九四四。詩人。一九三七年、渡日し、日本大学専門部芸術科入学。渡日前から『東亜日報』『朝鮮日報』『文章』に詩を発表。三九年三月に中退し、婦人画報社に入る。四一年末または四二年初めに帰国。四三年、『国民文学』の編集に関与。同年半ば同誌を離れ客員となる。四四年九月、死去。作品集としては日本語詩集『たらちねのうた』(四三年)、訳詩集『雪城集』(同年)があり、また、当時、新聞・雑誌に詩などを発表。

〔5〕一九一一―一九五三。小説家、評論家。一九二九年、渡日、法政大学入学。カップ東京支部に加入。同人誌『無産者』の同人となる。三一年、帰国するが、同年六月のカップ第一次検挙で検挙され、懲役二年の実刑を言い渡される。三五年のカップ解散後も創作方法の研究と小説執筆を持続する。解放後は「朝鮮文学家同盟」の結成・運営に深く関与。朝鮮戦争前に越北。五三年の休戦直後、北当局の南労党系粛清により死去。長篇小説『大河』をはじめ多くの作品がある。

〔6〕一九〇六―?　哲学者、評論家。一九二四年(?)に渡日、二六年、早稲田大学高等学院文科卒業、同年、早稲田大学文学部哲学科入学、一九二八年、中退。同年六月、新幹会東京支部の中心メンバーとなる。同年八月二九日、四谷区で朝鮮人学生と労働者が行進して警察と衝突。この事件の捜査で、当時の朝鮮共産党日本総局の組織が明らかになるのだが、彼は組織部の責任者だった。三〇年頃、上海経由で帰国。以後、朝鮮共産党再建に努めるが、三一年一一月頃、カップ第一次検挙で拘束、懲役五年。三六年ないし三七年初めに出所後、東亜協同体論、京都学派の歴史哲学を軸に活発な評論活動を開始する。解放後、カップ系列の朝鮮文学建設本部、朝鮮文学同盟の委員を務める。以後の経歴は不明。

第五章　「欠如」としての国(文)学

〔1〕AB(Artium Baccalaureas)はBA(Bachelor of Arts)に同じ。教養学士・文学士(外国語と哲学を含む)。MA(Master of Arts)は文学修士、Ph.Dは博士。

〔2〕登場人物(女性)の名前。

〔3〕一八八六―一九四六。教育家、国学者。一九一四年、渡日し日本大学政治学科に入学。一六年に帰国。独

立運動秘密組織の「朝鮮国権回復団」の慶尚南道の馬山支部長を務め、一九年の三・一運動に関与。二一年朝鮮青年連合会の機関誌『我声』、二二年雑誌『新天地』の編集を行う。二三年から四年間伝統音楽である雅楽の学問的整理・研究に従事し、その成果を基に国文学に関する『朝鮮語学原論』を発表。三〇年代、日帝の弾圧が激しくなると、七年間ほど、満州やハワイで過ごす。三八年から四〇年にかけ、いくつか文章を書いたが、以後、ほとんど執筆せず。解放の翌年死去。

〔4〕一八九〇―一九六一。独立運動家、韓国語学者。一九〇八年、普成高等普通学校を卒業後、同校の韓国語教師だった周時経から教えを受ける。朝鮮語辞典の編纂に加わるなどハングル研究家として活動。一六年に朝鮮語辞典『조선말본（朝鮮語本）』を刊行。一九年の三・一運動に参加した後、上海に亡命。臨時政府の議政院委員となる。以後、上海、延安で独立運動を続ける。解放後は北朝鮮に帰還。北の政治家として活躍。延安派粛清により失脚。彼のハングル文法体系はハングル『大辞典』編纂に大きな影響を与えた。

〔5〕一八九三―？　時調詩人、漢学者。一九一二年に申采浩などと上海に独立運動団体「同済社」設立。一三年、中国に留学するが、妻が死亡し帰国。二二年から延禧専門学校などで漢学、歴史学を教える。『時代日報』『東亜日報』の論説委員として総督府統治を批判。「五千年の朝鮮の魂」「檀君朝以来五千年間脈々と流れてきた魂」など、「民族魂の歴史」を強調。朝鮮戦争時、北に拉致され、死亡したとされる。

〔6〕一八八〇―一九三六。ジャーナリスト、歴史家、独立運動家。大韓帝国期末の論客として『皇城新聞』『大韓毎日申報』で論説や「李舜臣伝」「乙支文徳伝」を通し、愛国啓蒙運動に尽力する。日韓併合後、中国に亡命して独立運動を続ける。対日武装闘争路線を堅持。そのため臨時政府とは距離を置く。思想的には無政府主義に接近。一九二八年、台湾で日本の官憲に逮捕。大連で裁判を受け、旅順監獄に収監。三六年、五六歳で獄死。小説「竜と竜の大激戦」［金学烈・高演義編『朝鮮幻想小説傑作集』白水社、一九九〇年、李丞玉ほか編『朝鮮文学選1（解放前篇）』三右社出版、一九九〇年］、歴史書「朝鮮上古史」［矢部敦子訳『朝鮮上古史』緑蔭書房、一九八三年］などがある。

〔7〕朝鮮時代の儒学者李珥（一五三六―一五八四）が子供のために書いた教育書。内容は以下の一〇章からなる。第一章「立志」、第二章「旧習を革ためる」、第三章「処身」、第四章「読書」、第五章「親の事」、第六章「喪制」、第七章「祭礼」、第八章「居家」、第九章「接人」、第一〇章「処世」。『千字文』などとともに当時初等教科書として広く使われた。

〔8〕一九三七年六月から翌年三月にかけて、計一八一人が逮捕された事件。事件の発端は三七年五月、在京城（現ソウル）のキリスト教青年勉励会が禁酒運動を計画し、地方の三一の支部に「滅亡に陥ちた民族を救出するキリスト教人の役割」という印刷物を発送。この事実を探知した日本官憲が運動の背後に修養同友会があるとし、大々的な検挙を行った。罪名は治安維持法違反、拘束された一八一人のうち、四九人が起訴、五七人が起訴猶予、七五人が起訴中止処分。四一人が裁判に回され、一審は全員無罪。検察が控訴し、二審で多くの人が実刑を宣告された。教育運動家として名高い安昌浩も検挙され、病状が悪化、保釈されたが三八年三月に死亡。その他、獄中で拷問により死亡した者二名。体が不自由になった者一名。

〔9〕一九〇四―一九七六。国文学者。一九二九年、京城帝国大学朝鮮語文学科卒業。三一年、朝鮮語文学会を組織し、機関紙『朝鮮語文学会報』を発行。三七年、『朝鮮詩歌史綱』を著す。解放後、最初はソウル大学校、最後は嶺南大学校の教授。その間、六一年の五・一六軍部クーデター後は韓国教授協会の議長であったため、六五年には日韓協定に反対したため、一時教授の職から外された。

〔10〕一八九四年（甲午年）七月から九六年二月にかけて行われた李氏朝鮮の近代化のための内政改革。日本の後押しにより成立した金弘集を首班とする改革派内閣が、官制改革を行い、租税の金納、通貨改革、身分差別撤廃、連座制や拷問の廃止など多肢にわたる改革法令を発したが、人々の反発もあり十分にその成果を挙げられず、改革派政権も二年余で崩壊した。

〔11〕一八六二―一九一六。小説家、言論人。一八九四年の日露戦争時、日本の通訳として活動。九六年二月、甲午更張を進めた親日金弘集内閣の没落を機に同内閣の刑事局長だった趙應重について日本に亡命。一九〇〇年、韓国の国費留学生となる。東京政治学校に入学、同学校で修学した後、都新聞社に入り新聞界に足を踏み入れる。帰国後、一九〇六年から『国民新報』、次に『万歳報』の主筆を務め、一九〇七年には『大韓新聞』社の社長となる。とくに『万歳報』に連載した小説『血の涙』は韓国新小説の嚆矢とされている。以後も何篇かの新聞連載小説を執筆した。一方、演劇改良にも関わり自らの小説『銀世界』を劇として上演している。日韓併合前には当時の韓国政府の要人李完用の秘書役として日本にしばしば往来し日本側の要人との連絡役をしていたとされる。日韓併合後は一一年から一五年まで経学院（成均館大学校の前身）の司成（管理職）を務めた。

第六章　愛国と売国

〔1〕一九〇五―一九九七。本名は張恩重、一九二一年、慶尚南道大邱普通高等学校に入学。この頃、無政府主義に関心を持つ。卒業後、安徳面立学校、知保面立普通学校の代用教員、ミッションスクール喜道州学校の訓導を務めながら、日本語による習作に励む。三二年四月『改造』の懸賞小説に応募した「餓鬼道」が二等に入選。これを契機に渡日し本格的に作家活動を始める。日本の文壇に登場した最初の朝鮮人作家である。初期には苦しい朝鮮の農民の姿を描く作品を主に書いていたが、徐々にそうした題材から離れていった。日本と朝鮮とで多くの作品を発表している。三九年には文禄慶長の役（朝鮮侵略）の豊臣軍の先鋒であった加藤清正を扱った『加藤清正』を、四三年には朝鮮人への徴兵制実施を題材にした『岩本志願兵』を『毎日新聞』に連載した。戦後は朝鮮戦争時の韓国を描いた作品『嗚呼朝鮮』などを発表。五二年に日本に帰化した後も作家活動を続けた。『張赫宙日本語作品選』（南富鎮・白川豊編、勉誠出版、二〇〇三年）がある。

〔2〕一九一四―一九五〇。本名は金時昌。一九三一年、平壌高等普通学校五学年に在籍中、同盟休校事件の首謀者の一人と目され論旨退学処分を受け、渡日。旧制佐賀県立高等学校文化乙類に入学。三六年、同校を卒業し東京帝国大学文学部ドイツ文学科に入る。同年一〇月、朝鮮芸術座メンバーの一斉検挙に関連し本富士警察署に未決勾留されるが、一二月中旬未決のまま釈放。佐賀高校時代、大学時代を通して、同人誌に作品を発表しながら習作に励む。三九年一〇月に同人雑誌『文芸首都』に掲載された「光の中へ」が四〇年上期の芥川賞候補作に選ばれ作家としてデビュー。彼も張赫宙と同じく日本と朝鮮で多くの作品を発表している。四一年一二月に予防拘禁法により鎌倉署に拘禁され、翌年一月末に釈放され、二月に朝鮮に戻る。四五年二月、国民総力朝鮮連盟兵士後援部より「在支朝鮮出身学徒兵慰問団」員として中国に行き、五月末、抗日地区に脱出。解放と同時に郷里の平壌に戻る。その後も文学活動を続けるが、朝鮮戦争中、北朝鮮軍の従軍作家として韓国に南下したが、米軍の仁川上陸作戦を機に戦況が逆転し、撤退する途中行方不明となる。病死したとされる。『金史良全集』全四巻（河出書房新社、一九七三―七四年）がある。

〔3〕一九〇〇―一九五一。小説家。一九一四年、渡日し東京学院中学部入学。のち明治学院中学部に編入。一七年、父の死去に伴い帰国。一八年、再び渡日し川端画学校入学。一九年二月、同人誌『創造』を発刊。同年三月、同学校を中退、帰国。同月、弟に三・一独立宣言書を書いて渡したことで懲役六カ月に処せられる。一時事業にも手を出すが失敗。三三年、『朝鮮日報』学芸部長を四〇日間務める。三五年、歴史読み物雑誌

『野談』を創刊。四二年、不敬罪により六カ月服役。作品は多岐にわたる。生涯、同時代の作家李光洙に対し強い競争意識を持つ。

〔4〕一九一七―？　一九三三年、渡日。下関の商店で住み込みで働く。三七年、日本大学予科に入学。『芸術科』（三九年一一月号）掲載の「ながれ」が三九年下期芥川賞の予選候補に挙がる。ちなみに、このとき、金史良の「光の中に」は候補作。四一年末、日大法文学部芸術家文芸学専攻卒業。四二年、日本学芸通信社編集部に入社。四四年三月頃、金達寿たちと同人誌『鶏林』を創刊。四五年二月、同社解散により厚生省中央興生会新聞局に移る。敗戦後、在日朝鮮人連盟の活動に参加。神奈川大学講師を務める。

〔5〕一九〇八―？　在間島日本領事館のボーイをしながら、日本語を習得。一九四一年、青木洪の名で『耕す人々』（第一書房）を出す。四二年、帰国し、同年一一月、兼二浦製鉄所に入社。産報「げんじほ」の編集を担当。四四年、半島文学者総決起大会に地方代表として参加している。以後の経歴は不明。

〔6〕一九〇〇―一九七六。小説家、評論家。中国に留学した後、一九二一年日大社会学科に入学、二三年、関東大震災時、帰国。二五年、『朝鮮文壇』四号に「その日の夜」を発表。二七年、カップに加盟し中央委員に選出される。プロレタリア作家として活躍。三三年、『朝鮮日報』の編集記者を務める。三四年八月のカップ第二次検挙で逮捕。三五年一二月、執行猶予により釈放。その後故郷（咸鏡道）に戻り、自営業をしながら、執筆に専念し長編『黄昏』（一九三九年）を完成。解放後は北朝鮮臨時人民委員会の咸鏡道代表などの公職を務める。六二年、粛清されたとされる。

〔7〕一八九五―一九八四。小説家。一九二一年、渡日。正則英語学校に留学。二三年の関東大震災を機に帰国。二四年、『開闢』の懸賞小説に「兄の秘密の手紙」が当選し、作家としてデビュー。二五年、『朝鮮之光』の編集記者となる。同年、カップに加盟し活動。三一年、三四年の二次にわたるカップ検挙で拘束される。最初は二カ月拘束後、執行猶予で保釈。二度目は一年半収監される。一時、総督府とつながった朝鮮文人協会に加入するが、四四年には執筆を絶ち、田舎に蟄居。解放後、平壌にとどまり、人民委員会教育部長などの要職を歴任。作品としては長編『故郷』（『朝鮮日報』三三年二月一五日―三四年九月二一日）などがある。

〔8〕一九〇九―？　評論家。一九三五年、法政大学仏文学科卒業。帰国後『朝鮮日報』記者となる。三〇年代初めからカップに関与し、『朝鮮日報』『中央日報』に評論を発表するなど活発に活動。解放直後、朝鮮文学建設本部を結成。朝鮮戦争以前に越北。五三年の南労党派への粛清時、裁判に回される。死刑は免れたが、

一二年の刑に処され、獄死したとされている。

〔9〕一九一二―？　評論家、作家。カップ中央委員を経て、一九三四年の夏から『中央日報』『東亜日報』を通して幅広い批評活動を行う。しかし、四〇年代、総督府機関紙『京城日報』の記者となってからは、そうした姿は見られない。解放後は朝鮮文学家同盟の中央委員を歴任。四六年初め北に戻り、活発な批評活動を行う。六〇年代初めに粛清されたとされる。

〔10〕一九〇八―一九五三。詩人、評論家。一九二〇年代後半から批評活動を始める。二八年、カップの中央委員になる。また、同年二本の映画（『流浪』朝鮮映画芸術協会、『昏街』キノ京城映画工場）の主演を務める。二九年、演劇を学ぶため渡日し、東京に滞在。日本の社会主義者の影響を受ける。金南天などと「無産者社」で活動。三一年、帰国し、カップ第一次検挙で不起訴処分。三二年にはカップの書記長となる。カップ第二次検挙でも逮捕されるが、肺結核悪化により釈放。三五年、金南天と一緒にカップの解散届を提出。『社会公論』『人文評論』の編集に関わる。四〇年、高麗映画社嘱託。四三年、朝鮮映画文化研究所の嘱託として、『朝鮮映画年鑑』『朝鮮映画発達史』を編集。解放後、朝鮮文学建設本部や朝鮮文学家同盟を結成。四七年末、越北。朝鮮戦争時、従軍作家団の一員として活動。五三年、南朝鮮労働党系と目され粛清される。松本清張の『北の詩人』は彼がモデル。

〔11〕一九〇六―一九九〇。小説家。一九三〇年、幼稚園の保母を辞めて渡日。日本でも保母をしながら「学生劇芸術座」に参加。三一年、帰国後、三千里社に入る。三四年のカップ第二次検挙で女性として唯一、逮捕・収監。出獄後、朝鮮日報社編集部で働く。四〇年代に入ると、当局に協力する活動を行う。解放後は「大韓民国空軍従軍作家団」の一員として活動。六四年、第一回女流文学賞を受賞。

〔12〕一九〇八―？　小説家。早稲田大学ロシア文学科を卒業（年度不明）。一九二〇年代から総督府機関紙『京城日報』、京城放送局、平壌放送局に勤務。三五年、劇芸術研究会の同人として活動。三六年、勤めていた開闢社から朝鮮日報社に移り、雑誌『朝光』の編集をする。四一年から四四年にかけては紀行文「聖地参拝通信」をはじめ、のちに「親日文学活動」と評される作品を発表。解放後、海軍中尉として入隊。朝鮮戦争時、行方不明となる。初期の作品は流浪する人々の哀歓、三〇年代知識人の挫折と苦悩を描いている。

〔13〕一九〇九―一九五三？　小説家。総督府機関紙『毎日申報』学芸部、『文章』の記者を経て、解放前は朝鮮文人報国会で活動。一九三〇年六月『毎日申報』に短篇小説「渡り者二人」を発表して作家デビュー。解

放後、越北。作品として「蠢動」「恋恋記」などがある。
〔14〕一九一五（六？）―？　作家。一九三一年、成花女子高等普通学校二年生のとき、学生の同盟休学を主導した容疑で警察に連行され四〇日余、調査を受けるが、起訴猶予処分。このため退学処分を受け、徳成女子高普に編入。三七年、『朝鮮日報』に「日曜日」が掲載される。そのほか、四三年二月まで発表された文章は評論四篇、エッセイ四篇（うち一篇は日本語）、短篇小説三篇（全て日本語）。解放後は平壌に住んだため、北朝鮮民主女性総同盟などで活動する。五七年以降については未詳。また、徳成女子学校編入後、渡日し、日本の女子高等師範に留学したようだが、年度、学校名は不明。

第七章　日帝の清算

〔1〕一九二一―一九六八。詩人。一九四一年、善隣商業高校を卒業後、渡日し、東京商科大学（現一橋大学）附属商科専門部に入学。水品春樹から演劇を学ぶ。四三年、軍召集を避けるため、帰国。四四年、一家挙げて満州吉林省に引っ越す。解放後、韓国に戻り延禧専門学校英文科に編入するが、すぐ退学。朝鮮戦争時、人民軍に召集され、のち韓国軍の捕虜となる。休戦後、巨済島の捕虜収容所から釈放。米軍の通訳、母校の英語教師、平和新聞社文化部次長を務めるなど多くの職場を転々とする。五六年から、家で鶏を飼い、詩作と翻訳に専念する。四七歳の六八年六月、交通事故に遭い死去。解放後の韓国の詩を語るとき、欠かすことのできない詩人。金洙鳴編『金洙暎全集』全二巻、民音社、一九八一年［韓龍茂・尹大辰訳『金洙暎全詩集』彩流社、二〇〇九年］。
〔2〕日本語の「あかさ（たな）」に当たる言葉。
〔3〕一九三四―。評論家。ソウル大学校国文科卒業。梨花女子大学校教授を歴任。盧太愚政権時、一九九〇年一月から二年間、文化部長官（日本の文科大臣に当たる）を務める。代表的著書に『縮小志向の日本人』［『「縮み」志向の日本人』講談社学術文庫、二〇〇七年］がある。
〔4〕一九三五―。評論家。ソウル大学校英文科卒業。梨花女子大学校英文科、延世大学校国文科教授を歴任。現在、大韓民国芸術院会長。著書に『柳宗鎬評論集』全二巻、『文学とは何か（문학이란 무엇인가）』などがある。
〔5〕一九二二―。政治家、評論家。解放後、李承晩の公報秘書をした後、渡米。プリンストン大学とハーバー

ド大学で経済学を専攻、博士号取得。マイアミ大学とウスター大学で教授を歴任。朴正熙政権発足以降、金大中を支持していたが、金大中が大統領になるや支持を撤回する。現在はコラムや記事を各メディアに寄稿している。

〔6〕一九二九―二〇一〇。ジャーナリスト。一九五〇年、韓国海洋大学校を卒業。英語教師をしていて朝鮮戦争が勃発するや入隊し七年間服務。五七年から合同通信外信部記者、六四年から朝鮮日報社と合同通信社の外信部長を務める。その間、六〇年に米国ノースウエスタン大学大学院で新聞学を研修。七二年から漢陽大学校の教授、研究教授を歴任。朴正熙、全斗煥と続く軍事政権下で四度免職、五度拘束される。

〔7〕一九三二―。小説家。朝鮮戦争時、人民軍に動員され、後韓国軍の捕虜となる。釈放後、釜山で米軍基地の警備員をし、ソウルに上京。その後は、ほとんどの時間を小説執筆に費やす。一九七三年、民主守護国民協議会の時局声明に参加。七四年、「文人スパイ団事件」で収監されるなど、何度も逮捕、収監された。盧太愚政権時の九一年、大韓民国芸術院会員。

終章　抵抗と絶望

〔1〕この番組は、韓国のSBS（ソウル放送局）の時事番組「それが知りたい（그것이 알고 싶다）」第三二八回が、三・一節特集として二〇〇五年二月二六日に放映した「靖国の神となった少年特攻隊員（야스쿠니의신이된소년특공대원）」というタイトルのドキュメンタリー番組である。

〔2〕民族を意味する韓国固有語。

〔3〕共産主義者の俗称であるアカと同じ。「赤い」を表す形容詞パルガッタから派生した言葉。

解説

沈熙燦・磯前順一

本書は、現代韓国を代表する韓国文学研究者である金哲が、この十余年間の韓国の「国民国家」や「民族主義」の問題について取り扱った論考を精選し、まとめたものである。金哲は、社会変革の論理が依然として「民族」の概念と強固に結ばれている韓国社会において、主に制度としての韓国文学やナショナリズムの虚構性・排他性を批判することで独自の道を歩んできた研究者である。本書もその流れを汲むものであり、日本の植民地支配期から「解放」前後、そして今日に至るまでの韓国社会の姿を「民族」という概念を軸にして見通したものである。

まずは、金哲の思想とその展開を、韓国社会の歴史とともに紹介しておこう。金哲は、朝鮮戦争の最中であった一九五一年、ソウルで生まれた。帝国日本が残した植民地支配の記憶が薄れるまもなく、イデオロギー戦争に巻き込まれた朝鮮半島は分断を強いられ、それぞれの村の中でも凄まじい階級葛藤を経験することとなる。軍隊による民間人虐殺、そして民間人の間で行われた虐殺は、その全貌がいまだ正確に把握されていないほどである。日本が戦争特需を通して経済発展を遂げていく一方で、韓国は最貧国となり、国内における思想的反目も増幅していくのみであった。あるアメリカ人記者は、焼け跡となり、飢餓とインフレに苦しんでいる韓国に対して「韓国人として生まれてはいけない」と述べたことがあるが、まさにそのような時代に金哲は生まれ、幼年期を過ごしたのである。帝国日本によって建設された朝鮮の都市や産業施設などが、戦後日本で生産された爆弾によって再び破壊されるという植民地主義のいわく言いがたい逆説のなかに、金哲を含めて多くの朝鮮人がおかれていた。

この朝鮮戦争はまた国家づくりの戦争でもあったが、北には金日成《キムイルソン》を、そして南には李承晩《イスンマン》を中心とする強力な国民国家が建設されるようになる。とりわけ李承晩は、一九五三年にアメリカと相互防衛条約を結び、「反共」を第一の国是として掲げると同時に、いわゆる「李承晩ライン」に代表される強硬な「反日」政策を打ち立てていた。朝鮮戦争は、既存の共同体や身分制を崩壊させ、さらに生存への深刻な危機を通して人々に倫理と非倫理の極端を強要するものであったが、その結果、利己主義と実存主義を装うニヒリズムが社会全般に蔓延した。そこで、アメリカのキリスト教を積極的に受け入れていた李承晩は、「反共」と「反日」を善と悪の二分法の問題として唱え、「共通の敵」と「純粋なわれわれ」の対峙を通した国民国家形成を成し遂げていく。ただし、「反共」と「反日」は、実際の政治的な場面においてはしばしば相矛盾する側面を多く含んでおり、昼間には植民地の下級官吏を務めている親戚の自慢話をしながらも、夜には帝国日本を誹謗する落書きを壁に残していた旧植民地民の複雑なアイデンティティに対しては、甚大な暴力と分裂を与えるものでもあった。金哲は、このような韓国の国民国家の問題と長い間格闘し続けてきたが、それは植民地の残滓の一掃や親日派の清算を叫びつつ、同時に李承晩の銅像が建てられ、不正選挙を繰り返す自由党が大手を振ってまかり通っていた幼年期の体験と深く関わっていると思われる。

一九六〇年、四・一九革命が起こり、李承晩は権力の座から下ろされることになる。この四・一九革命は、抑圧されていた民衆たちの多様な声が噴出する契機となったが、その一つに民族主体性の確立があった。韓国を代表する歴史学者李基白《イギベク》が『国史新論（국사신론）』を書き上げ、戦前における帝国日本の植民地朝鮮史研究について民族意識の抹殺を企図していたとして強く批判し、民族の主体性に立脚した歴史叙述を訴えたのは、一九六一年であった（改訂版の『韓国史新論』が日本で二回翻訳されている。宮原兎一・中川清訳、清水弘文堂書房、一九七一年／武田幸男ほか訳、学生社、一九七九年）。文学の分野においても、一九六六年に刊行された『親日文学論（친일문학론）』（大村益夫訳、高麗書林、一九七六年）で林鍾国《イムジョングク》が、植民地期の文人たちの親日行為をことごとく指摘し、民族文学の樹立を唱えていた。ところが、そうした議論は、植民地支配という国家喪失の経験とも相まって、例えば『親日文学論』の結論でも明らかなように、国家という観念を過大評価する傾向を示していた。一〇代の青年であった金哲もまた、こうした当時の思潮から自由ではなかったろう。

さらに、一九六一年、五・一六クーデターを通して政権を掌握した朴正熙《パクチョンヒ》は、二年後には大統領になり、軍事独裁の基盤を固めていくが、その思想的中核となったのがマッカーシズムをも凌駕する反共主義、そして民族主義であった。日本軍の将校として満州で勤めていた朴正熙が、戦前の日本、なかんずく満州国の経営をモデルとして、いわば「兵営国家」の建設を目指していたことは広く知られている。国家主導の経済開発計画の推進はその一つの例であるが、とりわけ個々人は国家の発展に貢献しなければならないとして、運命共同体としての民族の使命と役割を強調する「国民教育憲章」(一九六八年)の制定に、ファシズムの影を見出すことは難しくないだろう。民族と国家は神聖で法外な地位を獲得しつつあった。植民地の記憶からの解放が、国家主義に傾斜していくこの時期に、金哲はソウルにある延世大学校の国文学科に入学する(一九七〇年)。

金哲が二〇代を送った一九七〇年代は、現代韓国社会を象徴する二つの顔が現れ始めた時期でもあった。一九七〇年七月に開通したソウルと釜山をつなぐ京釜高速道路が、「漢江の奇跡」と呼ばれる経済成長を象徴するとすれば、劣悪な環境での労働を強いられていた全泰壹《ジョンテイル》(当時二二歳)の焼身自殺(同年一一月)は、奇跡の裏面にある労働者の過酷な生活を告発するものであった。民族中興と経済成長を支えていたのは、外貨導入のためさまざまな矛盾を残したまま妥結された日韓会談、ドイツに渡った鉱夫や看護師などの海外労働者、そしてベトナム戦争に送りつけられた兵士たちの血とトラウマであった。こうした状況のなか、朴正煕は一九七二年、戒厳令とともに維新体制を宣布する。一〇月一七日に発表された「維新宣言文」のなかで、朴正煕が最も多く使った言葉は「民族(민족)」(二二回)であった。民族の名の下で韓国における政治的可能性が停止し、恒常的な戒厳状態に社会全体が覆われていく瞬間であった。

しかし、同時代のヨーロッパや日本とは違って、マルクス主義の書籍が禁書となっていた韓国では、理論的武器としてのマルクスの思想に接することすら容易ではなかった。大学内の諸制度

がいまだしっかりと定着していないこともあり、金哲自身も体系的な学問修業をする機会には恵まれなかったと学部時代を振り返っている（金杭《キムハン》・李恵鈴《イヘリョン》編『インタビュー（인터뷰）』グリンビー（그린비）、二〇一一年、一九頁）。また民族文学の強調は、国文学研究のほとんどを古典文学に向かわせていたため、近代文学研究を志していた金哲は肩身の狭さを感じざるをえない状況にあった。いささかの本を読みながら居酒屋での論争で鬱憤を晴らすか、反政府デモに参加するのが当時の金哲の日常だったという。こうした知的な渇きにより、金哲は仏教に心酔していくようになるが、一時期は出家して僧侶になることを考えたときもあるという（前掲『インタビュー』、二〇頁）。

とはいえ、この時期は新たな近代文学研究の流れが芽生え始めた時期でもあり、そうした流れは金哲に大きな影響をもたらすこととなる。主に一九六〇年の四・一九革命と民衆的なエネルギーの爆発をめぐって、韓国の文学界では、六〇年代半ばからいわゆる「純粋／参与論争」が行われていた。乱暴に言えば、この論争は、文学の社会的参与とその機能を強調するか、あるいはそうした参与によって文学が図式的な形態に陥ってしまうことを懸念し、文学における純粋さを守るかを争点にするものであった。そのなかで、「純粋／参与論争」の観念的・折衷案的な性格――純粋に参与しよう――を批判し、韓国近代文学に「（小）市民」の概念を取り入れ、進歩的人間像を描いた白楽晴《ペクナクチョン》の「市民文学論（시민문학론）」（一九六九年）、そして、韓国近代文学の成立と展開に関する最初の体系的な記述の試みであった金允植《キムユンシク》の『韓国近代文芸批評史研究（한국근대문예비평사연구）』（一九七三年）は、民族や西欧近代などを相対化することはなかったという

時代的な制約はあったものの、韓国における近代文学研究の新しい地平を拓いた点で画期をなすものであった。

とくに、金允植の『韓国近代文芸批評史研究』は、当時としては珍しく植民地期におけるカップ（朝鮮プロレタリア芸術家同盟、一九二五～三五年）文学の意義を重視しているが、金哲が博士論文において、カップとはその目的と内容を異にするものとはいえ、初期のプロレタリア文学を代表する「新傾向派」を取り上げていることも（「一九二〇年代の新傾向派研究（1920년대 신경향파 연구）」一九八五年、延世大学校大学院国文学科）、金允植の問題意識を自分なりに継承しようとしたためだと思われる。

このように軍事独裁が強化されていく暗い時代においても、現実と文学との関係を問う新しい文学研究の方法に惹かれていった金哲だが、一九七四年に大学院に進学するやいなやデモに参加したことで刑務所に入れられ、翌年軍隊に強制徴集される。彼が軍隊での生活を終え、大学院に復学したのは、三〇歳を目前にした一九八〇年である。その前年の一〇月二六日に朴正熙は暗殺されるが、全斗煥《チョンドゥファン》を中心とする新軍部は一二月一二日にクーデターを起こし、政権を掌握する。維新体制が終わり、社会のあらゆる分野で民主化の熱風が吹いた「ソウルの春」は、一九八〇年五月一七日の戒厳令発布と、光州での民間人殺戮によって幕を下ろした。そして熾烈な民主化運動が、九〇年代前半まで続いていく。

金哲は韓国の八〇年代について、「あのような時代は世界に二度と来ないだろう」と回想したことがある（前掲『インタビュー』、二一一頁）。彼の言葉を借りて民主化運動が頂点に至った八〇年

代を表現するならば、「今し方咲いた花びらのような青春たちが、自分を囲んでいる堅い垣根に一直線に向かっていき、そのまま木っ端微塵に打ち砕かれていく悲劇が日常のごとく繰り返された」(『植民地を抱きしめて(식민지를 안고서)』亦楽(역락)、二〇〇九年、二九九頁)時代であった。そうした過程で、あらゆる日常的実践が政治闘争の一環として収斂されていく雰囲気が醸成された。主に日本から輸入したマルクス主義の書籍が、不器用な翻訳のまま――例えば「大丈夫」という表現が、文字通り「逞しい男」と訳されるなど――海賊版として読まれていったが(禁書政策の解除は一九八七年)、その影響力はすこぶる大きなものがあった。本書の版元である大月書店は、当時を生きていた韓国の知識人にとっては非常に馴染みのある名前だろう。

いずれにせよ、急進的な政治主義への還元論的な態度は、理論における過度な観念化・抽象化を引き起こした。「学術運動」というスローガンに明らかなように、学問の研究は政治的正当性によって評価されなければならなかった。「原典耽読の時代」と呼ばれる時期を経ながら、運動圏の内部において多くの分派が形成されたが、その正当性を判別する基準はつねに民族、ないしは民衆にあった。マルクス-レーニン主義の影響の下、現在における韓国社会の発展段階、そして変革の主体をいかに設定するかなどを問おうとした「社会構成体論争」が、その画期的な性格や意義にもかかわらず、ほとんどの場合思弁的な論理として矮小化していったことも指摘すべきであろう。

こうした状況において、金哲もまた「民族-民衆文学論」の磁場に捕捉されてはいたものの、「植民地時代の世界認識における二つの類型(식민지시대 세계인식의 두 유형)」(『現象と認識(현

상과 인식）』第九巻第三号、一九八二年）、「一九二〇年代同人文学の展開とその歴史的性格（1920년대 동인문학의 전개와 그 역사적 성격）」（『批評文学（비평문학）』第一号、一九八七年）などの論文を通して、言語のイデオロギー的性格を抉り出しながら、植民地下の個人の苦悩と挫折を、社会および世界認識という総体のなかで検討する作業を行っていた。

そして、一九八九年には最初の単行本『眠りなき時代の夢（잠 없는 시대의 꿈）』（文学と知性社（문학과 지성사）、一九八九年）を出版し、文学研究者としての本格的な出発を遂げる。この本で金哲は、植民地期のプロレタリア文学を政治的な側面から分析する従来の認識を批判し、現実において激烈な矛盾に直面しつつも、そこから事物の本性を探求すべき文学の本来的な進歩性を主張する。当時の金哲は、政治主義を拒み、個人の日常的な経験を事物に媒介させることに関心を持っていたが、こうした独特な感性は、おそらく仏教哲学とマルクス主義の結合という金哲特有の思想的遍歴に由来していると思われる。

一九八五年に韓国教員大学校に就職した金哲は、このように八〇年代後半に研究者としてのデビューを果たしたと言えようが、この時期はまた世界的な激変の時代でもあった。民主化運動の熱気は、一九八七年の六月抗争と大統領直接選挙制度の受け入れを骨子とする全斗煥の六・二九民主化宣言を導き出すことに成功する。しかし、同年一二月一六日に行われた大統領選挙で勝利を収めたのは全斗煥の後継者盧泰愚《ノテウ》であった。民主化運動の陣営が受けたショックはとてつもないものだった。しかもベルリンの壁の崩壊と、東欧圏およびソ連の没落は、マルクス主義に依拠していた運動圏のアイデンティティに深刻な危機を招いた。また学生運動の分裂と消費文化の大衆への浸透は、マルクス主義そのものの社会的な影響力をも減少させた。

マルクス主義に対する懐疑が公然と叫ばれるなか、金哲は一九八六年に純粋な歴史研究を目指す民間団体として設立された「歴史問題研究所」に参加し、カップ文学の諸問題を取り扱った『カップ文学運動研究（카프문학운동연구）』（歴史批評社（역사비평사）、一九八九年）を編集する。リアリズムに基づいた科学的研究を唱えるこの本から、社会科学的認識の有効性を手放そうとしない金哲の姿勢を読み取ることができる。金哲は現実社会主義の崩壊が具体的に露呈した九〇年代に入ってからも、問題をマルクス主義の危機から探すのではなく、マルクス主義の価値と理想を新たに定立しなければならないと考えていた。雑誌『実践文学』の編集委員を務めながら、一九九三年に刊行した『具体性の詩学（구체성의 시학）』（実践文学社（실천문학사））は、そのような金哲の理論的態度を明確に表している。なかんずく、既存の民主化運動世代とは全く異なる感覚を見せながら主に九〇年代初頭に登場した「新世代文学」について「反歴史性・反客観性・反総体性」の問題を指摘し、弁証法的唯物論という原理までをも捨て去ってはならないと主張する。ポストモダン的な消費文化の没主体性を懸念する金哲は、リアリズムを通した全体性の獲得というマルクス主義の思想が有する根本的な意味の重大さを、急変する社会のなかでも堅持していたのである。

しかしながら、この『具体性の詩学』を境に、金哲は深刻な理論的苦悩を経験するようになる。金哲自身の話によれば、彼が依拠していた「民族‐民衆文学論」とは、「唯物史観」に「第三世界論」を組み入れたものにすぎなかったが、それが自分のなかで矛盾や亀裂をきたし始めたという。一九九六年から母校の延世大学校に職場を移すものの、ほぼ絶筆に近い状況が何年か続いていた。資本主義の急激な成長と刹那的な享楽追求の蔓延、観念性と権威主義を増していく抵抗運動、個人主義の拡散といった時代の風潮のなかで、金哲は深い水の中にぐんと打ち込まれたかのような息苦しさを感じていたと当時を振り返る（前掲『インタビュー』、二八頁）。

以後、既存の方法論に深い懐疑を抱きながらも、現実に対する批判的姿勢を保とうとした金哲は、左翼が根拠としていた民族主義の論理が国民国家の暴力性と強く結ばれていることを批判していくようになる。すなわち、マルクス主義と民族主義の結合という韓国の左翼の論理に対して、マルクス主義からの脱却を論ずるのではなく、むしろその批判理論としての意義を継承しつつ民族主義の暴力性・排他性を俎上に載せていったのである。その最初の成果として「国文学を超えて（국문학을 넘어서）」という論文が一九九八年に発表される（『現代文学の研究（현대문학의 연구）』第一一号）。この論文で金哲は、民族を歴史の主体とする「資本主義萌芽論」や「自生的近代化論」を批判し、さらに自らも属している制度としての国文学を問題視する。

しかし、韓国の国文学研究のなかに自民族中心主義と近代主義的な思考が混在している様子や、さらにそれがファシズムにもつながっていく点を指摘したこの論文に対する学界の反応は、ほとんど皆無であった。韓国民族主義におけるファシズム的性格を論じ、その起源を帝国日本の植民地支配期に遡って探究しようとする金哲の作業は、「ハングル世代」、つまり植民地末期や独立後に生まれ、比較的に日本や日本語の影響から自由であった世代における優越感に基づいたナショナリズムと衝突せざるをえなかった。金哲の研究に大きな影響を与えた金允植なども植民地というトラウマを矜持で満ち満ちるナショナリズムで代替していたのであり、そのような民族主義の論理が民主化運動の原動力にもなっていたのである。その意味で金哲が民族主義批判を行い始めたということは、先学たちや左翼勢力はもちろん、自分自身との至難な戦いの始まりでもあったと言える。とりわけ、一九九八年ソウルで開かれたシンポジウム「現代韓国文学一〇〇年」において、韓国の民主化闘争や民族文学の英雄として日本でもよく知られている金芝河《キムジハ》をファシストとして批判したことは、特記すべきであろう。この文章はその後日本で紹介されるが（崔真碩《チェジンソク》訳「韓国の民族－民衆文学とファシズム――金芝河の場合」『現代思想』二〇〇一年一二月号）、日本でも一定の影響力を有していた金芝河に対する大胆な批判は、大きな反響を呼び起こした。

　一九八〇年代には、ソウルだけでも三〇〇〇名のレーニンがいると言われていたが、そのほとんどが、実は固陋な民族主義者にすぎなかったことが次第に明らかになった。金哲の目に、植民地の記憶をきれいに抹消し、民族を誇らしげに奉る彼らの行動は、帝国日本のファシズムの再演にしか見えなかったようだ。前述のような方法論的変化と歩調を合わせる形で、ベネディクト・アンダーソンやエリック・ホブズボームなどの議論が韓国に紹介されたこともあって、脱民族主義的な傾向が拡大していき、金哲の問題意識もさらに深化していくようになる。九八年のシンポジウムで提示した諸問題をさらに具体的に練り上げた『国文学を超えて（국문학을 넘어서）』（国学資料院（국학자료원）、二〇〇〇年）が、そして、若手の研究者たちとともに国民国家とファシズムの問題を検討した『文学のなかのファシズム（문학속의 파시즘）』（サムイン（삼인）、二〇〇一年）が出版される。

金哲はこの時期、日本関係のテクストを読む勉強会を毎週開くほかにも、林志弦《イムジヒョン》、尹海東《ユンヘドン》、李《リ》成市《ソンシ》、宮嶋博史などを中心として日韓の学者の間で結成された「批判と連帯のための東アジア歴史フォーラム」へ参加し、徐京植《ソキョンシク》ら在日朝鮮人研究者たちとも交流を広げていく。金哲は当時の活動について、学者として非常に幸せな時間を過ごすことができたという。

民族主義の閉鎖性、国民国家と恒常的なファシズム、そしてそれらの起源としての帝国日本の植民地主義の問題に取り組んでいたこの時期の成果をまとめたものが、金哲の代表作とも言える『「国民」という奴隷（「국민」이라는 노예）』（三人（삼인）、二〇〇五年）である。この本に収められた論文の一部は、本書にも収録されているので（序章、第一章、第三章）、本書を通して金哲の代表作における中心的な議論を垣間見ることもできる。とりわけ、国民を「怪物」と呼んだ西川長夫の議論を継承・発展させる形で「奴隷」の概念を提示し、またそこからの覚醒を訴えているこの本は、植民地主義や国民国家の問題に依然として強く縛られている日韓の現在を考える上で示唆するところが大きい。

しかし、民族主義や国民国家、そして植民地に対する金哲の急進的な思考は、韓国内で多くの激論を呼び起こした。例えば、韓国の近代文学研究者黄鎬徳《ファンホドク》は、金哲が国民国家とその奴隷である国民を単一な実体として想定することで、むしろその内側で沸騰する転覆と差異化の契機を見逃してしまうのではないかと指摘したことがある（『フランケン・マルクス（프랑켄 마르크스）』ミヌムサ（민음사）、二〇〇八年）。とりわけ、金哲も編者として参加し、二〇〇六年に刊行した『解放前後史の再認識（해방전후사의 재인식）』（Ⅰ・Ⅱ、チェクセサン（책세상））は、学界一般を

も乗り越え社会全体を巻き込む激しい論争の種となる。この本は「抵抗／協力」「親日／反日」という植民地認識に関する二分法を止揚し、「近代性」とその暴力性を本格的に検討した画期的な試みであったが、「近代性」の問題を中心的課題に設定することで肝心な植民地の問題が疎外されてしまうという批判を受けた。

さらに、このような学術的な反論だけでなく、日本の責任を免罪し、日本のナショナリズムに貢献する論理だという批判がなされ、金哲についても「保守右派」「親日派」などといったレッテルが貼られるようになった。しかしながら、前述したように、金哲は植民地を近代的な諸現象の一つとして一般化するのではなく、むしろ植民地支配の痕跡が今日も国民国家や民族主義という名で散在していることを問うているのである。この点に関する金哲の議論を、以下に直接引用しておく。

植民性の核心とは何か？　収奪と抑圧が植民性の核心なのでしょうか。私はそう思いません。収奪と抑圧は、いつでも、どこでもありうる現象です。だとすれば、何が植民地の問題だろうか？　植民地を乗り越えうる想像力を不可能にすること、それが植民地における最大の害悪ではないだろうか、と私は思います。植民地の構造そのものを外側から見直す想像力、植民地は被植民者にそのような想像力を与えないメカニズムを有するものですが、それこそが植民性の核心なのです。被植民者がそうしたメカニズムの虜になる瞬間、彼はきわめて貧困な想像力の回路に囚われてしまいます。植民地の歴史をひたすら抵抗と協力、民族と反民族、親日と抗日という善悪の二分法を用いて考えること、これは植民地での生が強要した貧困な想像力の代表的な事例にすぎません。こうした思惟に依拠する限り、被植民者は決して自立的な主体になりえず、また植民地の構造も決して粉砕できないのです。

（前掲『インタビュー』、一九頁）

このような観点からすると、先に紹介した金哲への批判のごとく、一方の国の民族主義を批判することで、他方の国の民族主義が免罪されることはありえなくなる。そこで国境を越えて、今日の東アジアの世界に充満している民族主義そのものの実体を植民地主義および近代性との関係で検討する必要が生じる。『「国民」という奴隷』と『解放前後史の再認識』を含め、その後の金哲の主要な文章を精選しまとめたものである本書は、この地点に位置づけられなければならない。本書は、民族という純粋な主体への欲望が、他者としての自己を排除し、それによって奴隷に転じていく国民という存在について論じている。それは、韓国の民族主義批判に終わるものでなく、もちろん日本の帝国主義や民族主義を肯定するものでもなく、韓国社会の例を通して、民族主義の論理と情動を分析する仕事として読まれるべきである。

政治的なレトリックにすぎなかったとはいえ、戦前の日本は「五族協和」など多種多様な民族の共存というスローガンを植民地の各地域に持ち込んでいた。そして敗戦後には、自由主義陣営の一員となって「平和」と「民主主義」を標榜する一方、植民地主義が残した多くの矛盾に対しては目を瞑ってきた。旧植民地であった朝鮮では、例えば済州島で一九四七年から数年間行われた民間人虐殺（四・三事件）などをはじめ、前述したようについには戦争まで勃発した。日本が曲がりなりにも「戦後」を迎えたこととは違って、朝鮮はいまだに帝国日本が残した植民地主義の傷痕を抱えたまま「休戦状態」にある。そして、在日朝鮮人のようにその境界で苦しめられてきた存在もいる。

韓国の解放後の歴史がそのまま生涯に刻まれている金哲が、本書に収録されている諸論文を通じて発している言葉は、植民地主義によるアイデンティティの分裂や、それを暴力的に縫合してきた国民国家との至難な闘争の成果として受け取られねばならない。さらにその言葉は、「休戦状態」の韓国を超えて「戦後」の日本、そして両者を取り結んでいる植民地主義の構造にまで向かっていく。日本の読者が著者の言葉に共鳴し、植民地主義が強要する想像力の制約をともに克服していく道が開かれることを願っている。他者に対する貧困な想像力と、それによる奴隷状態からの覚醒という道が。

（シム・ヒチャン　日韓近代思想史）

（いそまえ・じゅんいち　宗教・歴史研究）

初出一覧

序章　喉にささったとげ

初出　「다시「친일파」를 생각한다（再び「親日派」を考える）」『사회비평（社会批評）』二〇〇二年六月号

再録　『「국민」이라는 노예（「国民」という奴隷）』삼인（三人）、二〇〇五年

第一章　「国民」という奴隷

初出　「파시즘과 한국문학（ファシズムと韓国文学）」『문학 속의 파시즘（文学のなかのファシズム）』三人、二〇〇一年

英文発表　二〇〇三年三月に米国コーネル大学で開かれたワークショップ「Fascism and Colonialism in East Asia」にて「The Significance and the Future Prospects of the Study of Fascism in Korean Literature」というタイトルで発表。

再録　「「国民」という奴隷」『「国民」という奴隷』三人、二〇〇五年

第二章　「民族」が語られるとき

初出　「갱생의 도、혹은 미로——최현배의『조선민족 갱생의 도』를 중심으로（更生の道、あるいは迷路——崔鉉培の『朝鮮民族更生の道』を中心に）」『민족문학사연구（民族文学史研究）』민족문학사학회（民族文学史学会）、二〇〇五年八月

再録　「（同タイトル）」宮嶋博史・金容徳編『近代交流史と相互認識Ⅲ　一九四五年を前後して』慶應義塾大学出版会、二〇〇六年（日本語）

再々録　「（同タイトル）」『식민지를 안고서（植民地を抱きしめて）』역락（亦楽）、二〇〇九年

第三章　植民地的無意識とは何か

初出　「몰락하는 신생──「만주」의 꿈과「농군」의 오독（没落する新生──「満州」の夢と「農軍」の誤読）」『상허학보（尚虚学報）』상허학회（尚虚学会）、二〇〇二年八月

再録　「（同タイトル）」『「国民」という奴隷』三人、二〇〇五年

再々録　「（同タイトル）」朴智香・金哲・金一英・李栄薫編著『해방 전후사의 재인식（解放前後史の再認識）』I、책세상（チェクセサン）、二〇〇六年

第四章　「朝鮮人」から「東洋人」へ

初発表　二〇〇九年五月に国際日本文化研究センターで開かれたシンポジウム「京都学派と「近代の超克」──近代性、帝国、普遍性」にて「Assimilating or Overcoming : Overcoming Modernity in Colonial Korea」というタイトルで発表。

初出　「동화 혹은 초극──식민지 조선에서의 근대초극론（同化あるいは超克──植民地朝鮮における近代超克論）」『東方学誌』연세대학교 국학연구원（延世大学校国学研究院）、二〇〇九年

再々録　「（同タイトル）」酒井直樹・磯前順一編著『「近代の超克」と京都学派──近代性・帝国・普遍性』国際日本文化研究センター／以文社、二〇一〇年

第五章　「欠如」としての国(文)学

初発表　二〇〇六年一一月に延世大学校で開かれた国際韓国文学文化学会創立記念シンポジウムにて「「결여로서의국（문）학（「欠如」としての国(文)学）」というタイトルで発表。

初出　「（同タイトル）」『植民地を抱きしめて』亦楽、二〇〇九年

第六章　愛国と売国

初発表　二〇〇六年四月に米国サンフランシスコで開かれたＡＡＳ（Association for Asian Studies）の定期大会にて「A Portrait of Korean Nationalism Drawn in Two Mirrors」というタイトルで発表。

初出　「두 개의 거울：민족담론의 자화상──장혁주와 김사량을 중심으로（二つの鏡：民族言説の自画像──

張赫宙と金史良を中心に)」『尚虚学報』尚虚学会、二〇〇六年八月
再録 「(同タイトル)」『植民地を抱きしめて』亦楽、二〇〇九年

第七章 日帝の清算
初出 「「내일의 적도 오늘의적으로 쫓으면 되고」——「친일청산」과김수영의저항 (「明日の敵も今日の敵で追い払えばいいし」——「親日清算」と金洙暎の抵抗)」『일본비평 (日本批評)』서울대학교 일본연구소 (ソウル大学校日本研究所)、二〇一四年

終章 抵抗と絶望
初発表 二〇〇五年一二月にソウルで開かれた「한일、연대21 (韓日、連帯21)」の第二回シンポジウム「한일、상호이해를 가로막는 요인들——그 정치적 무의식의 구조 (韓日、相互理解を阻む諸要因——その政治的無意識の構造)」にて「저항과 절망 (抵抗と絶望)」というタイトルで発表。
初出 「(同タイトル)」小森陽一・崔元植・朴裕河・金哲編著『東アジア歴史認識論争のメタヒストリー——「韓日、連帯21」の試み』青弓社、二〇〇八年
再録 「(同タイトル)」『한일 역사인식 논쟁의 메타히스토리——「한일、연대21」의 시도 (韓日歴史認識論争のメタヒストリー——「韓日、連帯21」の試み)』뿌리와이파리 (プリワイパリ)、二〇〇八年
再々録 「(同タイトル)」『植民地を抱きしめて』亦楽、二〇〇九年

金哲著作目録

単著

『잠 없는 시대의 꿈（眠りなき時代の夢）』문학과 지성사（文学と知性社）、一九八七年
『구체성의 시학（具体性の詩学）』실천문학사（実践文学社）、一九九三年
『국문학을 넘어서（国文学を超えて）』국학연구원（国学研究院）、二〇〇〇年
『「국민」이라는 노예――한국문학의 기억과 망각（「国民」という奴隷――韓国文学の記憶と忘却）』삼인（三人）、二〇〇五年
『복화술사들――소설로 읽는 식민지 조선（腹話術師たち――小説で読む植民地朝鮮）』文学と知性社、二〇〇八年
『식민지를안고서（植民地を抱きしめて）』역락（亦楽）、二〇〇九年

共編書

『카프문학운동연구（カップ文学運動研究）』역사비평사（歴史批評社）、一九八九年
『변혁주체와 한국문학（変革主体と韓国文学）』歴史批評社、一九九〇年
『친일파99인――분야별 주요 인물의 친일이력서（親日派九九人――分野別主要人物の親日履歴書）』三、돌베게（トルベゲ）、一九九三年
『문학 속의 파시즘（文学のなかのファシズム）』三人、二〇〇一年
『해방 전후사의 재인식（解放前後史の再認識）』Ⅰ・Ⅱ、책세상（チェクセサン）、二〇〇六年
『한일 역사인식 논쟁의메타히스토리――「한일、연대21」의 시도（東アジア歴史認識論争のメタヒストリー――「韓日、連帯21」の試み）』뿌리와이파리（プリワイパリ）、二〇〇八年
『東アジア歴史認識論争のメタヒストリー――「韓日、連帯21」の試み』青弓社、二〇〇八年

校註

『바로 잡는 무정（定本 無情）』문학동네（文学トンネ）、二〇〇三年

翻訳

L. H. Underwood, *Fifteen years among the top-knots*, Boston; American Tract Society, 1908.［『(언더우드 부인의) 조선생활——상투잡이와함께보낸십오년세월（(アンダーウッド婦人の) 朝鮮生活——マゲを結った人々と共にした一五年の歳月)』뿌리깊은나무（プリキプンナム）、一九八四年／『(언더우드 부인의) 조선견문록（(アンダーウッド婦人の) 朝鮮見聞録)』이숲（イスプ）、二〇〇八年］

小森陽一『漱石を読み直す』筑摩書房、一九九五年［『나는 소세키로소이다（吾輩は漱石である）』이매진（イメジン）、二〇〇六年、共訳］

鈴木登美『語られた自己——近代日本の私小説言説』岩波書店、二〇〇〇年［『이야기된 자기——일본근대성의 형성과 사소설담론（語られた自己——日本における近代性の形成と私小説言説）』생각의나무（センガクウィナム）、二〇〇四年、共訳］

索　引

ア　行

カ　行

サ　行

タ　行

ナ　行

ハ　行

マ　行

ヤ　行

ラ　行

著者
金 哲（キム チョル）
1951年生まれ。延世大学校国語国文学科教授。著書に、『眠りなき時代の夢』（文学と知性社、1987年）、『具体性の詩学』（実践文学社、1993年）、『国文学を超えて』（国学研究院、2000年）、『「国民」という奴隷——韓国文学の記憶と忘却』（三人、2005年）、『腹話術師たち——小説で読む植民地朝鮮』（文学と知性社、2008年）、『植民地を抱きしめて』（亦楽、2009年）など。韓国の近現代のテクストを対象に、植民地主義、民族主義、ファシズムの様相の分析を主要な研究テーマとしている。

訳者
田島哲夫（たじま てつお）
1949年生まれ。延世大学校国学研究院専門研究員。韓国語訳に、永嶺重敏『〈読書国民〉の誕生』（共訳、プルンヨクサ、2010年）、日本語訳に、黄鎬徳「遺体たちの遺書、焼身への差押えを解け」（『現代思想』2013年５月号）など。論文に、「「国治伝」原本研究」（『現代文学の研究』2010年２月号）、「「破船密使」原本研究」（『現代文学の研究』2011年２月号）がある。

抵抗と絶望——植民地朝鮮の記憶を問う

2015年３月20日　第１刷発行

定価はカバーに表示してあります

著　者　金　哲
訳　者　田島哲夫
発行者　中川　進

〒113-0033 東京都文京区本郷2-11-9

発行所　株式会社　大月書店

印　刷　太平印刷社
製　本　中條製本

電話（代表）03-3813-4651 FAX 03-3813-4656 振替00130-7-16387
http://www.otsukishoten.co.jp/

ISBN978-4-272-43097-0　C0010　Printed in Japan

向かいあう日本と韓国・朝鮮の歴史
近現代編
歴史教育者協議会
全国歴史教師の会　編
A5判三二〇頁
本体二八〇〇円

日韓基本条約が置き去りにしたもの
植民地責任と真の友好
吉岡吉典著
吉澤文寿解説
四六判三五二頁
本体三二〇〇円

従軍慰安婦資料集
吉見義明 編集・解説
四六判六〇八頁
本体六五〇〇円

重重
中国に残された朝鮮人日本軍「慰安婦」の物語
安世鴻 写真・文
A5判一七六頁
本体二五〇〇円

大月書店刊
価格税別

植民地・朝鮮の子どもたちと生きた教師
上甲米太郎
上甲まち子ほか著
四六判二〇〇頁
本体二四〇〇円

親鸞に聞く
月愛三昧
高史明著
四六判九二八頁
本体九〇〇〇円

対談 高史明・高橋哲哉
いのちと責任
李孝徳編
四六判二一六頁
本体二〇〇〇円

これならわかる
韓国・朝鮮の歴史Q&A
三橋広夫著
A5判一二八頁
本体一四〇〇円

大月書店刊
価格税別